哲学基础理论研究

（第三辑）

吉林大学哲学基础理论研究中心◎编

**EDITED BY CENTER FOR
THE RESEARCH ON FUNDAMENTALS OF
PHILOSOPHY JILIN UNIVERSITY**

中国社会科学出版社

图书在版编目（CIP）数据

哲学基础理论研究（第三辑）/吉林大学哲学基础理论研究中心编．—北京：中国社会科学出版社，2010.12

ISBN 978－7－5161－0290－9

Ⅰ.①哲…　Ⅱ.①吉…　Ⅲ.①哲学理论—研究　Ⅳ.①B0

中国版本图书馆 CIP 数据核字（2011）第 230225 号

责任编辑　王　曦
责任校对　张玉霞
封面设计　李尘工作室
技术编辑　戴　宽

出版发行　中国社会科学出版社
社　　址　北京鼓楼西大街甲 158 号　　　邮　编　100720
电　　话　010—84029450（邮购）
网　　址　http://www.csspw.cn
经　　销　新华书店
印　　刷　君升印刷有限公司　　　装　订　广增装订厂
版　　次　2010 年 12 月第 1 版　　　印　次　2010 年 12 月第 1 次印刷
开　　本　710×1000　1/16
印　　张　17.25
字　　数　296 千字
定　　价　42.00 元

代序:我们共同关切的问题

——在"当代哲学范式的转换与哲学发展的新趋向" 国际学术研讨会上的致辞

吉林大学哲学基础理论研究中心　孙正聿

各位前辈、同仁,老师们、同学们:

首先,我代表吉林大学哲学基础理论研究中心,向光临此次会议的诸位表示热烈的欢迎和衷心的感谢!利用这个机会,我以《我们共同关切的问题》为题,谈谈我对这次研讨会的理解。

我们的时代正在发生深刻的变革,这包括人类的文明形态、人们的存在方式和人们的思想观念这三个大的方面的变革。对人类文明未来的关切,对人的现实生活境遇的关切,对人的精神家园的关切,引发了学界对哲学研究范式转换和哲学发展的新趋向的关切。我们这次学术研讨会,正是面对这种关切所展开的"对话"。

学者对时代的关切,集中地表现在对"思想中所把握到的时代"的关切,也就是对哲学本身的关切,对哲学的现状和趋向的关切。这种关切,既表现在对世界哲学的总体状况的关切,也表现在对本土哲学的关切。对于当代中国大陆的学者来说,突出地表现在对中国哲学、西方哲学和马克思主义哲学的"对话"的关切,对这种对话中的哲学基础理论的关切,包括对当代哲学研究范式转换的关切。

自1978年改革开放以来,在推进社会的解放思想和实现哲学自身的思想解放的过程中,中国大陆的哲学研究正在发生深刻的变革。我曾经对这种变革作出如下的概括,即:20世纪80年代以前的教科书哲学;20世纪80年代教科书改革的哲学;20世纪90年代以来的后教科书哲学。针对

20世纪90年代以来大陆哲学界所出现的哲学概论、导论和通论，有位青年学者曾以"从原理到导论"为题，论述了中国大陆哲学观念的变迁，即从"原理"的"不知其不可而为之"到"导论"的"知其不可而为之"的变迁，也就是从把哲学理解为"绝对的绝对"到把哲学理解为"相对的绝对"的变迁。对于这种变迁，我个人认为，最重要的是变革了对"世界观"的理解，也就是把"世界观"历史性地理解为"人生在世和人在途中的人的目光"。人的目光，既具有时代的绝对性，又具有历史的相对性，因此是一种"相对的绝对"的世界观和哲学观。

以"人的目光"理解哲学，必然把哲学的关切聚焦于对人自身的关切。人是生理的、心理的和伦理的存在，是社会的、历史的和文化的存在。关切人的生活世界、人的文化世界、人的精神世界和人的意义世界，特别是关切人在市场经济和全球化时代的生活世界、文化世界、精神世界和意义世界的变革，就成为我们共同关切的根本问题。在这种关切中，宗教、艺术、科学和哲学等各种文化样式展开了相互的"对话"，中国哲学、西方哲学和马克思主义哲学也展开了相互的"对话"。在座的诸位虽然有着各自不同的文化背景和哲学背景，有着不同的生活境界和哲学理念，但是，这种共同的关切促使我们展开有益的对话和深入的研讨。

在近30多年里，中国大陆学者是以开放的眼光从事哲学研究，我们不仅关注西方学者的思想，同样也关注中国港台学者的思想。今年第3期的《江苏社会科学》就刊发了大陆学者所撰写的《中国台湾地区哲学原理的研究与写作》和《马克思主义研究在中国台湾——1949年后历史与现状概述》，对这两个问题进行了介绍和评论。在前一篇文章中，作者以沈清松、邬昆如、唐君毅三位先生分别撰写的《哲学概论》为例，并在与大陆学者叶秀山、张世英和余敦康三位先生的相关著作的比较中，探讨了台湾地区哲学原理的研究与写作。后一篇文章则介绍了1949年以后中国台湾地区的马克思主义研究。中国港台地区以及广大海外学者的论著已经和正在引起大陆学者的关注，并已有众多的相关研究成果问世。对西方哲学的评述，对中国传统哲学的阐扬，对哲学基础理论的探索，对哲学与宗教、艺术和科学的关系的反思，这些共同的关切，为我们切实地研究"当代哲学范式的转换和哲学发展的新趋向"，奠定了坚实基础。

哲学是人类把握世界的"一种"基本方式，而不是"唯一"的基本方式，它既不能代替艺术、宗教、科学等基本方式，也不应当凌驾于其他基本方式之上。但是，哲学作为人类把握世界的一种基本方式，它又在人类文明中具有不可或缺和不可替代的独特的意义与价值。这种意义与价值，就是为人类的精神生活奠基，为人类文明的进步提供永不枯竭的想象力、批判力和思想力。人类需要哲学。这正如黑格尔所说，一个有文化的民族，如果没有形而上学，"就像一座庙，其他方面都装饰得富丽堂皇，却没有至圣的神那样"。让我们以这样的哲学理念，承担起人类文明赋予哲学的使命！

　　谢谢大家！

2010 年 7 月 27 日

◆目　录◆

历史唯物主义与哲学的范式转换

历史唯物主义与哲学基本问题

——论马克思主义的世界观

吉林大学哲学基础理论研究中心　孙正聿

关于马克思主义哲学，人们经常引证马克思恩格斯的两个著名论断：其一是马克思所说的"哲学家们只是用不同的方式解释世界，问题在于改变世界"；[①] 其二是恩格斯所说的"这已经根本不再是哲学，而只是世界观"。[②] 对于这两个关系到如何理解马克思主义哲学的著名论断，人们不能不予以追问的是："不再是哲学"的"改变世界"的世界观究竟是什么？这个世界观是"扬弃"还是"抛弃"了作为哲学基本问题的"思维和存在的关系问题"？

一　探析恩格斯的"不再是哲学"的"世界观"

在《反杜林论》中，恩格斯提出一个著名论断，即作为"现代唯物主义"的马克思主义哲学"已经根本不再是哲学，而只是世界观"[③]。由此所引发的最为严峻的理论问题是：不再是哲学的世界观还是否是哲学？与世界观相区别的哲学是何种哲学？作为世界观的哲学又是何种哲学？对此，恩格斯的回答是：与世界观相区别的哲学，是一种"特殊的科学的科学"；与哲学相区别的世界观则是"在各种现实的科学中得到证实和表现

---

① 《马克思恩格斯选集》第 1 卷，人民出版社 1995 年版，第 57 页。
② 《马克思恩格斯选集》第 3 卷，人民出版社 1995 年版，第 481 页。
③ 同上。

出来"的哲学;不再是哲学的世界观的哲学含义在于,"哲学在这里被'扬弃'了,就是说,'既被克服又被保存';按其形式来说是被克服了,按其现实的内容来说是被保存了"①。然而,对于恩格斯自己所作的回答,人们必然又会提出下述问题:被"扬弃"了的"哲学"是一种什么样的"世界观"?在这种"扬弃"中,被"克服"了的"形式"究竟是什么,被"保存"下来的"现实的内容"究竟又是什么?

在恩格斯的回答中,最为引人注目的是从哲学对科学的关系来区分"哲学"与"世界观",即"一旦对每一门科学都提出要求,要它们弄清它们自己在事物以及关于事物的知识的总联系中的地位,关于总联系的任何特殊科学就是多余的了。"② 正是基于这个总体判断,在《路德维希·费尔巴哈和德国古典哲学的终结》、《反杜林论》、《自然辩证法》这三部哲学名著中,恩格斯又提出了一个内容相同、表述相近的更为明确的论断,即"对于已经从自然界和历史中被驱逐出去的哲学来说,要是还留下什么的话,那就只留下一个纯粹思想的领域:关于思维过程本身的规律的学说,即逻辑和辩证法"③。由此提出的意义更为重大的理论问题是:按照恩格斯的这个论断,是否应当把作为"现代唯物主义"的马克思主义哲学定义为"关于思维过程本身的规律的学说"?是否应当把马克思主义哲学的理论内容归结为"关于思维过程本身的规律"的"逻辑和辩证法"?这无论是诉诸科学史还是诉诸哲学史,都是说不通的。

从科学史看,关于"思维过程本身的规律的学说",日益显著地成为语言学、心理学、逻辑学、符号学、信息论等广义的思维科学的根本内容。因此,借用恩格斯本人的说法,"哲学"已经不仅被"驱逐"出了自然界和历史,而且被"驱逐"出了思维领域,试图充当思维科学的"哲学"已经被现代的思维科学所取代。从哲学史看,关于"思维过程本身的规律的学说",其集大成者就是黑格尔的以概念的辩证否定为内容的"思想的内涵逻辑",它本身已经被马克思恩格斯所"扬弃",即把黑格尔的思辨的辩证法"扬弃"为"对现存的一切进行无情的批判"的辩证法。因此,以思想的内涵逻辑为内容的"逻辑和辩证法"同样是被"扬弃"了的

---

① 《马克思恩格斯选集》第 3 卷,人民出版社 1995 年版,第 481 页。
② 同上书,第 364 页。
③ 《马克思恩格斯选集》第 4 卷,人民出版社 1995 年版,第 257 页。

"哲学"，而不是"已经不再是哲学"的"世界观"。

面对科学史和哲学史，我们究竟应当如何理解恩格斯所说的"不再是哲学"的"世界观"？这种"世界观"在何种意义上是"关于思维过程本身的规律"的"逻辑和辩证法"？回答这个问题，必须重新思考恩格斯对哲学所关切的"思维规律"的理解和关于哲学本身的"重大的基本问题"的概括。

关于哲学所研究的思维规律，恩格斯的最为重要的论断是："我们的主观的思维和客观的世界遵循同一些规律，因而两者在其结果中最终不能互相矛盾，而必须彼此一致，这个事实绝对地支配着我们的整个理论思维。这个事实是我们的理论思维的本能的和无条件的前提。"① 这清楚地表明，恩格斯所说的"关于思维过程本身的规律的学说"，并不是关于思维的实证科学，而是反思"理论思维的本能的和无条件的前提"，即恩格斯本人在作出上述论断时所提示的关于"思维和存在的一致"（同上）的学说。

必须深入思考的是，在提出关于"理论思维的本能的和无条件的前提"的论断之后，恩格斯围绕这个论断展开了三个方面的论述：一是"18世纪的唯物主义，由于其本质上的形而上学的性质，只是从内容方面研究这个前提。它只限于证明一切思维和知识的内容都应当来源于感性的经验，并且重新提出下面这个命题：感觉中未曾有过的东西，理智中也不存在"；二是"只有现代的唯心主义的，同时也是辩证的哲学，特别是黑格尔，才又从形式方面研究了这个前提"。"这个哲学在许多场合下和在极不相同的领域中证明了思维过程同自然过程和历史过程的类似之处以及反过来的情形并且证明同一些规律对所有这些过程都是适用的"；三是"现代自然科学已经把一切思维内容都来源于经验这一命题以某种方式加以扩展，以致把这个命题的旧的形而上学的界限和表述完全抛弃了"。②

在这段具有鲜明的针对性和深刻的思想性的论述中，恩格斯表达了三个重要思想：其一，"思维和存在的一致"是"理论思维的本能的和无条件的前提"，对这个"前提"的批判性反思构成哲学意义上的"关于思维过程本身的规律"的"逻辑和辩证法"，并因而构成哲学与科学（包括自

---

① 《马克思恩格斯选集》第4卷，人民出版社1995年版，第364页。
② 同上书，第364—365页。

然科学、社会科学和思维科学在内的全部科学）这两种理论思维方式之间的原则区别；其二，旧唯物主义和辩证的唯心主义"只是"分别地探讨了这个"无条件的前提"的"内容方面"或"形式方面"，但均未合理地解决哲学与科学这两种理论思维方式之间的原则区别问题，并因而无法合理地回答"理论思维的本能的和无条件的前提"问题；其三，"现代自然科学"承诺了"一切思维内容都来源于经验这一命题"，并因而"完全抛弃"了对这个"无条件的前提"的形而上学反思。由这三个重要思想所引发的基本结论，应当是把哲学的"重大的基本问题"归结为"理论思维的本能的和无条件的前提"即"思维和存在的一致"问题。事实正是这样。在《路德维希·费尔巴哈和德国古典哲学的终结》中，恩格斯就以简洁明确的论断方式提出："全部哲学，特别是近代哲学的重大的基本问题，是思维和存在的关系问题。"① 由此可以得出的重要结论是：这个"重大的基本问题"，就是在"世界观"中被保存的"现实内容"；而在"世界观"中被克服了的"形式"，则是企图提供总联系的作为科学的科学的"哲学"。这就是"已经不再是哲学"的"世界观"对"哲学"的"扬弃"。

然而，值得深思的是，在相当长的时期里，关于恩格斯所概括的哲学的"重大的基本问题"，人们往往只是引证这个论断本身，而没有关切这个论断所指认的问题，即"理论思维的本能的和无条件的前提"问题，因此，不是从理论思维的两种基本方式——哲学与科学的关系中去理解"思维和存在的关系问题"，特别是没有从恩格斯所强调的"内容方面"和"形式方面"及其关系去理解这个"重大的基本问题"。由此导致的一个严重后果，就是把恩格斯所说的"关于思维过程本身的规律的学说"解释为"思维科学"，而不是把这个"学说"理解为关于"思维和存在的关系问题"即关于"理论思维的本能的和无条件的前提"的学说。从哲学与科学的关系上看，这两种理解方式，具有重大的原则区别：前者把作为世界观的马克思主义哲学归结为一种与自然科学、历史科学相并列的思维科学，后者则是把作为世界观的马克思主义哲学理解为对"哲学"的"扬弃"，既"克服"了作为科学的科学的"哲学"，又"保存"了作为哲学"重大的基本问题"的"思维和存在的关系问题"，也就是对"理论思维的本能的和无条件的前提"的批判和反思。因此，正是并且只是在后者的

① 《马克思恩格斯选集》第4卷，人民出版社1995年版，第223页。

意义上，作为"世界观"的马克思主义哲学，是一种"已经不再是哲学"的哲学——世界观。

这里的根本问题在于，"不再是哲学"的"世界观"，是一种根本不同于旧唯物主义的新唯物主义——现代唯物主义。这是恩格斯在论述哲学"基本问题"时突出强调的重要思想，因而也是我们理解马克思主义"世界观"的至关重要的思想。然而，在通常的关于哲学"基本问题"的阐释中，恰恰是"忽视"甚至是"忽略"了这个最为重要的思想，其结果就把作为现代唯物主义的"世界观"与作为旧唯物主义的"哲学"混为一谈，把现代唯物主义与旧唯物主义对"思维和存在的关系问题"的回答混为一谈，从而阉割了马克思主义世界观的真实含义。

恩格斯在作出"全部哲学，特别是近代哲学的重大的基本问题，是思维和存在的关系问题"这个具有根本性的论断之后，紧接着就论述了这个"基本问题"的历史演化，并提出这个问题"只是"在近代哲学"才被十分清楚地提了出来，才获得了它的完全的意义"。① 以此为基础，恩格斯集中地论述了哲学基本问题的历史演化与唯物主义的发展阶段的关系问题。这对于理解"已经不再是哲学，而只是世界观"的现代唯物主义具有不容忽视的重要意义。

恩格斯指出，费尔巴哈唯物主义对黑格尔唯心主义的批判，只是形成了"物质不是精神的产物，而精神本身只是物质的最高产物"这个"自然是纯粹的唯物主义"的观点，然而"到这里就突然停止不前了"。② 恩格斯认为，"费尔巴哈在这里把唯物主义这种建立在对物质和精神关系的特定理解上的一般世界观同这一世界观在特定的历史阶段即 18 世纪所表现的特殊形式混为一谈了"③。恩格斯由此提出，"像唯心主义一样，唯物主义也经历了一系列的发展阶段。甚至随着自然科学领域中每一个划时代的发现，唯物主义也必然要改变自己的形式；而自从历史也得到唯物主义的解释以后，一条新的发展道路也在这里开辟出来了"④。

正是在关于唯物主义的"发展阶段"的论述中，恩格斯向我们展现了以发现历史的运动规律为任务的"现代唯物主义"，与"关于思维过程本

① 《马克思恩格斯选集》第 4 卷，人民出版社 1995 年版，第 223—224 页。
② 同上书，第 227 页。
③ 同上书，第 227—228 页。
④ 同上书，第 228 页。

身的规律"的"逻辑和辩证法"的内在关联，即只有"历史也得到唯物主义的解释以后"，才能合理地回答哲学的"重大的基本问题"——思维和存在的关系问题。这正如恩格斯所提出的："费尔巴哈不能找到从他自己所极端憎恶的抽象王国通向活生生的现实世界的道路。他紧紧地抓住自然界和人；但是，在他那里，自然界和人都只是空话。无论关于现实的自然界或关于现实的人，他都不能对我们说出任何确定的东西。"① 恩格斯由此得出的根本性结论是："要从费尔巴哈的抽象的人转到现实的、活生生的人，就必须把这些人作为在历史中行动的人去考察。"② "费尔巴哈没有走的一步，必定会有人走的。对抽象的人的崇拜，即费尔巴哈的新宗教的核心，必定会由关于现实的人及其历史发展的科学来代替。这个超出费尔巴哈而进一步发展费尔巴哈观点的工作，是由马克思于 1845 年在《神圣家族》中开始的。"③

由此，关于"不再是哲学"的"世界观"，就回到恩格斯在提出这个判断的同时所提出的另一个论断，即"现代唯物主义把历史看作人类的发展过程，而它的任务就在于发现这个过程的运动规律。"④ 这个论断同马克思恩格斯在《德意志意识形态》中的论断是完全一致的，即"对现实的描述会使独立的哲学失去生存环境，能够取而代之的充其量不过是从对人类历史发展的考察中抽象出来的最一般的结果的概括。这些抽象本身离开了现实的历史就没有任何价值"⑤。显然，马克思恩格斯在这里所指认的"独立的哲学"，就是恩格斯所说的与"世界观"相区别的"哲学"；而恩格斯所说的"不再是哲学"的"世界观"，则是"从对人类历史发展的考察中抽象出来的最一般的结果的概括"。这正是马克思恩格斯所创建的历史唯物主义。

通过探析恩格斯所论述的"已经不再是哲学"的"世界观"，我们可以形成关于"现代唯物主义"的两点基本结论：其一，现代唯物主义对"哲学"的扬弃，一方面是"克服"了作为"科学的科学"的"哲学"，另一方面则是"保存"了作为"理论思维的本能的和无条件的前提"的

---

① 《马克思恩格斯选集》第 4 卷，人民出版社 1995 年版，第 240 页。
② 同上书，第 241 页。
③ 同上。
④ 《马克思恩格斯选集》第 3 卷，人民出版社 1995 年版，第 364 页。
⑤ 《马克思恩格斯选集》第 1 卷，人民出版社 1995 年版，第 73—74 页。

"思维和存在的关系问题"，并自觉地把这个"关系问题"确认为哲学的"重大的基本问题"；其二，"现代唯物主义"是从"历史中行动的人"出发去回答作为哲学的重大的基本问题的思维和存在的关系问题，因此，现代唯物主义的真实含义就是历史唯物主义，只有历史唯物主义才是"不再是哲学"的马克思主义的"世界观"。

二 探析马克思的"改变世界"的"世界观"

对"思维和存在的关系问题"的历史唯物主义回答，就是作为"现代唯物主义"的马克思主义的世界观。这是通过探析恩格斯关于"已经不再是哲学"的"世界观"的论断所形成的总体判断。这个判断与马克思的"改变世界"的论断是相互印证的，还是相互矛盾的？这是必须深入讨论的又一个重大理论问题。

在被恩格斯称之为"包含着新世界观的天才萌芽的第一个文件"的《关于费尔巴哈的提纲》中，① 马克思提出了被人们经常引证的著名论断，即"哲学家们只是用不同的方式解释世界，问题在于改变世界"②。然而，在对这个著名论断的阐释中，人们却往往得出这样的结论，即"思维和存在的关系问题"只是"解释世界"的"哲学家们"的"基本问题"，而不是"改变世界"的马克思主义哲学的"基本问题"。这样的结论，不仅构成了马克思与恩格斯在"哲学基本问题"上的对立，而且构成了关于什么是马克思主义世界观的原则分歧。这就需要首先以马克思的《关于费尔巴哈的提纲》（以下简称《提纲》）为"文本"对象，认真地探析马克思的"改变世界"的"世界观"。

诉诸"文本"，我们可以看到：其一，《提纲》的立意是明确的，问题是鲜明的，这就是马克思所指认的"人的思维是否具有客观的真理性"问题，③ 而这正是恩格斯所概括的作为哲学的重大的基本问题的"思维和存在的关系问题"；其二，《提纲》的回答同样是明确的、鲜明的，这就是马克思所说的"全部社会生活在本质上是实践的。凡是把理论引向神秘主义

---

① 《马克思恩格斯选集》第 4 卷，人民出版社 1995 年版，第 213 页。
② 《马克思恩格斯选集》第 1 卷，人民出版社 1995 年版，第 57 页。
③ 同上书，第 55 页。

的神秘东西，都能在人的实践中以及对这个实践的理解中得到合理的解决"①。这又正是恩格斯所总结的马克思"超出费尔巴哈进一步发展费尔巴哈观点的工作"——从"历史中行动的人"出发去回答"思维和存在的关系问题"，也就是对哲学的"重大的基本问题"的历史唯物主义回答。

在《提纲》的第一段中，马克思直截了当地提出："从前的一切唯物主义（包括费尔巴哈的唯物主义）的主要缺点是：对对象、现实、感性，只是从客体的或者直观的形式去理解，而不是把它们当作感性的人的活动，当作实践去理解，不是从主体方面去理解。因此，和唯物主义相反，能动的方面却被唯心主义抽象地发展了，当然，唯心主义是不知道现实的、感性的活动本身的。"② 在这里，马克思正是从思维和存在的关系问题出发，简洁而明确地批判了旧唯物主义和唯心主义这两种"哲学"：其一，旧唯物主义"只是从客体的或者直观的形式"去看待思维和存在的关系问题，从而把思维对存在的关系看成是直观的反映关系，而这正是恩格斯所指认的旧唯物主义只是从"内容"方面去看待思维对存在的关系；其二，唯心主义只是"抽象地发展了""能动的方面"，把思维对存在的关系归结为思维的能动作用，而这又正是恩格斯所指认的唯心主义只是从"形式"方面去看待思维对存在的关系；其三，马克思明确地指出，旧唯物主义之所以只是从客体的或者直观的形式去理解思维与存在的关系，唯心主义之所以只能是抽象地发展了能动的方面，其根源就在于离开"感性的人的活动"去看待思维与存在的关系，而这又正是恩格斯所指认的离开"历史中行动的人"去解决思维和存在的关系问题。由此我们可以看到，在马克思的这段被人们广泛引证的主题式话语的论断中，并不是否定了恩格斯所概括的哲学的重大的基本问题，而恰恰是从马克思所说的"感性的人的活动"或恩格斯所说的"历史中行动的人"出发去回答"思维和存在的关系问题"。由此可以看到：哲学的基本问题，正是在《提纲》中被"保存"下来的"世界观"的根本问题；对哲学基本问题的历史唯物主义回答，则构成马克思主义的世界观。

诉诸《提纲》全文，我们可以看到，正是以揭示和批判旧唯物主义和唯心主义这两种以"哲学"方式所构成的世界观为"纲"，马克思在《提

① 《马克思恩格斯选集》第 1 卷，人民出版社 1995 年版，第 56 页。
② 同上书，第 54 页。

纲》中逐段深入地阐述了"现代唯物主义"的世界观。具体言之，在《提纲》的第二段，马克思明确地提出："人的思维是否具有客观的真理性，这不是一个理论的问题，而是一个实践的问题。人应该在实践中证明自己思维的真理性，即自己思维的现实性和力量，自己思维的此岸性。关于思维——离开实践的思维——的现实性或非现实性的争论，是一个纯粹经院哲学的问题。"① 在这段论述中，马克思明确地提出了必须以实践的观点看待"人的思维是否具有客观的真理性"问题，也就是以实践的观点去看待作为哲学的重大的基本问题的思维和存在的关系问题。在紧接其后的第三段中，马克思针对旧唯物主义所探讨的"关于环境和教育起改变作用"的问题，又提出"环境的改变和人的活动或自我改变的一致，只能被看作是并合理地理解为革命的实践"。在其后的第四段中，马克思又针对费尔巴哈不能从"世俗基础的自我分裂和自我矛盾"来说明"世界被二重化为宗教世界和世俗世界"，提出"对于这个世俗基础本身应当在自身中、从它的矛盾中去理解，并在实践中使之革命化"。由此，马克思在《提纲》的第五段揭示了费尔巴哈哲学的本质："费尔巴哈不满意抽象的思维而喜欢直观；但是他把感性不是看作实践、人的感性的活动。"② 正是基于这种洞见，马克思在《提纲》的第六段提出："人的本质不是单个人所固有的抽象物，在其现实性上，它是一切社会关系的总和"③，又在《提纲》的第七段提出，费尔巴哈"所分析的抽象的个人，是属于一定的社会形式的"④。正是依据上述论断，马克思在《提纲》的第八段作出一个具有根本性的论断："全部社会生活在本质上是实践的。凡是把理论引向神秘主义的神秘东西，都能在人的实践中以及对这个实践的理解中得到合理的解决。"⑤ 由此提出的问题是：为什么"从前的一切唯物主义"不能"在人的实践中以及对这个实践的理解中"去解决"人的思维是否具有客观的真理性"，反而是"把理论引向神秘主义"？马克思在《提纲》的第九、十段所作的回答是："直观的唯物主义，即不是把感性理解为实践活动的唯物主义至多也只能达到对单个人和市民社会的直观"；"旧唯物主义的立脚

---

① 《马克思恩格斯选集》第 1 卷，人民出版社 1995 年版，第 55 页。
② 同上书，第 56 页。
③ 同上。
④ 同上。
⑤ 同上。

点是市民社会，新唯物主义的立脚点则是人类社会或社会的人类"。① 这就是说，新唯物主义之所以在理论上超越了旧唯物主义，从根本上说，是因为新唯物主义在其现实基础上超越了旧唯物主义。正是基于上述论断，马克思在《提纲》的第十一段即最后一段，作出了人们经常引证的基本结论："哲学家们只是用不同的方式解释世界，问题在于改变世界。"②

在这里如此详细地逐段引证和阐述马克思的《提纲》，对于深入地探析马克思的"改变世界"的"世界观"，特别是深入地探析这个"世界观"与恩格斯所指认的"不再是哲学"的"世界观"的内在一致性，是非常必要和十分重要的：其一，从理论内容上看，马克思恩格斯的"现代唯物主义"的"世界观"对"哲学"的扬弃，既是"克服了""哲学家们"把哲学当作关于"总联系"的"科学的科学"的幻想，又是"保存"了作为"理论思维的本能的和无条件的前提"即"人的思维是否具有客观的真理性"的"思维和存在的关系问题"；其二，从根本理念上看，"现代唯物主义"与"哲学家们"的根本区别则在于，"哲学家们"不是"在人的实践中以及对这个实践的理解中"去解决"思维和存在的关系问题"，而是以"直观"的方式或抽象的"能动"原则去回答这个"重大的基本问题"，因而他们的"哲学"只能是"解释世界"的哲学，并且只能是"把理论引向神秘主义的神秘东西"，与此相反，马克思恩格斯的现代唯物主义则是从"全部社会生活在本质上是实践的"这一根本理念出发，"在实践中证明自己思维的真理性"；其三，从现实基础上看，"哲学家们"之所以不能"在实践中以及对这个实践的理解中"提出和回答"人的思维是否具有客观的真理性"问题，根源在于"旧唯物主义的立脚点是市民社会"，因而"至多也只能达到对单个人和市民社会的直观"，只有立足于"人类社会或社会的人类"的现代唯物主义，才能超越"只是用不同的方式解释世界"，而形成"不再是哲学"的"世界观"——"改变世界"的"世界观"。这种以"人类社会或社会的人类"为"立脚点"、"在实践中以及对这个实践的理解中"所构成的世界观，就是马克思恩格斯所创建的"现代唯物主义"——历史唯物主义——的世界观。这是认真思考和深入探析马克思在《提纲》中所论证的"改变世界"的"世界观"应当得出

---

① 《马克思恩格斯选集》第 1 卷，人民出版社 1995 年版，第 56—57 页。
② 同上书，第 57 页。

的基本结论。

三 历史唯物主义的世界观的理论内涵

马克思恩格斯创建的历史唯物主义，从"感性的人的活动"或"历史中行动的人"出发去解决"思维和存在的关系问题"，形成了以"历史"为解释原则、以"生活决定意识"为核心理念、以"历史的内涵逻辑"为基本内容、以"人类解放"为价值诉求、以"改变世界"为理论指向的历史唯物主义的世界观。这个"不再是哲学"的"世界观"具有极其深刻和丰厚的理论内涵。

（一）历史唯物主义的世界观，是以"历史"作为解释原则的世界观

在《关于费尔巴哈的提纲》中，马克思明确地揭示了由三种不同的解释原则所构成的世界观：一是以"客体的或者直观"的解释原则回答思维和存在的关系问题的旧唯物主义的世界观；二是以"抽象的"能动性的解释原则回答思维和存在关系问题的唯心主义世界观；三是以"感性的人的活动"的解释原则回答思维和存在关系问题的现代唯物主义的世界观。①对于后一种解释原则，恩格斯明确地表述为以"现实的人及其历史发展"为出发点的"现代唯物主义"的世界观。

"历史"是"追求着自己的目的的人的活动"，是"人们的现实生活过程"，是"现实的人及其历史发展"。人"作为人类历史的经常前提，也是人类历史的经常的产物和结果，而人只有作为自己本身的产物和结果才成为前提"②。人自身作为历史的"前提"和"结果"，以自己的活动构成自身的存在、自身的历史。历史是人的存在的现实，是人的现实的世界。正是在"历史"即"人们的现实生活过程"中，才形成现实的思维与存在的关系，因此，只有从"历史"即"人们的现实生活过程"出发，才能合理地提出和回答作为哲学基本问题的"思维和存在的关系问题"。

关于"历史"，值得深入思考的一个重大问题是，历史不只是一个"过程"即不只是"感性的人的活动"，而且是一种"结果"即"感性的

---

① 参见孙正聿《历史唯物主义的真实意义》，《哲学研究》2007 年第 9 期。
② 《马克思恩格斯全集》第 26 卷（Ⅱ），人民出版社 1973 年版，第 545 页。

人的活动"或"历史中行动的人"所创造的"文明"。文明结晶着人的历史活动，体现着人与世界的现实关系，并规范着人类社会的趋势与未来。因此，历史唯物主义的历史概念远不只是活动或过程的概念，更是文明的概念。以历史作为解释原则的历史唯物主义，从根本上说，是以文明为其内涵而实现的对思维和存在关系问题的回答，也就是以文明为其内涵构成的世界观。这正如马克思恩格斯所说："历史不外是各个世代的依次交替。每一代都利用以前各代遗留下来的材料、资金和生产力；由于这个缘故，每一代一方面在完全改变了的环境下继续从事所继承的活动，另一方面又通过完全改变了的活动来变更旧的环境。"① 这才是具有革命意义的、以历史作为解释原则的马克思主义的世界观。然而，通常所说的"实践唯物主义"，则只是把"实践"解释为"感性的人的活动"，而没有凸显人的实践活动所构成的历史的文明内涵。正因如此，我们不赞同以辩证唯物主义和历史唯物主义来称谓和定位马克思主义哲学，也不认同以实践唯物主义来称谓和定位马克思主义哲学，而把马克思主义哲学称谓和定位为历史唯物主义。

（二）以"历史"为解释原则的世界观，是以"生活决定意识"为核心理念的世界观

关于意识与存在的关系问题，马克思恩格斯在《德意志意识形态》中十分明确地提出："意识在任何时候都只能是被意识到了的存在"，而"人们的存在就是他们的现实生活过程"。② 这表明：马克思恩格斯所指认的"存在"；并不是某种超验的、与人无关的神秘的东西，而是人的"现实生活过程"，所谓的自然界则是"在人类历史中即在人类社会的产生过程中形成的自然界是人的现实的自然界"；③ 马克思恩格斯所指认的"意识一开始就是社会的产物，而且只要人们存在着，它就仍然是这种产物"④。马克思恩格斯认为，由"纯粹动物式的意识"发展为真正的人的"意识"，这是"被历史的进程所改变"的结果。这表明，与"被意识到了的存在"一样，"意识"本身也是"历史"的产物。因此，"意识"与"存在"的关

---

① 《马克思恩格斯选集》第 1 卷，人民出版社 1995 年版，第 88 页。
② 同上书，第 72 页。
③ 《马克思恩格斯全集》第 42 卷，第 128 页。
④ 《马克思恩格斯选集》第 1 卷，人民出版社 1995 年版，第 81 页。

系，在其现实性上，就是"社会意识"（现实的人的意识）与"社会存在"（现实的人的生活过程）在"历史的进程"中所形成的关系。在"历史的进程"中所形成的意识与存在的关系，就是社会意识与社会存在的关系；在这种现实的社会意识与社会存在的关系中，从根本上说，"不是意识决定生活，而是生活决定意识"①。这是历史唯物主义的世界观的核心理念和根本观点。

离开"现实的人的意识"与"现实的人的生活过程"，并不存在抽象的"意识"与"存在"的关系；离开"历史的进程"去说明"意识"与"存在"的关系，只能是"把理论引向神秘主义的神秘东西"；只有从"历史的进程"提出和回答"意识"与"存在"的关系问题，才能"在人的实践中以及对这个实践的理解中得到合理的解决"。由此可以明确：离开"历史的进程"而提出"意识"与"存在"的关系问题，这是马克思主义以前的全部旧哲学；以"历史的进程"为出发点而提出"意识"与"存在"的关系问题，这才是马克思恩格斯的世界观——历史唯物主义的世界观。

（三）以"历史"为解释原则的世界观，是以"历史的内涵逻辑"为内容的世界观

历史唯物主义的"唯物主义"，是唯物主义发展史上的马克思主义的唯物主义；历史唯物主义的"辩证法"，是辩证法发展史上的马克思主义的辩证法；因此，历史唯物主义的世界观，并不是一般意义的唯物主义与辩证法的统一，而是马克思主义的唯物主义与辩证法的统一，这就是以"历史"为解释原则的唯物主义与辩证法的统一。它的最为重要的理论问题，并不是抽象的"思维"和"存在"的关系问题，而是解决"思维和存在的关系问题"中的"历史"与"逻辑"的关系问题、"理论"与"实践"的关系问题；它的主要的和直接的批判对象，是黑格尔以唯心主义辩证法所构成的"历史与逻辑的一致"；它的真实的理论内容，是作为历史的内涵逻辑的历史唯物主义。

在《资本论》的"第二版跋"中，马克思明确地提出："我的辩证方法，从根本上说，不仅和黑格尔的辩证方法不同，而且和它截然相反。在

---

① 《马克思恩格斯选集》第1卷，人民出版社1995年版，第73页。

黑格尔看来，思维过程，即他称为观念而甚至把它转化为独立主体的思维过程，是现实事物的创造主，而现实事物只是思维过程的外部表现。我的看法则相反，观念的东西不外是移入人的头脑并在人的头脑中改造过的物质的东西而已。"马克思由此提出："辩证法，在其合理形态上"，是"在对现存事物的肯定的理解中同时包含对现存事物的否定的理解，即对现存事物的必然灭亡的理解；辩证法对每一种既成的形式都是从不断的运动中，因而也是从它的暂时性方面去理解；辩证法不崇拜任何东西，按其本质来说，它是批判的和革命的"。① 在这里，马克思提出了关于"辩证法"的两个根本性论断：其一，是观念决定现实，还是现实决定观念，这是黑格尔的辩证法与马克思的辩证法的根本区别；其二，"合理形态"的辩证法，不仅是肯定现实决定观念，而且"按其本质来说"是"批判的和革命的"。马克思的这两个论断表明，"现代唯物主义"的世界观是"对现存的一切进行无情的批判"的世界观，是"实际地反对并改变现存的事物"的世界观。这个世界观，既变革了以"客体的或者直观"的方式看待人与世界关系的旧唯物主义的世界观，也变革了把思维看成是"现实事物的创造主"的唯心主义的世界观。

黑格尔辩证法的唯心主义本质，深刻地体现为"历史屈从逻辑"。在《哲学的贫困》中，马克思就揭露了黑格尔的历史与逻辑的一致的唯心主义本质："黑格尔认为，世界上过去发生的一切和现在还在发生的一切，就是他自己的思维中发生的一切。因此，历史的哲学仅仅是哲学的历史，即他自己的哲学的历史。""他以为他是在通过思想的运动建设世界；其实，他只是根据绝对方法把所有人们头脑中的思想加以系统的改组和排列而已。"② 不仅如此，马克思还深刻地揭示了形成黑格尔唯心主义辩证法的认识论根源："在最后的抽象（因为是抽象，而不是分析）中，一切事物都成为逻辑范畴，这用得着奇怪吗？"③ "正如我们通过抽象把一切事物变成逻辑范畴一样，我们只要抽去各种各样的运动的一切特征，就可得到抽象形态的运动，纯粹形式上的运动，运动的纯粹逻辑公式。"④ 因此，马克思关于历史与逻辑的关系的基本观点是："不是在每个时代中寻找某种范

---

① 《马克思恩格斯选集》第 2 卷，第 112 页。
② 《马克思恩格斯选集》第 1 卷，第 141 页。
③ 同上书，第 138 页。
④ 同上书，第 139 页。

畴，而是始终站在现实历史的基础上，不是从观念出发来解释实践，而是从物质实践出发来解释观念的形成"。①

马克思肯定历史决定逻辑，并不是否认以逻辑的方式把握历史，而是把逻辑视为对历史的理论把握。在《〈政治经济学批判〉导言》中，马克思对逻辑与历史的一致作出这样的论述："比较简单的范畴可以表现一个比较不发展的整体的处于支配地位的关系或者一个比较发展的整体的从属关系，这些关系在整体向着以一个比较具体的范畴表现出来的方面发展之前，在历史上已经存在。在这个限度内，从最简单上升到复杂这个抽象思维的进程符合现实的历史过程。"② "比较简单的范畴，虽然在历史上可以在比较具体的范畴之前存在，但是，它在深度和广度上的充分发展恰恰只能属于一个复杂的社会形式，而比较具体的范畴在一个比较不发展的社会形式中有过比较充分的发展。"③ 在《资本论》中，马克思正是通过分析"比较具体的范畴"而把握"比较简单的范畴"，通过考察"比较发展的整体"而透视"比较不发展的整体"，通过揭示"一个复杂的社会形式"即资本主义的社会形式而实现对全部"人类生活形式"即"历史过程"的揭示，从而"发现"了人类历史的发展规律。④

历史与逻辑的关系问题，从根本上说，是"人的活动"与"历史规律"的关系问题。黑格尔辩证法的真实意义，在于它在批判"抽象理性"的过程中，构成了以概念的辩证运动所展现的人类思想运动的逻辑，即"思想的内涵逻辑"。然而，在黑格尔的历史与逻辑一致的"思想的内涵逻辑"中，却把历史的"规律"视为"无人身的理性"的自我实现过程，从而把历史视为"逻辑"的自我展开，而把人的历史活动本身当作这种"逻辑"的外在表现。这是黑格尔辩证法的唯心主义实质。与此相反，马克思是把历史的"规律"视为人作为历史的前提和结果的辩证运动，而把"逻辑"视为关于人的历史活动的理论把握，从而把黑格尔的作为"思想的内涵逻辑"的辩证的唯心主义"扬弃"为作为"历史的内涵逻辑"的历史的唯物主义。马克思说："人们自己创造自己的历史，但是他们并不是随心所欲地创造，并不是在他们自己选定的条件下创造，而是在直接碰

---

① 《马克思恩格斯选集》第1卷，人民出版社1995年版，第92页。
② 《马克思恩格斯选集》第2卷，人民出版社1995年版，第20页。
③ 同上书，第21页。
④ 参见孙正聿《"现实的历史"：〈资本论〉的存在论》，《中国社会科学》2010年第2期。

到的、既定的、从过去承继下来的条件下创造。"① 以理论的方式把握人的历史活动及其所形成的历史规律，这就是马克思的唯物论与辩证法相统一的"历史的内涵逻辑"，即存在论、认识论和逻辑学相统一的历史唯物主义。

（四）以"历史"为解释原则的世界观，是以人类解放为其价值诉求的世界观

哲学作为理论形态的人类自我意识，既不是单纯的存在论，也不是单纯的认识论，而是具有存在论、认识论和价值论的三重内涵，即一方面是为了确立某种价值理想而诉诸对真理的追求和对存在的反思，另一方面则是以对真理的追求和对存在的反思而确立某种价值理想。价值诉求，是哲学的根本旨趣，是哲学的基本理念，是哲学的主要功能。一种哲学理论的价值诉求，从根本上决定该种哲学对"存在"和"真理"的理解，也就从根本上决定该种哲学的世界观。历史唯物主义的世界观，是以"人类社会或社会的人类"为立脚点、以人类解放为价值目标的世界观。这是"已经不再是哲学"的马克思主义世界观的最具革命性的根本特质。

推翻使人"被侮辱"、"被奴役"、"被遗弃"、"被蔑视"的"一切关系"，② 是马克思恩格斯创建自己的全部学说的真正的出发点，也是马克思恩格斯全部学说所承诺的最高的价值理想——以人的全面发展为内容的人类解放。正是从这个价值理想出发，马克思批判一切把理论引向神秘主义的神秘的东西，从揭露"人的自我异化的神圣形象"转向揭露"具有非神圣形象的自我异化"，把"对天国的批判变成对尘世的批判，对宗教的批判变成对法的批判，对神学的批判变成对政治的批判"，③ 从而实现"对现存的一切进行无情的批判"，并在这种批判中形成了以人类解放为价值目标的历史唯物主义的世界观。离开这个价值目标，就会像马克思恩格斯所批判的"独立的哲学"一样，不了解"革命的、实践批判的活动的意义"，"至多也只能达到对单个人和市民社会的直观"，而不可能"在人的实践中以及对这个实践的理解中"去对待"人的思维是否具有客观的真理

① 《马克思恩格斯选集》第 1 卷，人民出版社 1995 年版，第 585 页。
② 同上书，第 9—10 页。
③ 同上书，第 2 页。

性"问题，也就是不可能以历史为解释原则而实现哲学的存在论、真理性和价值论的统一。

（五）以"历史"为解释原则的世界观，是以"改变世界"为其理论指向的世界观

正如恩格斯《在马克思墓前的讲话》中所说，马克思"首先是一个革命家"①。马克思反对"哲学，尤其是德国哲学的爱好宁静孤寂，追求体系的完满，喜欢冷静的自我审视"的理论态度，认为哲学应当是"自己的时代、自己的人民的产物"，"任何真正的哲学都是自己时代精神上的精华，因此，必然会出现这样的时代：那时哲学不仅在内部通过自己的内容，而且在外部通过自己的表现，同自己时代的现实世界接触并相互作用"。②"改变世界"，这是马克思的哲学革命的根本理念——把"哲学"变革为指向实践的"世界观"。

关于理论与实践之间的关系，马克思在《黑格尔法哲学批判导言》中提出一系列值得特别关切的重要论述：其一，"理论在一个国家实现的程度，总是决定于理论满足这个国家需要的程度"③；其二，"光是思想力求成为现实是不够的，现实本身应当力求趋向思想"④；其三，"理论只要说服人，就能掌握群众；而理论只要彻底，就能说服人。所谓彻底，就是抓住事物的根本。但是，人的根本就是人本身"⑤。马克思的这些论述告诉人们：首先，理论不仅源于实践，而且其实现的程度同样取决于实践需要的程度，离开实践既不会形成理论也不会实现理论；其次，源于实践的理论并不是消极地反映现实，而是以其既"合目的"又"合规律"的思想对现实进行批判性的反思、规范性的矫正和理想性的引导，从而使"现实趋向思想"；再次，引导现实的思想必须是具有彻底性的思想，即抓住事物的根本也就是人本身的思想，因此，只有从"感性的人的活动"或"历史中行动的人"出发，才能构成真正具有实践意义的世界观。

马克思关于理论与实践关系的论述，凸显了以"历史"为解释原则的

---

① 《马克思恩格斯选集》第 3 卷，人民出版社 1995 年版，第 777 页。
② 《马克思恩格斯全集》第 1 卷，第 219—220 页。
③ 《马克思恩格斯选集》第 1 卷，人民出版社 1995 年版，第 11 页。
④ 同上。
⑤ 同上书，第 9 页。

世界观对哲学的基本问题——思维和存在的关系问题——的"扬弃":无论是"解释世界"的"哲学",还是"改变世界"的"世界观",都是作为理论形态存在的,都是以"思维和存在的关系问题"为其"重大的基本问题"的;二者的根本区别,则不仅在于如何看待思维与存在的关系,而且在于如何对待理论与实践的关系。思维和存在的关系问题是理论和实践的关系问题中所蕴涵的"基本问题",而理论与实践的关系问题则是思维和存在的关系问题的"现实内容"。历史唯物主义的世界观,以"历史"的解释原则回答了哲学的基本问题——思维和存在的关系问题,以"历史"的解释原则论证了人对世界的关系——人在自己的实践活动及其历史发展中所实现的人对世界的否定性统一关系,以"历史"的解释原则最深切地体现了哲学的批判本质——"对现存的一切进行无情的批判",以"历史"的解释原则升华了哲学对自由和崇高的追求——历史作为"追求自己的目的的人的活动过程"所指向的人类解放和人的全面发展的崇高理想。因此,历史唯物主义的世界观,不只是改变了对"思维和存在的关系问题"的理解,更在于改变了对"理论与实践的关系问题"的态度。正是在理论与实践的关系问题中,深刻地体现了历史唯物主义的"改变世界"的世界观。

马克思的存在论革命与超感性世界神话学的破产

复旦大学哲学学院　吴晓明

马克思在哲学上所实现的革命性变革首先是——并且归根到底是——存在论（ontology，或译本体论）性质的。正是这一深刻的存在论革命意味着——并且标志着——超感性世界神话学的破产。然而，这样一场对于整个哲学来说具有根本重要性的存在论革命，却很少得到切近的理解和真实的估价。它往往只是在现成观念的无内容的形式上，甚至只是在纯粹的辞令上被加以理解和讨论。既与的哲学"因素"，诸如唯物主义或辩证法、实证科学或革命意志、费尔巴哈或黑格尔，以及它们之间按各种比例配制的混合物，据说就如此这般地构成了马克思主义哲学的存在论基础。由此而来的争论是不可避免的。尽管这样的争论并非没有成果而且总具有它的"实际意义"，但却依然是表面的。更加重要的是：当这样的争论实际上局限于超感性世界神话学的范围之内时，马克思的哲学存在论也就先行地被理解为这种神话学的一部分了。就最终的论断方式来说，第二国际的理论家是如此，西方马克思主义的早期领袖也是如此。不过这种情形反过来却印证了由马克思的存在论革命所引导的基本见解之一，即除非具有超感性神话性质的现代世界本身实际地发生解体，否则的话，超感性世界的神话学就不可能真正垮台。

一

1943 年，海德格尔慎重其事并且颇费周章地阐释了尼采的话——"上帝死了"。他说，在尼采的思想中，"上帝"是被用来表示超感性世界的，亦即是被用来表示理念和理想领域的名称。从源头上说，自柏拉图以来，这一超感性领域就被当作真实的和真正现实的世界（形而上学世界），而与之相应的感性世界则是尘世的、易变的，因而是完全表面的、非现实的世界（宽泛意义上的物理世界）。因此，"'上帝死了'这句话意味着：超感性世界没有作用力了。它没有任何生命力了。形而上学终结了，对尼采来说，就是被理解为柏拉图主义的西方哲学终结了。尼采把他自己的哲学看作对形而上学的反动，就他言，也就是对柏拉图主义的反动"①。

海德格尔的这一辨析无疑是非常正确的，甚至可以说是独具慧眼的。因为这里所说的"上帝死了"一事，确实与"不信仰上帝"的种种空洞的意见并无共同之处，而是牵扯到我们用"形而上学"这个名称来表示的存在者整体的基本结构（感性世界与超感性世界的区分，以及前者为后者所规定、所包含），牵扯到形而上学的这样一种历史命运——超感性世界如何必然丧失其构造力量而成为虚无的。"我们把超感性领域的这种本质性崩塌称为超感性领域的腐烂（Verwe-sung）。"② 这里需要补充的一点是：自笛卡尔创制现代形而上学以来，首先体会到超感性世界之本质性崩塌并把它道说出来的是费尔巴哈。这个补充的要点完全不在乎所谓理论优先权的无关紧要的争议，其要点在于：费尔巴哈对超感性世界神话学的首度发难不仅极大地影响了马克思，而且也同样启发了尼采。如果遗忘了这一点，就会在错估费尔巴哈意义的同时，匆匆地越过马克思，越过马克思曾经开展出存在论深刻变革的整个区域。阿尔都塞指证说，费尔巴哈哲学及其内在矛盾"引起了一个参与了历史并产生了令人不安的效果的作用，有的是直接的（对马克思和他的朋友的影响），有些是延迟的（对尼采、现象学、某种现代神学、甚至是从它派生出来的新的'《圣经》注释'哲学的影响）"③。

对于费尔巴哈来说，超感性世界的直接领域就是宗教神学（即宗教反思）。在神学中，上帝的本质正就意味着超感性领域的目标设定，意味着这种目标设定从外部规定着并且掌握了感性的尘世生活。费尔巴哈把这样

---

① 《海德格尔选集》下卷，上海三联书店1996年版，第771页。
② 同上书，第775页。
③ 阿尔都塞：《黑格尔的幽灵》，南京大学出版社2005年版。

一种关于存在者整体的观念指认为"异化"。因为在他看来，神学的秘密无非是人本学（即宗教真理）；而在宗教的人本学批判中，上帝的本质归根到底乃是"人自己的人的本质"。不仅如此，费尔巴哈还以完全类似的方式批判了哲学即形而上学本身。在他看来，黑格尔哲学、思辨哲学、近代哲学乃至整个哲学，都在本质上包含着与宗教神学相同的异化形式，亦即以建立超感性世界作为真正的奠基，通过不断巩固和推进它对于感性世界的优先权和统治权来设定存在者整体的基本结构。因此，对于费尔巴哈来说，哲学和神学虽然形式上有差别，但两者都是完备的超感性世界的神话学。在这个主题上，正是费尔巴哈首先使对整个哲学（或一般形而上学）的批判课题化的。马克思在《1844 年经济学哲学手稿》中指认费尔巴哈的第一项"伟大功绩"就在于："证明了哲学不过是变成思想的并且通过思维加以阐明的宗教，不过是人的本质的异化的另一种形式和存在方式；因此哲学同样应当受到谴责。"①

不难理解，为了彻底颠覆整个超感性世界的神话学，费尔巴哈在存在论方面突出地强调了"感性"，并使之与超感性世界对立起来。这样的对立最为充分地体现为"感性"和"绝对精神"的对立，亦即"基于自身并且积极地以自身为根据的肯定的东西"（感性的事物）与"自称是绝对肯定的东西的那个否定的否定"（思辨的思维）之间的对立。然而，在费尔巴哈那里，黑格尔哲学乃意味着整个近代哲学的完成，意味着一般哲学—形而上学之本质的实现，意味着柏拉图主义传统之奥秘的最终显现，因此，"感性"同"绝对精神"的对立就不止于这一新原则同黑格尔哲学的对立，而是它同整个近代哲学，同一般哲学—形而上学，同柏拉图主义的对立。归根到底，绝对精神无非是整个近代哲学乃至于一般哲学之完成了的精神，而这种精神不过是在哲学中得到复活的神学之已死的精神，即"幽灵"。就此而言，"超感性世界"既是神学的本质，又是一般哲学—形而上学的本质；对于费尔巴哈的哲学批判来说，毋宁更恰当地把它理解为哲学中的神学本质。

因此之故，费尔巴哈试图在存在论上予以阐释的新原则——感性，初始地来说并且就其一般指向来说，是同先前处于哲学—形而上学中并由之

———————————

① 参看《马克思恩格斯全集》第 3 卷，人民出版社 2002 年版，第 314、324、316、319—320 页。

而规定的"感性"相当不同的东西。毋宁说,它一开始就力图表明自身是与超感性世界相对立的东西,因而是与整个哲学的神学本质相对立的东西。在此意义上,费尔巴哈的感性——它意欲重新领会和设定存在者整体——与超感性世界的对立,就不是一种哲学之内部的对立;毋宁说,它倒更应当被看作是哲学同其"反面"的对立,是哲学同"非哲学"的对立。"因此哲学不应当从自身开始,而应当从它的反面、从非哲学开始。我们中间这个与思维有别的、非哲学的、绝对反经院哲学的本质,乃是感觉主义的原则。"① 总而言之,对于费尔巴哈来说,"感性"这个新原则并不是与某种哲学的后果发生片面的矛盾,而是与一般哲学(作为超感性世界的神话学)的前提发生全面的矛盾。如果说黑格尔的逻辑学本质上"就是一般哲学的开端",那么上述所谓全面的矛盾就表现为:"存在"(逻辑学所理解的一般存在)的真正对立面并不是"无有"(非存在),而是"感性的具体的存在"②。于是,费尔巴哈试图从根本上超出一般哲学—形而上学的本质并与之形成决定性对立的出发点,在这样一个存在论命题中得到表述:"感性存在否定逻辑上的存在。"

在超感性世界的神话学——神学与哲学——中,真正的感性是被完全扼杀的,正像它在哲学中的那种徒有其表的名称不过意味着它已被先行阉割的命运一样(被理智地抽象化、形式化,或被作为本身没有真理性的环节而加以扬弃等等)。费尔巴哈把事情翻转过来了,他把感性置于王座的地位。"它不仅是人的感觉的本质,而且是自然和肉体实存的本质。对于费尔巴哈来说,按照费舍的一个说明,感觉是迄今为止被轻视的第三等级,他把它提高到一个全面的意义;与此相反,黑格尔却赞美思维,说它失去了视和听。"③ 黑格尔对感性的这种贬抑使我们想起了德谟克利特(他和苏格拉底及柏拉图几乎是同时代人):这位哲学家兼实证科学家在人类知识的真理性问题上陷入了深刻的矛盾之中;终于,他弄瞎了自己的眼睛,以便让其心灵的"眼睛"能够更透彻地看清事物的本质。这或许是一则关于哲学—形而上学之命运的寓言——它讲述了绵延两千多年的形而上学是如何在其开端设定超感性世界及其优越性和统治权的,以及这种设定

---

① 《费尔巴哈哲学著作选集》上卷,商务印书馆1984年版,第111页。
② 同上书,第63—64页。
③ 洛维特:《从黑格尔到尼采》,生活·读书·新知三联书店2006年版,第102页。

又会以何种方式在近代哲学的完成形式中获得其最终的总结。

于是我们看到，费尔巴哈以非凡的勇气和果敢向超感性世界的神话学宣布了无情的战争。在这场战争中，费尔巴哈的存在论纲领就是"感性"：实在性之唯一的和真正的领域就是感性，换言之，只有感性才是实在性——这是一个"可以用我们的鲜血盖图章来担保的真理"。真实的存在仅仅源自感性，因为某物的实存是以感性的方式显现，并因而是为感觉所证明的，它不能通过思维、臆想或单纯表象而得到证明。① 存在的秘密并不是显示给普遍者的思维，而是显示给感性的直观、感觉和爱（情欲）；因而真实的存在"就是感性的存在，直观的存在，感觉的存在，爱的存在"②。

这确实是一个尝试颠覆超感性世界神话学的巨大的图谋，然而这个图谋的实施却所得甚微（特别是就其宏伟的抱负而言），整个具有反叛性质的存在论纲领最终几乎全部落空了。于是，试图进一步推动这场颠覆性运动的变革者便开始追问：为什么费尔巴哈所提供的强大推动力对他本人却毫无结果呢？这个检讨性的问题在指认费尔巴哈失败的同时已经把他置放到先驱者的位置上了。重要的是，这个位置是由时代的立场确定的：尽管"与黑格尔比起来，费尔巴哈小多了"，然而，"认为人们能够乘坐一种已死的精神的高头大马越过19世纪的'唯物主义'却是一种错误。费尔巴哈对黑格尔哲理神学的感性化和有限化绝对是我们如今所有人——有意识地或者无意识地——处身于其上的时代立场"③。

二

费尔巴哈哲学的最终失败，用恩格斯的话来说，突出地表现为这样一种状况，即就其没有离开哲学—形而上学这一基地而言，它只是黑格尔哲学的一个支脉④。这意味着，费尔巴哈对哲学—形而上学之颠覆性的反叛（"颠倒"），最终是返回到形而上学的本质中去了。换句话说，在费尔巴哈那里，超感性世界的神话学再度主宰了这种神话学之最遥远的对立面。

① 《费尔巴哈哲学著作选集》上卷，商务印书馆1984年版，第154—159页。
② 同上书，第167—168页。
③ 洛维特：《从黑格尔到尼采》，生活·读书·新知三联书店2006年版，第108页。
④ 参看《马克思恩格斯选集》第4卷，人民出版社1995年版，第241页。

这种情形与海德格尔所述之尼采的命运是十分的类似的："作为单纯的反动，尼采的哲学必然如同所有的'反······'（An-ti-）一样，还拘执于它所反对的东西的本质之中。作为对形而上学的单纯颠倒，尼采对于形而上学的反动绝望地陷入形而上学中了，而且情形是，这种形而上学实际上并没有自绝于它的本质，并且作为形而上学，它从来就不能思考自己的本质。"① 与此命运相类似的恐怕还要包括施蒂纳、克尔凯郭尔等，而这样一种命运本身就是意味深长的。

马克思的存在论革命发生在费尔巴哈的失败之际，并且也发生在施蒂纳的失败之际。施蒂纳指证了费尔巴哈的失败，但同时却只是补充了并且极其迅速地再度经历了费尔巴哈的失败。问题的核心在于：费尔巴哈的"感性"只是与思辨唯心主义的超感性世界处于外在的对立中，就像施蒂纳以最极端的方式"超出了"精神的历史但却以漫画的方式详尽地再现了黑格尔的世界历史构思一样。在征讨超感性世界神话学的整个进程中，特别是在其初始的步伐中，感性领域的凸显并由之构成与超感性领域的对立不仅是必要的，而且是正确的。但这里存在着一个根本的困难，即只要感性领域仅仅被领会为超感性领域之极端的对立面，那么，感性领域也就是由它的对立面来规定的了。"而随着这样一种对它的对立面的贬降，感性领域却背弃了它自己的本质。对超感性领域的废黜同样也消除了纯粹感性领域，从而也消除了感性与超感性之区分。"② 事实上，费尔巴哈也一般地懂得这一点，在他看来，现实的人不仅是感性的（感性生活），而且是有意识的和能思维的（作为类本质的类意识）。他甚至在著名的"高卢—日耳曼"公式中把感觉与理智的统一提到了原则高度上。

那么，费尔巴哈所越不过的那个界限究竟在什么地方呢？大略言之，"费尔巴哈不能找到从他自己所极端憎恶的抽象王国通向活生生的现实世界的道路"。正是所涉之道路的未曾真正开启，使得这位哲学家知变却不知变法；而哲学变革在思想方面的要义无非是，归于"道路"并从而辨明之、开启之（海德格尔的《什么是哲学》③ 说明了这一点）。由于费尔巴哈的"感性"只是与超感性世界处于抽象的外部对立中，所以虽然它如此

---

① 《海德格尔选集》下卷，上海三联书店 1996 年版，第 771 页。
② 同上书，第 763 页。
③ 参看《海德格尔选集》上卷，上海三联书店 1996 年版，第 588—607 页。

尖锐和极端地抗议并袭击了超感性领域，却并没有形成一条能够使之实质性破裂的道路，相反却仍停顿滞留于同样的神话学怀抱里。马克思在反驳鲍威尔对费尔巴哈"感性"的攻讦时，同样谈到了"费尔巴哈的失败的尝试"——一种想要"跳出意识形态"（即跳出超感性世界神话学）的尝试，谈到了"费尔巴哈用以承认感性的那种极端有限的方法"①。因此，"费尔巴哈的错误不在于他使眼前的东西即感性外观从属于通过对感性事实作比较精确的研究而确认的感性现实，而在于他要是不用哲学家的'眼睛'，就是说，要是不戴哲学家的'眼镜'来观察感性，最终会对感性束手无策"②。这意思是说，费尔巴哈确认感性的那种极端有限的方法，使他最终不得不以实质上是超感性的方式即哲学—形而上学的方式来理解和谈论感性本身。

　　这里出现的正是马克思与费尔巴哈的根本区别，而马克思的存在论革命在某种确定的意义上正是从这个决定性的区别发端的。体现这种区别之最关乎本质同时也是最为简要的概念表述是：费尔巴哈的"感性对象"和马克思的"感性活动"（即"实践"）③。它们标识并且确定着关于存在者整体之领会的核心，因而是彻头彻尾的存在论定向，并因而是全部所谓"基础问题"围绕着旋转的枢轴。然而，如此紧要的——甚至是性命攸关的——存在论"概念"却往往只是在相当浮泛的表面上、在某些较为遥远的所谓思想领域或理论后果方面被加以讨论，而很少深入到其作为存在者整体之基本结构的定向本身之中，也就是说，遗忘或疏远了它们实际上最为切近的存在论主题，并从而使其重大的意义陷于晦暗之中。由此而来的结果是，马克思哲学的"费尔巴哈起源"抑或"黑格尔主义传统"成为聚讼纷纭的领域，马克思的"实践"纲领遭遇到严重的——从结果方面来说是难以想象的——歪曲（以普列汉诺夫和卢卡奇为两个极端的代表）。而在这样的情形之下，对于马克思哲学之各式各样的当代误解也就不足为奇了。

　　就存在论的根基而言，问题的核心之点涉及现代形而上学的基本建制——即意识的内在性，涉及这一基本建制之被保留、巩固抑或被瓦解、

① 《马克思恩格斯全集》第3卷，人民出版社1960年版，第98页。
② 《马克思恩格斯选集》第1卷，人民出版社1995年版，第76页注1。
③ 同上书，第77—78、54页。

摧毁。只要意识的内在性未能从根本上被决定性地洞穿，任何反叛的图谋最终都不得不再度复归于——并且还继续从属于——这一基本建制，从而仍然作为现代形而上学之一部以辅弼超感性世界的神话学。在当代哲学的视域中，这一点已变得颇为清晰了。海德格尔说，自笛卡尔以来，意识的存在特性，是通过主体性（Subjektiv-itaet）被规定的；而在这种主体性哲学的普照之光中，所有意识作为"自身使当前化"（Selbstverge-genwaerti-gung），都发生在意识的内在性（Imma-nenz）之中。然而，"只要人们从Egocogito（我思）出发，便根本无法再来贯穿对象领域；因为根据我思的基本建制（正如根据莱布尼茨的单子基本建制），它根本没有某物得以进出的窗户。就此而言，我思是一个封闭的区域。'从'该封闭的区域'出来'这一想法是自相矛盾的。因此，必须从某种与我思不同的东西出发"①。

费尔巴哈确实试图从某种与我思不同的东西——"人"出发，这使他"比'纯粹的'唯物主义者有很大的优点：他承认人也是'感性对象'"②。为什么这么说呢？因为这意味着在"对象性"的关联中，"费尔巴哈想要研究跟思想客体确实不同的感性客体"③。在这个意义上，与主体性的哲学相对立，费尔巴哈试图以作为感性对象的人来拯救真正的感性客体。然而，费尔巴哈对感性世界的理解却仅仅局限在这样一个范围内，即对这一世界的单纯的感觉和单纯的直观。由此而来的结果是，就像单纯的感觉仍然可以滞留于感觉主体的内部自身一样，单纯的直观事实上也不可能真正进入——贯穿——对象领域，而只是在表面上做出了一个"跃进"的姿态便立即折返自身。这意味着，意识的内在性，作为现代形而上学的基本建制，仍然被完整地保留下来了；只是这种内在性或许要被"替换"为感觉和直观的领域，然而在本质上却依然是意识的内在性。这种存在论立场在贯穿对象领域方面的根本无能（从而不得不返回我思的基本建制）突出地表现为：费尔巴哈完全无法克服感性直观中与其意识及感觉相矛盾的东西；"为了排除这些东西，他不得不求助于某种二重性的直观，这种直观介于仅仅看到'眼前'的东西的普通直观和看出事物的'真正本质'的高

---

① 《晚期海德格尔的三天讨论班纪要》，《哲学译丛》2001年第3期。
② 《马克思恩格斯选集》第1卷，人民出版社1995年版，第77页。
③ 同上书，第54页。

级的哲学直观之间。"① 如此这般的分裂情形不仅使得费尔巴哈的感性再度成为哲学—形而上学的俘获物，而且还不得不把与思想—意识本质相关的广大领域实际地让渡给自己的敌人。正是由于费尔巴哈希图挽救感性对象的方式依然从属于现代形而上学的基本建制，所以他对超感性世界神话学的全部驳难便很快跌落到这种神话学的窠臼中去了。

马克思——至迟自 1845 年始——则以完全不同的方式去理解和规定所谓"感性"，从而以彻底瓦解现代形而上学之基本建制的方式重新制定了存在论的基本纲领。这里的核心之点在于：感性的活动或对象性的（gegenstandliche）活动，即实践，不仅是与我思（即"自我意识"）根本不同的东西，而且是与单纯的直观和感觉（它们只是在表面上区别于"我思"，但在基本建制上却与之一致）根本不同的东西。之所以如此，是因为"感性的活动"是以颠覆意识的内在性这一基本建制本身为前提的，也就是说，它从来就不是什么"封闭的区域"——仿佛有一个内在的实体之我能从自身中出来并从事某种活动似的；只要如此这般地来设想此等"活动"，无论是意识的活动或其他什么活动，总已先行地从属于意识的内在性建制了；感性的活动（即实践）之所以能贯穿对象领域，是因为它向来就已经在自身之外，也就是说，它向来就已经存在于并深入于对象领域了。"对象性的存在物进行对象性活动，如果它的本质规定中不包含对象性的东西，它就不进行对象性活动。……因此，并不是它在设定这一行动中从自己的'纯粹的活动'转而创造对象，而是它的对象性的产物仅仅证实了它的对象性活动，证实了它的活动是对象性的自然存在物的活动。"②

职是之故，"感性的活动"或"实践"的存在论定向首先就在于洞穿意识的内在性这个现代形而上学的基本建制；唯当充分把握住这一点，马克思存在论革命的真正意义方始显现出来。正是在这样一种变革了的存在论视域中，"现实的个人"才可能被直接领会为感性的活动本身，而所谓对象、现实、感性才可能被当作人的感性活动、当作实践去理解。"环境的改变和人的活动或自我改变的一致，只能被看作是并合理地理解为革命的实践。"③ 这个看起来颇为曲折的命题所要表现的是：在感性活动亦即实

① 《马克思恩格斯选集》第 1 卷，人民出版社 1995 年版，第 75—76 页。
② 《马克思恩格斯全集》第 3 卷，人民出版社 1960 年版，第 324 页。
③ 《马克思恩格斯选集》第 1 卷，人民出版社 1995 年版，第 55 页并参看第 54 页。

践的统摄理解中，正像人的活动先行地寓居于对象领域中一样，对象本身的存在亦先行地涵泳于人的活动领域之中。这样一来，作为基本建制的内在性就被贯穿了：根本就没有一个作为主体自身的封闭的区域（无论它是笛卡尔的"我思"，还是康德的"自我意识"，也无论它是黑格尔的"自我活动"，还是费尔巴哈的"人本身"）。"现实的个人"在感性活动的存在论定向中是"出离"自身的，也就是说，是在自身之外的，并且一向已经在外；它作为感性的、对象性的活动，是非主体的"主体性"（如果可以这样说的话）：它"不是主体"，而是"对象性的本质力量的主体性"①。瓦解现代形而上学的基本建制，是马克思所发动的存在论革命之最关乎本质的核心之点。离开了这一点，马克思哲学革命的意义就会变得极其有限，它所产生的一系列重大后果就会变成是纯粹偶然的，而哲学—形而上学——以及整个超感性世界的神话学——的真正根基就会依然是讳莫如深的和牢不可破的。

三

意识的内在性之被击穿所造成的后果是：它彻底地变革了整个哲学存在论，亦即整个地改变存在论设定存在者整体的基本结构。然而，这样一种说法实际上还是不确切的，因为它似乎仅仅是一种"理论的"说法。由于在马克思的存在论变革中，传统哲学所谓的"本质性"已被导回到感性活动的领域，所以存在者整体之基本结构的真正改变就不仅是一个理论问题，而且首先是——并且尤其是——一个实践问题。正如马克思所指出的那样，现代形而上学所固有的种种对立，不会仅仅通过理论的方式并且仅仅在理论的领域中被真正克服。"理论的对立本身的解决，只有通过实践方式，只有借助于人的实践力量，才是可能的；因此，这种对立的解决绝对不只是认识的任务，而是现实生活的任务，而哲学未能解决这个任务，正是因为哲学把这仅仅看作理论的任务。"② 一句话，只要现存世界本身未能通过人的感性活动而被彻底革命化，哲学存在论所蕴涵的存在者整体的基本结构就不可能最终发生根本的改变。这种情形也能部分地说明，为什

---

① 《马克思恩格斯全集》第 3 卷，人民出版社 2002 年版，第 324 页。
② 《马克思恩格斯全集》第 3 卷，人民出版社 1960 年版，第 306 页。

么马克思的哲学往往会被再度塞进现代形而上学的体制之内来得到理解和阐释，并因而使其存在论变革的重大意义变得湮没无闻。

然而，以"感性活动"来定向的存在论革命毕竟开启了重新领会存在者整体的极其广大的领域。这里的问题倒并不全在于：较之于"感性对象"，"感性活动"对感性世界的理解要广阔到无可比拟；而是在于：这两者在哲学存在论上具有完全不同的性质——正像前者由于无能击穿意识的内在性而终归于形而上学的本质一样，后者由于使得现代形而上学的基本建制趋于解体而赢得了烛照存在者整体的全新视域。关于这个视域的最基本的表述体现在下述命题中："意识［das Bewuβtsein］在任何时候都只是被意识到了的存在［dasbewuβte Sein］，而人们的存在就是他们的现实生活过程。"①

这个存在论命题固然是与整个超感性世界的神话学相对立的，但也本质重要地包含着马克思与费尔巴哈的原则区别，因为它把社会—历史的定向置放在存在者整体的基本结构中了。费尔巴哈"从来没有把感性世界理解为构成这一世界的个人的全部活生生的感性活动"，因而他根本无能真正进入到"人们的现实生活过程"之中。费尔巴哈所谈论的直观实际上大多是——并且特别是——自然科学的直观，"但是如果没有工业和商业，哪里会有自然科学呢？"这里的核心之点在于，如果要来谈论真正足以瓦解"超感性世界"的感性现实的话，那么正是感性活动构成"整个现存的感性世界的基础"；这个世界"是工业和社会状况的产物，是历史的产物，是世世代代活动的结果"；哪怕是最简单的"感性确定性"的对象，也是由于社会发展，由于工业和商业交往而提供出来的。因此，马克思和恩格斯写到，即使鲍威尔把"感性"归结为像一根棍子那样微不足道的东西，它也仍然必须以生产这根棍子的活动为前提②。正是由于费尔巴哈的"感性世界"完全缺失了社会—历史的定向，所以他毕竟还是一位"理论家和哲学家"，也就是说，是一位对真正的感性现实完全无能为力的形而上学家。

阿尔都塞说得不错，费尔巴哈的本质问题在于，他不可原谅地牺牲了黑格尔的历史和辩证法（由于在黑格尔那里这两者是一回事，所以也可以

---

① 《马克思恩格斯选集》第1卷，人民出版社1995年版，第72页。
② 同上书，第76—79页。

说是历史或辩证法)①。然而问题的真正本质不仅在于这种牺牲，而且尤其在于费尔巴哈存在论根基中的那种主导原则，在于这种原则如何使得历史—辩证法的牺牲对他来说成为不可避免的。与超感性世界相对立的"感性对象"——其反思形式是单纯的直观——从一开始就是与历史或辩证法相抵牾的，或者毋宁说，是处在其最遥远的对立面中。费尔巴哈并不是偶然地与历史—辩证法的巨大成果失之交臂，毋宁说，它直接被看作是超感性世界的神话学，看作是这种神话学的内在本质。因此，"费尔巴哈把否定的否定仅仅看作哲学同自身的矛盾，看作在否定神学（超验性等等）之后又肯定神学的哲学，即同自身相对立而肯定神学的哲学"②。对黑格尔辩证法的这种解释直接论证了费尔巴哈存在论的出发点，即肯定的东西或感觉确定的东西，亦即立足于自身之上并且实证地以自身为基础的肯定。然而，即便在马克思的《1844 年经济学哲学手稿》中，当黑格尔的辩证法和整个哲学遭遇到新一轮的存在论批判时，当"感性的活动"或"对象性的活动"以一种初拟的、不稳定的形式开始显现出来时，马克思的思想中已经表现出与费尔巴哈相当不同的存在论取向了。正是这种取向——力图击穿意识的内在性——使得马克思能够在进一步摧毁超感性世界的同时把黑格尔哲学的巨大成果据为己有：否定性的辩证法，以及历史运动之具有原则高度的表达③。并且正如我们所看到的那样，马克思通过接踵而至的存在论革命，不仅以一种真正彻底的方式揭开了超感性世界神话学的全部伪装，而且以要求对其现实基础的实践改造而宣告了这种神话学的破产。

在马克思那里，所谓超感性世界的神话学也就是"意识形态"。而"道德、宗教、形而上学和其他意识形态"之所以是超感性世界的神话学，是因为它们的存在论基础皆把超感性的观念世界设定为具有约束力和建构力的真实的世界，是因为在变革了的存在论视域中超感性世界本身的虚妄性及其本质来历已经被意识到并且被指证出来了。意识形态的基本纲领是："……认为思想统治着世界，把思想和概念看作是决定性的原则，把一定的思想看作是只有哲学家们才能揭示的物质世界的秘密。"④ 这就意味着超感性的观念领域作为决定性的原则统治感性世界即"物质世界"，意

① 阿尔都塞：《黑格尔的幽灵》，南京大学出版社 2005 年版，第 360 页。
② 《马克思恩格斯全集》第 3 卷，人民出版社 1960 年版，第 15 页。
③ 《马克思恩格斯全集》第 3 卷，人民出版社 2002 年版，第 316、319—320 页。
④ 《马克思恩格斯全集》第 3 卷，人民出版社 1960 年版，第 16 页注 1。

味着物质世界所具有的"秘密"成为哲学—形而上学家们活动的神话学领域。《神圣家族》中有一节叫做"思辨结构的秘密",专门讨论这种神话学在其完成了的现代形式中的方法——绝对方法,其关键之点就在于:把实体了解为主体,了解为内部的过程,了解为绝对的人格①。

然而,在马克思的意识形态批判中更为重要——较之于指证其虚妄性远为重要——的一点是,超感性世界的神话学并不仅仅是虚妄的,它作为"虚假观念"深深地植根于人们的现实生活过程之中。"如果在全部意识形态中,人们和他们的关系就像在照相机中一样是倒立成像的,那么这种现象也是从人们生活的历史过程中产生的,正如物体在视网膜上的倒影是直接从人们生活的生理过程中产生的一样。"② 不消说,这个深刻的思想是唯赖马克思的存在论革命方始成为可能的;同样不消说,正是这个思想超出了对于意识形态之虚假性的单纯的责难和攻击,而为对超感性世界神话学的真正的批判性分析奠定了坚实的、影响深远的基础。1962 年,伽达默尔在《20 世纪的哲学基础》一文中谈到尼采对于 20 世纪哲学的意义时写道:"我们不仅思考由伪装之神狄奥尼修斯神秘地表现出的伪装的多元性,而且同样思考意识形态的批判,这种批判自马克思以来被越来越频繁地运用到宗教、哲学和世界观等被人无条件地接受的信念之上。"③

马克思之所以能够真正揭开超感性世界神话学的全部伪装,从根本上来说,是由于他在存在论领域中彻底洞穿了现代形而上学的基本建制——意识的内在性,从而使得"现实的个人"在"感性活动"的统摄理解中被揭示为"出离"性的;这种出离性直接意味着"人的世界",正像"人的世界"在这里直接意味着历史过程和社会现实一样(所有这一切统统在费尔巴哈的视野之外)。只有当如此这般的存在论取向被牢牢地置入意识形态批判的基本立足点中,才有可能触动和瓦解超感性世界神话学的真正内核,并且才有可能终止任何一种神话学的批判向另一种神话学的不由自主的回返。且不说费尔巴哈所谓现实的、感性的、具体的人如何命运般地重新成为超感性的"人",亦即成为关于"人"的一种神话学,即使是特别无情地敌视超感性世界并以此而闻名的施蒂纳,同样也陷入了这种结局:

---

① 《马克思恩格斯全集》第 2 卷,人民出版社 1957 年版,第 75 页。
② 《马克思恩格斯选集》第 1 卷,人民出版社 1995 年版,第 72 页。
③ 伽达默尔:《哲学解释学》,上海译文出版社 1994 年版,第 116 页。

他最坚决地拒斥人的普遍的"类本质",他将"我的事情"置于"我这个唯一者"身上;这个唯一者会这样把哲学——超感性世界的神话学——结束掉:他宣称他本身的"无思想"就意味着哲学的终结,并因而意味着胜利地进入"肉体生活"。无论这种说法听起来具有多大的破坏性并且激励了多少反神话的勇士,它本身却依然转变为一种关于"唯一者"的神话。正如马克思所说,施蒂纳事实上只不过是做了一种"思辨鞋跟上的旋踵运动"。在这种情形下,神话学的抨击者们将如何来设想从神话学中解放出来呢?他们试图教会人们如何从头脑里抛弃这些神话,如何"批判地"对待这些神话,或者,教会人们如何用符合"人的本质"的思想来代替这些神话,以便使当前的现实陷于崩溃①。然而很明显,这种设想本身就为意识形态的幻觉所支配,亦即断言超感性的思想或观念统治着人们的现实世界,因而仍彻头彻尾地从属于超感性世界的神话学。

对于马克思来说,"感性活动"的存在论定向是使超感性世界的神话学开始瓦解的思想前提,而这一瓦解本身所导致的理论结果是历史唯物主义或"历史科学"。从起源并且也从实质来说,历史唯物主义的主旨就是在超感性世界神话学的解体过程中,开辟出一条揭示并且切中"社会现实"的道路。正是要求深入于社会现实的根本主张,使得马克思的思想看起来又与黑格尔接近起来。因为思辨唯心主义最重要的特征之一,便是对"主观思想"的尖锐批判,特别是对从属于主观思想的所谓"外部反思"的严厉拒斥;经由这种批判性的拒斥,黑格尔试图在客观精神的概念领域中达于真正的"现实"(亦即实存与本质的统一),达于在展开过程中表现为必然性的东西。这一点确实是黑格尔较为深刻的地方;就此而言,费尔巴哈比起黑格尔来只是表现出"惊人的贫乏"。然而,在经由历史—辩证法并从而深入于社会现实这个主题上,历史唯物主义和黑格尔的类似也只是在相当确定的范围内才是有意义的。马克思在《资本论》的跋中既声称自己是黑格尔的学生,又力陈其辩证法与黑格尔"截然相反",正如《1844 年经济学哲学手稿》指证黑格尔的辩证法"只是为历史的运动找到抽象的、逻辑的、思辨的表达"一样。洛维特这样写道:"马克思与费尔巴哈之间的差异主要在于,站在费尔巴哈的立场上来说,马克思反对费尔巴哈的人本学,又恢复了黑格尔的客观精神学说。……他之所以针对费尔

---

① 《马克思恩格斯全集》第 3 卷,人民出版社 1960 年版,第 15 页。

巴哈捍卫黑格尔，乃是因为黑格尔理解普遍者的决定性意义，而他之所以攻击黑格尔，乃是因为黑格尔在哲学上把历史的普遍关系神秘化了。"①

黑格尔是在什么地方把"历史—辩证法"神秘化的呢？是在现代形而上学之中，在思维的"内部自身"之中，在超感性世界的神话学之中。从而，马克思对历史—辩证法的非神秘化的领会便是在以上的诸项"之外"，也就是说，这种领会深刻地表现为与现代形而上学——特别是其基本建制——的批判的脱离，表现为与超感性世界神话学的批判的脱离。而这种批判性脱离的必然性实起源于马克思所发动的存在论革命。

---

① 洛维特：《从黑格尔到尼采》，生活·读书·新知三联书店 2006 年版，第 127 页注①。

历史唯物主义何以可能

——历史唯物主义之"历史"双重意义的统一性

南开大学哲学院　王南湜

如何理解历史唯物主义，一直是一个持续经历着争论的问题。从 20 世纪 80 年代学界有人提出马克思主义哲学就是历史唯物主义以来，[①] 争论就时断时续地进行着。近年来人们对这一问题的兴趣似乎又有显著提升，《哲学研究》等重要刊物亦开辟了专栏加以讨论，这些都相当有效地推进了对这一问题的理解。尽管关于历史唯物主义的争论大都或隐或显地会涉及历史唯物主义在马克思主义哲学中的地位问题，但这一轮的争论显然更深入了一层，即聚焦于如何理解历史唯物主义革命性的实质，而其中的核心问题则又是历史唯物主义之"历史"的双重意义问题。在此问题上，孙正聿教授在其论文中对历史唯物主义的理解中"隐含着两条不同的解释路径"的强调，特别是对于历史唯物主义阐释中"把'历史'作为解释原则所构成的'历史'唯物主义的解释路径"和历史唯物主义作为马克思主义的"新世界观"的强调，[②] 促使人们不得不去深入思考这一重大问题，因而对于推动此番讨论的深入发展有着重要的意义。沿着这一思路，进一步的问题就应该是如何把"历史"作为解释原则这一原则予以扩展，贯彻于全部理论之中，特别是贯彻于对于"历史"之作为历史唯物主义研究对象的阐释之中。但遗憾的是，在目前的讨论中，人们似乎并未抓住这一点，

---

① 国内学界最早提出此问题的可能是何畏发表于 1983 年的论文《马克思创立的是历史唯物主义一体化哲学》（载《哲学研究》1983 年第 6 期）。

② 参见孙正聿《历史的唯物主义与马克思主义的新世界观》，《哲学研究》2007 年第 3 期；《历史唯物主义的真实意义》，《哲学研究》2007 年第 9 期。

而是往往倾向于持一种调和的理论立场，即论者们大多止于承认历史唯物主义的"历史"兼有以"历史"为研究对象和以"历史"为理论方法的双重含义，而对于这两重含义之关系，则多含糊其辞，不予深究。笔者以为，要从根本上阐明历史唯物主义的革命性，这一关系问题就是一个不能予以回避的原则性问题。正是这一两重含义之关系问题，特别是两种含义基于何种原则的统一性问题，关涉马克思哲学革命的实质，关涉历史唯物主义之得以创立的根本性原则，即历史唯物主义何以可能的问题，因而是必须从马克思对旧哲学的革命性改造去考察辨明的。因此，我们这里对问题的提法便类似于康德的问题，不是要问历史唯物主义是否可能，而是要问它何以可能。因为对于马克思的哲学革命即历史唯物主义的建立，在争论的范围内并无人提出疑问，但对这一革命何以可能的问题，上述争论表明，还远不是一个无疑问的问题。诚然，历史唯物主义得以可能的条件首先是历史之为研究对象，不以历史为对象自然就谈不上历史唯物主义，但鉴于几乎所有的哲学都会涉及历史，而在马克思之前，历史唯物主义并不曾存在，因而就不能不进一步提出这一问题：历史之唯物主义地作为研究对象，何以可能？我们的论述将试图表明，正是历史唯物主义之为一种方法或解释原则，才使历史之唯物主义地作为研究对象得以可能。作为历史唯物主义之理论对象的社会存在，并不是直观地摆放在那里的，而是只有在这一理论方法的视野中才呈现出来的。换言之，正是历史唯物主义的理论方法建构起了其对象，而这也就表明了历史唯物主义之"历史"双重意义的内在统一性。

一

历史唯物主义在哲学上的革命性，亦即历史唯物主义得以可能的条件，首先便是对于旧唯物主义即自然唯物主义之研究领域的超越。

唯物主义是一种十分古老的学说，自哲学在希腊起源时起，便发展起了一种唯物主义哲学。古希腊的自然哲学是最古老的唯物主义哲学，这种学说在德谟克利特等人的原子论中得到了最高的发展。但与整个古代哲学的素朴的直接性态度一致，古代唯物主义哲学也是一种非反思的直接性哲学。一般说来，古代哲学中的基本问题就只能直接是存在论或本体论范围内的，也就是说，只能是终极的、不变的、本原的、一般的存在与直接可感的、流变的、个别的存在之间的关系问题，可归结为一般存在与个别存在的关系问题，也就是用什么样的一般原则去说明个别存在的问题。因而，古代哲学就一般的是一种独断论的本体论哲学。不言而喻，在这种一般的哲学观念的制约下，古代唯物主义也就只能是一种独断论的本体论唯物主义。这种唯物主义的基本原则就是用具有空间特征亦即原则上可感知的事物去说明世界。从米利都学派的"水"、"空气"，赫拉克利特的"火"到原子论者的"原子"，便都是这类说明世界的一般原则。由这类基本原则出发，把世界设想为这类基质运动的产物，设想万事万物皆源于此，又复归于此，循环不已，而这类基质就是变中不变的"实体"。这些作为实体的"火"、"水"、"原子"等，都是有形之物，亦即具有空间特征之物，因而在原则上是可感之物（原子论的"原子"不能被感觉得到，是因为太微小，而非原则上不可感。从原则上讲，有形之物亦即具有空间特征之物，都是可感的）。以原则上可感的具有空间特征的存在去说明世界，这就是古代唯物主义与以某种超时空的、原则上不可感的存在去说明世界的古代唯心主义的根本区别之所在。

　　古代唯物主义既然是以有形可感的存在去说明世界的，那么，其基本原则就是一种自然物质原则，即把一切存在，包括自然的和社会的存在都还原为一种本原的自然物质。如原子论者认为人的灵魂是由某种十分精细的原子所构成，人的认识亦是由于对象的微粒的"流射"作用。这样，人类的社会生活、精神生活也就被完全地自然化了，一切都被归结为本原自然物质的运动了。人及其生活在这种哲学中并无任何特殊的地位，人亦不过自然中的一物而已。因而，这样一种哲学就只是一种物理学或自然哲学（在古代，物理学也就是自然哲学），但不是后世那种作为特殊部门哲学的自然哲学，而是一种普遍的、唯一的自然哲学或物理学，甚而可称之为一种"物理主义"。

　　近代哲学的出发点，像黑格尔所指出的那样，是"现实的自我意识的立场"，因而，"近代哲学的原则并不是淳朴的思维，而是面对着思维与自然的对立"。[①] 这样，近代哲学便不能直接地采取一种独断论的态度直接地考察本体论问题，而是必须首先解决思维与存在的对立问题，证明思维与存在的同一性，证明我们的知识的客观性，才能够进而在此基础上考虑本

---

① 黑格尔：《哲学史讲演录》第 4 卷，商务印书馆 1978 年版，第 5—7 页。

体论问题。于是，在近代哲学中，认识论取得了空前重要的地位，成为哲学关注的中心，而一切本体论问题都必须在此基础上重新透视。我们看到，不仅笛卡尔是从"我思"出发去指明"我"的存在，证明上帝和世界的存在的，贝克莱是用被感知去规定存在的，而且唯物主义者如霍尔巴赫亦是从我们的思想与外部存在的关系上去规定物质的。他说："物质一般的就是一切以任何一种方式刺激我们感官的东西，我们归之于不同的物质的那些特性，是以不同的物质在我们身上造成的不同印象或变化为基础的。"① 这与古代哲学直接地、独断地考察一般存在与个别存在的关系问题是根本不同的，由于这一转变，哲学的基本问题就从古代哲学中的一般存在与个别存在的关系问题，转换为思维与存在的关系问题。现在，唯物主义与唯心主义作为两种对立的解决哲学基本问题的方式，取决于如何解决思维与存在的对立问题，亦即以何种方式将思维与存在统一起来。

由于自我意识的自觉，近代哲学对于哲学基本问题的解决便离不开对意识的本质的规定。事实上，唯物主义与唯心主义两派的对立，是与它们各自对意识的本质的不同理解密切相关的。一般说来，其中"一派认为思想的客观性和内容产生于感觉，另一派则从思维的独立性出发寻求真理"②。这就是说，在近代哲学中，唯物主义必然肯定感觉的客观性，认为感官知觉是对于外部存在的真实反映，而唯心主义则一般地否认感官知觉的客观性或否认知觉经验之外的客观存在。因此，在近代哲学意义上，唯物主义必然同时是经验主义，尽管经验主义不必同时是唯物主义。从本质上说来，唯物主义是视有形的亦即原则上可感知的事物为客观存在的一种观点。因为只有有形的亦即具有空间特征的东西，才能够根据同类相感的原理对人的感官产生作用；反过来说，只有能对人的感官产生作用的东西，才是有形的亦即具有空间特征的客观存在。因而，从逻辑上说，唯物主义必然地要视感官知觉或感性经验为客观知识的来源，而且对于近代唯物主义而言，还必然地视其为唯一来源。因此，若否认感官知觉的可靠性，就不可能不同时否认唯物主义基本观点的合理性、有效性。黑格尔认为唯物论为经验主义的彻底发挥，的确看到了二者之间的内在联系。③

① 《西方哲学原著选读》下卷，商务印书馆1982年版，第216页。
② 黑格尔：《哲学史讲演录》第4卷，商务印书馆1978年版，第8页。
③ 黑格尔：《小逻辑》，商务印书馆1980年版，第115页。

近代唯物主义不仅以感觉经验为基础去说明人们对于外部自然的认识，而且还将其运用到社会生活方面，以之为基础去说明人类的社会生活、精神生活。根据唯物主义经验论原则，人是环境的产物，环境通过人的感官感受性而决定人的观念，决定人的行为方式。而感受性在本质上就是快乐与痛苦的感觉，趋乐避苦是人的本能。爱尔维修写道："快乐和痛苦永远是支配人的行动的唯一原则。"① 这样，近代唯物主义就由此"趋乐避苦"的"自爱"原则出发，把全部人类社会生活都归结为一种生物式的本能作用，认为诸如经济活动、政治活动及国家、宗教，等等，无一不是建立在这种"自爱"的感受性基础上的。因而，如果说古代唯物主义是力图用某种无机的物质存在去说明世界，把一切都还原为这种本原存在，从而是一种普遍的物理学的话，那么近代唯物主义则力图将人类的社会生活、精神生活归结为生物式的感觉或感受性。这其中虽然也有继承古代原子论的机械论一派提出"人是机器"的命题，但一般倾向则是视肉体感受性为人的本质和说明世界的基础。就此而言，近代唯物主义感觉论一派也可以说是一种普遍的生物学或生理学。

我们看到，尽管古代唯物主义与近代唯物主义之间有着重大的原则性不同，但就它们的视阈只限于自然存在而言，都可以说是一种自然唯物主义。说它们的视阈都限于自然现象，并不是说它们只研究自然现象而不顾及人类社会历史现象，而是说尽管它们也涉及了社会历史现象，但如同我们前面所指出的那样，这些现象最终又被归结为自然现象。因此，对于古代和近代唯物主义来说，其眼中的存在都只是自然存在，并不存在原则上不同于自然存在的社会历史存在。即便是在近代唯物主义最杰出的代表费尔巴哈那里，也无法突破自然的眼界，无法从历史领域自身中揭示出其物质性基础。这就是说，费尔巴哈也谈到人，但"在这样的场合费尔巴哈从来不谈人的世界，而是每次都求救于外部自然界，而且是那个尚未置于人的统治之下的自然界"②。而当他们自以为将社会历史现象归结为某种自然现象而坚持了唯物主义原则之时，实际上都由此陷入了唯心主义之中。正如马克思恩格斯所指出的那样，"当费尔巴哈是一个唯物主义者的时候，历史在他的视野之外；当他去探讨历史的时候，他不是一个唯物主义者。

---

① 《西方哲学原著选读》下卷，商务印书馆1982年版，第179页。
② 《马克思恩格斯选集》第1卷，人民出版社1995年版，第97页。

在他那里，唯物主义和历史是彼此完全脱离的。"①

　　与费尔巴哈不同，马克思则走出了决定性的一步，将社会历史领域纳入唯物主义的视野之中。但这纳入绝非人们惯常所说的那样，是将唯物主义从自然领域推广到了历史领域。从法国唯物主义和费尔巴哈的例子可以看到，这样推广的结果只能是历史唯心主义，因而是根本不可行的。事实上可能恰恰相反，马克思不是将历史纳入自然领域，而是从某种意义上说，是将自然纳入历史领域。此话怎讲？我们且看马克思是怎么说的。在马克思看来，"从前的一切唯物主义（包括费尔巴哈的唯物主义）的主要缺点是：对对象、现实、感性，只是从客体的或者直观的形式去理解，而不是把他们当作感性的人的活动，当作实践去理解，不是从主体方面去理解"②。当这些唯物主义者这样去理解对象、现实、感性的时候，人的外部自然就被看成是完全与人无关的纯粹自在的东西。这样，历史和自然就被割裂开来了，"现实的生活生产被看成是某种非历史的东西，而历史的东西则被看成是某种脱离日常生活的东西，某种处于世界之外和超乎世界之上的东西。这样，就把人对自然界的关系从历史中排除出去了，因而造成了自然界和历史之间的对立"③。但在马克思看来，历史与自然并非互相外在的两个领域，而是内在地通过人的活动结合为一体的。我们的周围世界绝非纯粹的自在存在，而是人类活动的结果。"这种活动、这种连续不断的感性劳动和创造、这种生产，正是整个现存的感性世界的基础"④，因此，在马克思那里，便不再存在历史与自然的二元分割，而是二者构成一个统一的感性世界。就研究对象而言，其结论就只能是："我们仅仅知道一门唯一的科学，即历史科学。历史可以从两方面来考察，可以把它划分为自然史和人类史。但这两方面是不可分割的；只要有人存在，自然史和人类史就彼此相互制约。"⑤ 这就是说，与旧唯物主义企图把历史现象归结为自然现象不同，马克思既然认为人类的周围世界并非纯粹自在存在，而是人们世世代代活动的结果，那么，一个必然的要求便是须把自然现象纳入人类历史的发展过程来考察。

---

①　《马克思恩格斯选集》第 1 卷，人民出版社 1995 年版，第 78 页。

②　同上书，第 54 页。

③　同上书，第 93 页。

④　同上书，第 77 页。

⑤　同上书，第 66 页。

如此一来，在马克思主义哲学中，便不存在单纯的自然界和单纯的历史，而是只存在二者基于人的活动的统一体，因而，仅就研究对象而言，马克思的历史唯物主义也是将旧唯物主义以扬弃的形式包含在自身之内的。换言之，历史唯物主义之成为可能的条件，首先便是在研究领域上对于自然唯物主义的超越或扬弃。

二

但仅仅将研究领域扩大到历史领域，并进而将周围自然包括在历史之中，还不足以构成历史唯物主义。我们知道，以往的一切唯物主义在把握历史的实质上都无一例外地陷入了失败境地，这并不是这些哲学不想唯物主义地把握历史，而是他们无一例外地不能发现一种能够把握历史的方法。一句话，旧唯物主义失败于方法的缺失，而不是失败于研究领域的缺失。而这也就指明，要确当地把握历史，就必须有一种不同于以往把握自然领域的方法。如果没有这样一种方法，历史唯物主义就仍然不可能存在。当然，这里所说的方法是指一种基于本体论视阈的见识，而不是一种只是作为认识工具的东西。

近代唯物主义把握历史方法的缺失，是与近代科学方法的缺陷密切相关的。近代唯物主义与近代科学是互为表里的，近代唯物主义一方面通过张扬机械因果性而为近代科学奠基，另一方面则是将近代科学方法推广到一切领域而将之普泛化。近代科学的特征，可以归结为两点：一是高度数学化，二是以经验观察为判定理论客观有效性之标准。这两个看似矛盾的特征结合在一起具有极其重要的后果。

高度数学化并非意味着仅仅把数学语言当做一种表述工具，而是隐含着一种西方世界极为根深蒂固的本体论信念，那就是世界本身乃是按照理性的方式建造起来的，且不管这建造者是基督教意义上的上帝还是柏拉图意义上的神。当近代科学的开创者伽利略说自然这本书是以数学的语言写出来的时候，它所表达的正是这一信念。这就是说，自然本身是合乎理性地构成的，因而才可能用数学的语言去刻画。进而，说自然这部大书是用数学的语言写成的，也绝不仅仅是一个比喻，而是宣布了一条准则，即凡是能用数学这种理性的典型形式处理的事物，便是真实而客观的，是"第一性质"，而凡是不能以之处理的，便只能被打发到主观的、缺乏真实性的"第二性质"的领域中去。这样，近代科学便最终达到"笛卡尔那著名的二元论：一方面是由一部在空间延展的巨大机器构成的世界；另一方面是有没有广延的思想灵魂构成的世界"①。在这一世界观念之中，一方面，由于机械论宇宙中是不可能存在时间中的发展的，因而以时间中的变迁为根本特征的历史领域便无法被视为客观的存在，另一方面，人既然被视为"是在真实的、基本的王国之外的东西"，即"具有目的、情感和第二性质的人，则被推离出来作为一个不重要的旁观者"，② 也就无关紧要了。这又进而"意味着科学思想摒弃了所有基于价值观念的考虑，如完美、和谐、意义和目的。最后，存在变得完全与价值无涉，价值世界同事实世界完全分离开来"③。如果说在对于自然的研究中把对象的某些属性抽象出来，构成一个理想化的数学模型，由于自然对于人类的先在性，还具有其合理的意义，那么，简单地将此方法移用至人类历史，则完全导向荒谬的结论。因为人类历史作为人类的创造物，是不可能像自然物那样被区分为"第一性质"与"第二性质"的，也是不可能与目的、情感、价值这些主观的方面无涉的。因而，近代科学的这种以区分两种性质为基准的方法从根本上来说便是不可能适合于把握历史的。

而注重经验观察，则又意味着不能单凭理性推演来构造世界，而是必须把经验所显示的东西当做事实接受下来，并用理性的方式来重构这些事实。而这又意味着理性形式与经验内容之间存在着深刻的断裂，经验本身并非理性构造出来的，而是接受下来的，单纯的理性形式并不具有构造对象的能力。这也就是说，在这种方法框架中，认识主体与认识对象不可避免地是二元对立的，从而认识对象就只能是主体之外的存在。毫无疑问，这种方法框架在对于自然的认识中获得了巨大的成功。这种成功说明，尽管从马克思主义哲学的视野看，现实的自然界与历史是共属一体的存在，但由于自然界对于人类历史的先在性，这种被从自然—历史一体存在中抽象出来的自然就仍然具有其实在性，因而这种抽象的科学方法也就具有某种意义上的合理性。但人类历史则完全不同，它无论在何种意义上都是人类活动的创造物，绝非某种现成的东西，离开了人类活动，历史就不可能

---

① 伯特：《近代物理科学的形而上学基础》，北京大学出版社 2003 年版，第 95 页。
② 同上书，第 80 页。
③ 柯瓦雷：《从封闭世界到无限宇宙》，北京大学出版社 2003 年版，第 2 页。

存在，因而这种抽象方法从根本上说就不能把握历史。

显然，无论从哪一方面看，要把握历史，就绝不能够借助于近代科学的方法，而是必须找到适合于历史特性的方法。而历史的最根本特性，就是它是人类活动及其产物。在近代哲学史上，被称为历史哲学之父的维柯最先认识到历史的这一根本特征，并寻求一种从根本上不同于近代科学的认识历史的方法。根据"verum［真理］和 factum［创造物］是可互换的"这一原理，① 维柯批判了伽利略、笛卡尔等"把几何学引入物理学的弊端"。他指出："物理学中的那些凭借几何学方法而据说是真的定律仅仅是或然性的；几何学提供给它们方法，但并未提供证明。我们所以证明几何定律，是因为我们创造了它们；如果我们能够证明物理学定律，那么我们就能够创造它们。事物的真实形式只存在于全能的上帝那里，而靠着这些形式，事物的（物理的）性质才得以形成。"② 相反地，"民政社会的世界确实是由人类创造出来的，所以它的原则必然要从我们自己的人类心灵各种变化中就可找到。任何人只要就这一点进行思索，就不能不感到惊讶，过去哲学家们竟倾全力去研究自然世界，这个自然界既然是由上帝创造的，那就只有上帝才知道；过去哲学家们竟忽略对各民族世界或民政世界的研究，而这个民政世界既然是由人类创造的，人类就应该希望能认识它"③。这样，与笛卡尔主义相反，"根据 verum-factum［真理—事实］的原则而来的就是，历史学格外是人类头脑所创造的东西，所以是特别适合作为人类知识的一种对象"④。而对历史的认识，就是"从我们自己的人类心灵各种变化中"去寻找人类创造这个世界的原则。维柯发现，"古代人具有一种与后面阶段的人极为不同的普遍思维或思维方式。他的论点是，古代人不从理性的、客观的立场出发看待世界，而以一种本质上是情感的、想象的、他所谓'诗性的'方式看待事物"⑤。因此，对于维柯来说，历史科学"所关心的首先是我们生活于其中的那个社会的具体结构，我们和我们周围的人所共享的那些风尚和习俗"⑥。这就是说，尽管人类的创造

---

① 维柯：《维柯著作选》，商务印书馆 1997 年版，第 83 页。
② 同上书，第 73 页。
③ 维柯：《新科学》，人民文学出版社 1987 年版，第 134—135 页。
④ 柯林武德：《历史的观念》，中国社会科学出版社 1986 年版，第 74 页。
⑤ 莱蒙：《历史哲学：思辨、分析及其当代走向》，北京师范大学出版社 2009 年版，第 183 页。
⑥ 柯林武德：《历史的观念》，中国社会科学出版社 1986 年版，第 75 页。

活动会消失在时间的长河中，但"人类心灵各种变化"及其所创造的社会的具体结构和我们及我们周围的人所共享的那些风尚与习俗，记录着历史，从而通过考察这些社会结构、风尚、习俗，就能够把握历史世界的真理。

把历史理解为主体或人的创造，把真理等同于创造，维柯就开辟了一条完全不同于近代科学的把握历史的哲学进路。但这一进路远远超越了同时代人的理解力，因而并不为其时代所理解。只是在一个世纪后德国古典哲学的进展中，维柯的这一革命性见解才得到了发扬光大。这一点吴晓明教授有过精辟的论述，兹录于下："维柯的历史原则在德国古典哲学的发展中所取得的一个重大后果是，逻辑学的革命性改造。或者换句话说，在德国古典哲学的背景中，历史原则被发挥为一种新的逻辑'精神'或原理。只此一端便可看出，维柯的历史原则正需在由康德肇始的哲学变革中去估计，而历史原则之为新逻辑精神的滥觞及波澜，亦不是仅只与通常所谓的历史题材相联系。因为这里正包含着历史概念的重大演变：当黑格尔把逻辑与历史统一起来时，他不仅创新了逻辑，而且无疑重铸了'历史'概念。"①

康德将现象界或经验理解为知性的构造，从而掀起了一场哥白尼式革命。康德为反对笛卡尔式的实体性的"我思"，只是设定了一种功能性的"我思"，而拒绝对作为"统觉之原始统一体"的"我思"作进一步探查。与康德不同，"费希特通过沉思发现，科学体系的最高院里，不应当是一个基于'意识事实'的命题，恰恰相反，它是一个造成意识事实的本原行动（Tathandlung），而意识事实仅仅是这一本原行动的结果。本原行动是在知性直观中自我照亮的原初真理。"② 基于这种本原行动，费希特要用一种逻辑进展的原则将在康德那里只是列举出来的诸范畴推演出来。这种思辨的方法，在黑格尔手中臻于完善。

黑格尔从一个方面推进了费希特对于康德哲学的改造。这首先是取消康德的自我意识的统一的纯主观性，而视"那使感觉的杂多得到绝对统一的力量，并不是自我意识的主观性"，而是"这个同一性即是绝对，即是

---

① 吴晓明：《维柯的历史原则及其意义》，《哲学研究》1992 年第 2 期。

② 李文堂：《真理之光——费希特与海德格尔论 SEIN》，江苏人民出版社 2002 年版，第 18—19 页。

真理自身"的"同一性"。① 这是以绝对唯心主义改造康德的二元论,把思维的范畴同时视为客观的东西。但是,对于康德哲学二元论的克服,要通过一种思维与存在或主客体之间的交互否定、交互渗透,从而扬弃各自的孤立性、外在性的辩证的、历史的过程去实现。这样就必须同时克服康德哲学中思维范畴的静止性、分离性,从而揭示出诸范畴之间的内在统一性。这种作为一种过程的统一性就思维或意识的活动而言,是"意识的经验"。但这种意识的活动不是经验论所理解的纯然受动的感觉经验,亦非康德哲学所理解的那种与自在之物分离的主观活动,而是"意识一方面是关于对象的意识,另一方面又是关于它自己的意识"。因此,"意识现在有了两种对象,一种对象是第一个自在,另一种是这个自在的为意识的存在……这个新对象包含着对第一种对象的否定;新对象仍是关于第一种对象的经验"②。这里值得注意的是,黑格尔认为,这种意识与其对象之间的转换是意识的辩证运动,"就是人们称之为经验的那种东西"③。这样,意识就不断地为自己产生出新的对象,不断地在对新对象的否定性关系中走向对于对象外在性的扬弃,走向与其对象的融合。通过这种辩证运动,"意识因而就发现,它从前以为是自在之物的那种东西实际上并不是自在的",由此意识也就达到了"实体在本质上即是主体"的意识,④ 达到了对于思维与存在、主体与客体二元对立性的克服。在这种考察之中,"意识所经历的经验系列,就变成了一个科学的发展进程",思维与存在的统一就展现为一种诸意识形态的更替发展的历史过程。历史在此具有扬弃思维与存在对立的过程的意义。黑格尔由此发展出了一种逻辑与历史相统一的原则。这一原则一方面导致了历史原则被引入辩证法或思辨逻辑之中,发展成了辩证法体系的一个根本性规定,另一方面则导致了逻辑进展原则被引入对历史的理解之中,历史因而被理解为本质上是一个逻辑的展开过程。

不言而喻,黑格尔对于康德的这种改造是更彻底地走向了唯心主义,但这种理解之中却包含着深刻的东西。这种理解把经验视为一种能动的辩证运动过程,即一种历史过程,同时改造了只是从矛盾对立中得出消极结

① 黑格尔:《小逻辑》,商务印书馆 1980 年版,第 122 页。
② 黑格尔:《精神现象学》,商务印书馆 1979 年版,第 60 页。
③ 同上书,第 61 页。
④ 同上书,第 15 页。

论的康德辩证法。这样一来，由维柯所创立的历史解释原则，经过德国古典哲学从康德到黑格尔的发挥，就形成了一种不同于近代科学方法的把握历史的方法。它不是像近代科学那样，试图站在历史之外，将历史还原为某些不变的自然规定，以之阐释历史，而是试图从历史内部把握历史，即把历史视为历史主体活动的创造物，从历史主体的辩证运动中去把握历史。

但由黑格尔所完善的这种辩证法从根本上说乃是虚幻的。因为在这种理解中，意识的对象并非主体之外的客观存在，而纯是意识自己构成的。这样，通过意识的辩证运动所实现的主客体统一便不是真实地对于矛盾对立的克服，而只是一种主体"在自身内部的纯粹的、不停息的旋转"①。显然，以这样一种辩证法所把握到的历史，仍然只能是一种内在意识的历史，而非现实的历史。因此，必须对黑格尔的辩证法进行唯物主义的改造。

三

马克思对黑格尔哲学的改造是从对活动主体的重新理解开始的。在《1844 年经济学哲学手稿》中，马克思指出，与纯粹意识的内在性不同，人是一种"对象性的存在物"。"当现实的、有形体的、站在稳固的地球上呼吸着一切自然力的人通过自己的外化把自己现实的、对象性的本质力量设定为异己的对象时，这种设定并不是主体；它是对象性的本质力量的主体性，因而这些本质力量的活动也必须是对象性的活动。对象性的存在物客观地活动着，而只要它的本质规定中不包含对象性的东西，它就不能客观地活动。它所以能创造或设定对象，只是因为它本身是被对象所设定的，因为它本来就是自然界。"② 在《关于费尔巴哈的提纲》中，马克思进一步发挥了关于人是一种"对象性的存在物"和人的活动是"对象性的活动"的论点，并批评费尔巴哈"没有把人的活动本身理解为对象性的活动"。③ 在《德意志意识形态》中，马克思更明确地认为，不能像唯心主

① 《马克思恩格斯全集》第 42 卷，人民出版社 1979 年版，第 176 页。
② 同上书，第 167 页。
③ 《马克思恩格斯选集》第 1 卷，人民出版社 1995 年版，第 54 页。

义那样从纯粹意识出发，而是必须"从现实的、有生命的个人本身出发，把意识仅仅看作是他们的意识"①。这就确立了人而不是意识的主体地位。经由这一改造，马克思就回到了完全唯物主义的立场上，使得在黑格尔那里被视为意识的"经历"的经验，被理解为现实的人的"经历"，但不是旧唯物主义那种纯粹受动性的感觉经验，而是人作为现实的主体对于外部自然的一种能动地改造的"经历"。这样一种现实的人的活动或经历，就是马克思称之为"对象性的活动"的"感性的人的活动"或"实践"。

在这样一种理解中，马克思的实践概念与费希特的"本原行动"概念无疑有着某种类似性，即实践乃是创造历史世界的活动。但实践作为一种"对象性的活动"，又不同于纯粹意识的行动，"它所以能创造或设定对象，只是因为它本身是被对象所设定的"，这便从根本上不同于唯心主义的作为意识之活动或意识之经历的经验。它是对旧唯物主义和德国唯心主义的双重扬弃。由于这种扬弃，它便能够克服旧哲学难以克服的困难。旧哲学，无论是唯心主义还是旧唯物主义，由于作为其论证基础的经验概念都是一种主体内部的东西，因而便都缺乏一种真实地联通内部世界与外部世界的中介，从而不能真正合理解决思维与存在的关系问题。而实践作为一种能动的对象性的活动，却构成了思维与存在的现实的中介。于是，思维与存在的关系现在就被真实地理解为一种客观的存在。在这种理解之下，思维与存在的统一就既非旧唯物主义所主张的那样，是人被动地统一于外部自然，亦非如唯心主义所坚持的那样，是自然统一于意识或精神，而是两者现实地统一于作为一种对象性的或客观的活动的实践。由此，困扰着旧哲学的"人的思维是否具有客观的真理性"问题，也就迎刃而解了："这不是一个理论的问题，而是一个实践的问题。"② 实践作为对于人来说的直接现实的客观存在，本身就是思维的客观性的直接证明，即由"个人的全部活生生的感性活动"所构成的"感性世界"，③ 或人化自然的客观性，直接地提供了思维的客观性，即思维与存在的同一性的证明。

实践作为一种否定性的统一关系，是一种消除自然对于人的外在性、不合目的性的活动，它要以人类存在为新的同一性基础，把外部自然整合

---

①　《马克思恩格斯选集》第 1 卷，人民出版社 1995 年版，第 73 页。

②　同上书，第 55 页。

③　同上书，第 78 页。

为合目的性的存在。但外部自然作为先于人类的存在并不是为了人类的目的而存在的，因而它便必然抵抗着人的否定性活动，构成对人的目的的否定，使其受到限定，只能有限地实现。但是，这种尽管有限的目的每一次实现，却都在某种程度上改变了外部自然，使原先外在的对象改变成了"第二种对象"。这新的对象并不是另一个与之无关的东西，而正是如黑格尔用唯心主义语言所描述的那样，是从第一个对象转化而来的。但这种转化过程绝非一种纯意识过程，而是实实在在的实践过程，通过这种客观的活动，人"在自然物中实现了自己的目的"，在某种程度上实现了人与自然、思维与存在的统一。但这样一来，人类也就改变了他们活动的物质条件，即改变了活动对象对于人的目的的实现的限制范围，使之有可能在更大的可能性范围内选择目的并实现之。而这又会构成更新的对象，从而在更高的水平上实现人与自然的统一，如此等等。全部人类历史就是这样一种活动的历史，一种其"统一在每一个时代都随着工业或快或慢的发展而不断改变"①的历史。在这种历史过程中，一方面，人们"是在一定的物质的、不受他们任意支配的界限、前提和条件下活动着的"②；另一方面，"历史的每一阶段都遇到一定的物质结果，一定的生产力总和，人对自然以及个人之间历史地形成的关系，都遇到前一代传给后一代的大量生产力、资金和环境，尽管一方面这些生产力、资金和环境为新的一代所改变，但另一方面，它们也预先规定新的一代本身的生活条件，使它得到一定的发展和具有特殊的性质"③。

　　人与自然的这种交互否定、交互渗透过程，就是马克思所理解的辩证法，是马克思通过对于"黑格尔的《现象学》及其最后成果——作为推动原则和创造原则的否定性的辩证法"的批判而建立的唯物主义的辩证法。这种辩证法不是一种单纯的精神或意识的辩证法，而是首先作为劳动的辩证法或实践的辩证法，它取消了纯粹意识辩证法的独立性，而视其为对实践辩证法之反映，从而在黑格尔那里独立的意识形态（modes of consciousness）的更替史也就失去了其独立性，成为受实践形态或生产方式（modes of production）更替史制约的非独立的历史。换言之，通过意识形态的更替

―――――――――

① 《马克思恩格斯选集》第 1 卷，人民出版社 1995 年版，第 76—77 页。
② 同上书，第 72 页。
③ 同上书，第 92 页。

史而走向思维与存在之终极同一的绝对精神的发展史，在此为通过生产方式的更替而走向扬弃以往历史中所有矛盾对立和"以每个人的全面而自由的发展为基本原则的社会形式"的人类发展史所取代。我们看到，马克思的实践原则之中就包含着辩证的原则，即实践活动本身就是一种辩证运动过程。在对实践的这种理解中，黑格尔作为意识的辩证运动的唯心主义辩证法，就被改造成作为现实的人的辩证的实践运动的唯物主义辩证法、实践的辩证法。同时，这种辩证的实践运动作为人与自然或思维与存在的对立的扬弃的历史过程性，表明这种辩证法既不是一种导向绝对否定的消极辩证法，亦非一种周而复始的循环论的朴素辩证法，而是一种具有历史的维度，通过一系列否定之否定而指向思维与存在的更高的统一性的历史的辩证法。借助于这样一种唯物主义的实践的辩证法或历史的辩证法，马克思就能够实现一种从历史之内对于现实历史的客观的把握。

四

显然，只有在马克思建立起了这样一种历史的辩证法的条件下，唯物主义地把握历史才有可能。而只要这种辩证法不曾存在或不被承认，历史领域始终就是唯心主义的地盘。在这种情况下，无论抱有多么良好的心愿，无论如何坚决地推广都是无济于事的。在谈到方法问题时，马克思以宗教研究为例十分精辟地说明了这一点："事实上，通过分析来寻找宗教幻象的世俗核心，比反过来从当时的现实生活关系中引出它的天国形式要容易得多。后面这种方法是唯一的唯物主义的方法，因而也是唯一科学的方法。那种排除历史过程的、抽象的自然科学的唯物主义的缺点，每当它的代表越出自己的专业范围时，就在他们的抽象的和唯心主义的观念中立刻显露出来。"① 显然，在马克思看来，这种抽象的、排除历史过程的近代唯物主义和近代科学的方法，如果说在自然科学领域还有一定的有效性，那么，超出自然科学的范围，进入历史领域，就必定陷入唯心主义。因此，近代自然科学的唯物主义不可能被唯物主义地推广到历史领域中去，如果它强行进入历史领域，其结果只能是唯心主义地说明历史。

而实践的辩证法或历史的辩证法的建立，意味着一种从根本上说不同

---

① 马克思：《资本论》第 1 卷，人民出版社 1975 年版，第 410 页。

于近代科学方法的唯物主义地把握历史的方法的形成。只有在这一方法的基础上，历史唯物主义才成为可能。因此，历史唯物主义绝非一种简单地从自然唯物主义向历史领域的推广便可达成，而是从根本上说必须通过扬弃思辨唯心主义而建立起一种不同于近代科学抽象方法的唯物主义的辩证法的历史原则，才能使历史领域进入唯物主义的理论视野，成为唯物主义的把握对象，从而历史唯物主义才得以可能。就此而言，我们甚至可以说在历史唯物主义之中，作为对象的"历史"，乃是由作为方法或解释原则的"历史"所建立起来的。若没有作为唯物主义的辩证的方法的"历史"，作为历史唯物主义之研究对象的"历史"就不能现实地存在。

同时，我们也必须看到，这种作为方法的"历史"又是作为对象的"历史"所要求的，若没有这样一种不能为近代科学方法所把握的历史领域，"历史"的方法或解释原则便无由形成，无所附丽，亦无有其用。正是由于近代科学在把握历史上的无能，才催生了维柯的历史方法，以及德国古典哲学对这一方法的承继和发展，最后才导向了马克思哲学革命的出现，即历史唯物主义的创立。因此，这两种意义上的历史并非是历史唯物主义之"历史"的两种并列的含义，而就是一个共属一体的"历史"。

马克思哲学研究的思想史路径

——以"市民社会与历史唯物主义"为案例

吉林大学哲学基础理论研究中心　张　盾

一　"往前做"与"往后做"

孙正聿教授曾经把当代中国哲学的演进，描述为从"前80年代的教科书哲学"到"80年代的教科书改革的哲学"再到"90年代以后的后教科书哲学"。"后教科书时代"的马克思哲学研究异彩纷呈，从马克思学说本身的历史性着眼，这种研究可划分为"往前做"和"往后做"两种路向：所谓"往后做"是指聚焦于"马克思与马克思之后"，即关注马克思经典学说在当代思想界引发了何种理论效应和新的理论问题，这主要是对20世纪以来国外马克思主义思潮的研究，这个路向吸引了众多国内学者关切的目光，取得了令人瞩目的学术成就。而所谓"往前做"则是指，把注意力指向"马克思与马克思之前"，往前追溯马克思学说的学术渊源和思想来路，重新考虑马克思与德国先验哲学、近代英美政治哲学乃至古典政治经济学之间的复杂关系。当代中国哲学界通常划分为马哲、中哲和西哲，"打通中西马"一直是中国哲学界的愿望和难题。而上述所谓"往前做"的研究路向，意味着将马哲与西哲这两个领域打通，至少这是它所期待的一个效果。

在对马克思学说之历史性的理解中，马克思的思想史来路和马克思的当代理论效应是同等重要的两个课题。但是面对近十余年有越来越多学者（特别是年轻学者）致力于"往后做"，对西方马克思主义、后马克思主义和各种当代激进理论的研究空前繁盛的局面，笔者希望提出"往前做"

的重要性问题。这不仅是因为这条思想史之路相对岑寂，研究者和论著的数量都少，更主要是因为我们在这个方面的研究工作总体上质量不高，至今我们对马克思学说的思想史渊源的理解，无论广度还是深度，实际上都非常有限，而这一课题本质上对于解读马克思来说，恰恰是更艰难的和更重要的。马克思的思想和学说按其本质无疑首先是西方现代思想史演进的一个必然产物，也是它的一个有机部分，然而，不仅旧的教科书体系关于马克思学说之三个思想来源的描述贫乏刻板，直到今天，我们对马克思学说的思想史渊源的理解仍然空洞粗疏，无法真正进入马克思思想学说的历史性本质。比如，我们习惯于认为马克思第一次为哲学奠定了历史的观点，其实"对历史的发现"乃是现代哲学区别于古代哲学的一种根本维度；我们习惯于认为马克思第一次提出了哲学必须从解释世界转向改变世界，其实哲学从个人的沉思变成对大众的启蒙和改造社会的事业，这乃是现代哲学的一个总体趋势。[①] 最为致命的是，我们习惯的问题意识已经形成一个定式（我自己以往的研究工作也遵循这个定式），那就是：既然马克思实现了哲学史上的一次革命，那就意味着，马克思的哲学在与整个近现代哲学传统"断裂"的意义上，一定是超越和"高出"这一传统的。在这样一个前提下，如果有哪位解读者把马克思定位在西方的现代哲学谱系之中，像沃格林和施特劳斯所作的那样，那本身就是对马克思的贬低。

对于这个研究定式是如何背离马克思学说的历史性本质的，笔者有极真切的体会，愿举例说明之。当我们往前追溯马克思的思想史来源时，首先碰到的一个大问题就是马克思与黑格尔的关系。在这一课题的研究中存在一种普遍倾向性，就是：强调马克思对黑格尔的批判，淡化马克思对黑格尔的师承，认为马克思的思想是在超越黑格尔之后重新发现的一种完全异质的革命性的新观念。比如，认为黑格尔和马克思共同面对"现代性自我理解的哲学形式"这个大问题，但两人作了不同处理：黑格尔把问题置于"概念的自我运动"中，结果他对问题的所有解决最后都沦为"概念神话"；而马克思则要求通过改变现存世界的革命实践来解决这个问题。[②] 很明显，上述的研究定式体现在这个具体课题上便是：黑格尔的观点大多是

---

① 张盾：《现代性批判之"异常思"：施特劳斯论马克思》，《天津社会科学》2010 年第 2 期。

② 张盾：《在什么意义上黑格尔辩证法是马克思哲学变革的思想源头》，《复旦学报》（社会科学版）2007 年第 3 期。

谬误的、需要扬弃的，马克思的观点才是正确的。进一步，这一定式可被推广为：马克思之前那些现代哲学家的学说大多可以认为是充满错误的，只有马克思的学说才是真正正确的。这种概括虽略显僵硬，但这的确就是我们以"马克思哲学革命"来指导的思想史研究的含义。这样一种认知无疑有其合理的根据，因为马克思对整个现代思想史的伟大贡献和革命性拓展是不可否认的，以至所有现代性言说都可以说是"与马克思对话"。但马克思的贡献和拓展是在续写整个现代哲学实体发展的基础上才实现的，这也是现代思想史的实情。

　　在这一点，施特劳斯的一个看法充满启示：在施特劳斯对现代政治哲学的批判中，他把马克思学说当作现代政治哲学的一个有机部分、"现代性三次浪潮"中的重要一环。在他对现代政治哲学作为现代性危机之最深根源的复杂反思中，他实际上把马克思看成了现代政治哲学演进的一个顶点，由此出发对马克思进行批判。[①] 笔者当然不能认同施特劳斯的总体观点，但认为施特劳斯把马克思置于现代政治哲学的总谱系中来解读，这并不贬低马克思，因为马克思确实就是一位伟大的现代哲学家。反而是我们的研究工作应该改变让马克思脱离现代思想史并与思想史对立的定式，改变对马克思哲学革命的抽象肯定和抽象赞美，这无论对马克思还是对于整个现代哲学都更公正更有益。因为很难想象从霍布斯到黑格尔，那么多彪炳思想史的聪明人都犯下同样愚蠢的错误，使整个现代思想史充满谬误，最后只有马克思一人发现了真理和终点。这样一种解读恰恰会使马克思的思想成就大为减色。现代思想史的实情应该是：那些思想英雄们共同创造了现代政治哲学的实体，那是大家共同创造的一个精神传统，这些人始终被一些共同的问题所引导，从各种不同角度切入问题的讨论，各自作出自己的贡献，在此过程中共同推进对现代性的理解，而马克思在这个过程中作出了他独特而重要的突出贡献。[②] 让我们以近来重新被学界关注的市民社会与历史唯物主义关系为例说明之。

----

　　① 施特劳斯：《苏格拉底问题与现代性：施特劳斯讲演与论文集卷二》，彭磊等译，华夏出版社 2008 年版，第 32—46 页。

　　② 在张一兵教授主编、由南京大学哲学学科集体撰写的《马克思哲学的历史原像》一书中，已经提出了马克思哲学的思想史研究纲领，和对马哲研究中新教条主义的"圣性焦点模式"的批评，很有见地和启示（特别请参见张老师写的该书序言）。这部著作的思想史研究侧重于马克思本人思想的历史性发展过程，本文提出的"思想史路向"则关注马克思与马克思之前的整个西方近现代思想史之间的学术渊源关系。

二　市民社会与历史唯物主义

众所周知，马克思历史唯物主义的探索是从考察市民社会开始的，《政治经济学批判序言》对这一探索的结果这样概述：国家与法不能从它们本身来解释，而要从物质生活关系去解释，这种物质生活关系被黑格尔按照 18 世纪英国人和法国人的先例概括为"市民社会"，而对市民社会的解剖有赖于政治经济学。① 这一段马克思晚年自述透露出的思想史信息是：马克思把市民社会理解为经济活动领域，这个市民社会正是马克思在"历史唯物主义"名义下毕生予以研究的实体性课题内容，而这一课题本身则来自黑格尔和更早的 18 世纪欧洲思想史。也就是说，由黑格尔在《法哲学》中完美概述的市民社会的那些原初问题——需要、劳动、财产、所有权、还有法律等——后来成了马克思历史唯物主义的基本论题，但那些问题其实也是整个现代政治哲学关注的基本问题，而不是马克思一个人的问题。确实如此。我们可以这样理解：现代哲学的最高问题是自由问题，而自由问题的核心内容就是上述市民社会所包含的那些问题，特别是财产权问题，因为在体现现代自由的权利观念中，最重要的权利是财产权，财产权是现代人自由的真正基础，没有财产权的自由就是一句空话。马克思的自由观分享了现代这一前提性观点，马克思的"阶级"概念和"社会"概念首先是一种财产权概念，马克思的个人探索正是在这个问题上与现代哲学连接在一起的，也正因此他才说对市民社会的分析有赖于政治经济学。而马克思最重要的新贡献在于：由于他在市民社会原有的那些问题之上又开发出阶级、剥削、财产权的压迫性和革命的必然性等新问题，真正把财产权提升为政治问题，把市民社会中的私域与公域的界限打通，也使他和现代自由的主流观点分道扬镳，所以，马克思就以更正确更深刻的方式回答了：为什么现代自由的最高问题是财产权问题，为什么共产主义就是消灭私有制。这里我想强调的是，就其思想史渊源来说，马克思提出市民社会的问题域大于国家，经济问题大于政治问题，那不是空穴来风，而是整个现代哲学都在关注的一个热点问题。

马克思后来也把经济问题称为"社会问题"，认为社会问题大于政治

---

① 《马克思恩格斯选集》第 2 卷，人民出版社 1995 年版，第 32 页。

问题，社会问题才是革命和解放的最终根源。后来的阿伦特不同意马克思的观点，提出革命和解放的最大问题是政治问题而非社会问题。她的《论革命》一书比较美国革命和法国革命，认为美国革命比法国革命更成功更有历史意义，因为美国革命解决了政治问题、制度问题，建立起一套"以自由立国"的国家制度，而法国革命则把目标锁定于解决社会问题，清除社会中的种种贫困和不平等现象，满足穷人的需要，把本来追求的人权变成穷人的权利。阿伦特提出，马克思是法国革命的理论家，因为马克思认为社会问题大于政治问题，穷人的权利大于普遍人权，消除贫困大于创立制度；她说马克思最大的创见是把社会问题提升为政治问题，用穷人的权利去规定自由的最高意义，"马克思从法国大革命学到了贫困是第一位的政治力量"，但正是这些创见把现代革命引入歧途。①

阿伦特对马克思的解读很精彩，但她的观点是错误的。我始终认为，如果从整个现代哲学的思想史格局着眼，还是马克思的观点更有根基。因为所谓市民社会的那些问题——经济问题和财产权问题，确实是现代的更根本的基础性问题，是国家和法律等一切现代制度创新的根本目标之所在。马克思认为经济大于政治，那绝不能仅仅看成是马克思天才的革命性发现，它是和整个现代政治哲学的基本走向相一致的，也和整个现代社会的时代要求是一致的。为什么这么说？因为，所谓"现代"的根本特征是：每一个人都追求自己的个人利益；用黑格尔的语言来表述：特殊性，即特殊的个人作为有需要的自然存在，乃是市民社会的第一原则，（黑格尔《法哲学原理》，商务印书馆 1982 年版，§182）现代"赋予特殊性以全面发展和伸张的权利"。（同上，§184）这个特殊性也就是康德称为"幸福"的东西，即感性欲求的满足。在这个前提下，现代政治哲学的核心问题就生成为：如何把私人利益与公共善统一起来，如何把每个人的自利倾向与人类的自由理想联接起来，也就是黑格尔法哲学在政治意义上所说的"把普遍物与特殊利益统一起来"，和康德伦理学在形上意义上所说的"把道德与幸福统一起来"。很显然，这个核心问题的核心仍然是财产权问题，因为"财产是自由的最初定在"，（同上，§45 附释）自由只有在所有权中才能成为客观的。（同上，§46）这意味着，马克思的观点（强调经济大于政治）其实也是整个现代哲学的主流观点，至少是德国古

---

① 阿伦特：《论革命》，陈周旺译，译林出版社 2007 年版，第 49—51 页。

典哲学的主流观点，历史唯物主义自德国古典哲学孕育出来是有其必然性的，整个德国古典哲学都在讨论财产权问题，不光黑格尔《法哲学》以无与伦比的深度和广度讨论财产权问题，费希特的《自然法权基础》和康德《法的形而上学原理》也都在讲财产权。作为现代哲学家，这些人全都意识到：财产权才是现代最主要的政治成就，是能够保证现代人自由的最重要的一种权利，而财产权的正当性来源则首推劳动。由此上溯到洛克和古典政治经济学的观点。由于洛克，整个现代政治哲学都关注劳动和财产；而这在更深的思想史背景上是因为：从赞美闲暇到赞美劳动，从追寻美德到追寻权利（最重要的权利就是财产权），这正是现代哲学对古典哲学实行决裂的两个根本观点。它们也成为后来的马克思毕生关注的两个焦点，自《1844年经济学哲学手稿》就开始专题研究这两个问题：劳动是人的自由本质的真实实现，财产则是人对自己这种自由本质的全面占用，它意味着"私有财产的积极扬弃"。这些新观念显示着黑格尔影响的强烈色彩。而我想强调的是，就马克思关注劳动问题和财产问题而言，他关注的其实是市民社会的标准问题，历史唯物主义就是从这些问题中产生出来的。马克思伟大的新贡献在于：他发现了在资本主义条件下劳动是被异化的，财产权是压迫性的，剥削是一种政治压迫形式，是一个阶级对另一个阶级的压迫，因而是更根本的制度问题，马克思由此论证了社会革命的正当性和必然性。

由此引出研究者关心的一个问题，就是马克思在市民社会问题上对黑格尔的批判。有理由认为，马克思的市民社会研究是从研读黑格尔法哲学开始的。而我们的研究定式夸大"批判"，淡化"师承"，将马克思研究黑格尔法哲学的主要成果这样概括：马克思在否定黑格尔的基础上提出了"不是国家决定市民社会，而是市民社会决定国家"。这个理解至少是片面的。因为如上所述，现代是特殊性大行其道的时代，以至整个现代政治哲学都在讨论如何把特殊性与普遍性统一起来，把私利与公共善统一起来。黑格尔整本《法哲学》无论讲国家还是讲市民社会，都是旨在解决这个问题，而不是在考虑国家与市民社会谁为第一性、谁决定谁。在这个问题上，马克思是接着黑格尔讲的。我们过去爱讲黑格尔把国家和市民社会对立起来，用国家压制市民社会。这至少是不准确的。因为首先可以肯定，作为哲学观点，黑格尔的国家不是哪一个特定的国家（尤其不是普鲁士国家），而是国家的理念，黑格尔用这个理念标举自由的理想：国家是具体自由的定在形态，这个具体自由的内容就是特殊性与普遍性的统一、私利与公共善的统一。"现代国家的本质在于，普遍物是同特殊性的完全自由和私人福利相结合的。"（同上，§260 补充）可见国家作为具体自由的实现最后还是要落实到市民社会中，落实到财产权上，所以黑格尔说："国家是具体自由的实现"，（同上，§260）而"自由这一普遍物的现实性即通过司法对所有权的保护"。（同上，§188）之所以如此，是因为国家作为一个"理性的原则"，必须在市民社会中取得定在："目的的普遍性如果没有特殊性自己的知识和意志——特殊性的权利必须予以保持——就不能向前迈进。"（同上，§263 补充、§260 补充）这里没有国家压制市民社会的意思。其实反对黑格尔国家理论正是自由主义的观点，自由主义是典型的现代人的观点：强调个人权利，反对任何让公共善优先于个人权利的主张。黑格尔维护的正是公共善对于个人权利的优先性、普遍物对特殊利益的优先性，黑格尔唱的是自由主义的对台戏，和马克思则是相通的。

黑格尔关于市民社会的本质乃普遍物与特殊利益统一的观点，是他从斯密学来的；但黑格尔将这种统一性升华，把它和现代最高的自由理想联系起来，规定现代国家的目标就是完美实现这种统一，"使之成为坚固的东西"。（同上，§201 补充）这种理想主义观点又超出斯密，而和马克思的精神气质相一致。在这个问题上可以说，黑格尔法哲学为马克思后来提出历史唯物主义打开了一个很好的理论平台，这就是：古代以普遍性为其最高本质和目的，但那是以牺牲个体的特殊性为前提的，因此只是一种抽象的普遍性；现代让个体的特殊性从普遍性中分离出来，充分发展自己，普遍性被损害被漠视，分裂和异化成为现代的特征；未来的理想就是克服异化，克服普遍性与特殊性的分裂、内容与形式的分离，重建统一性，实现具体的自由。显然马克思后来的总体价值取向和运思方向都跟黑格尔基本相同，不同之处在于：不同于黑格尔用"国家"来标示普遍与特殊统一的自由理想，马克思用无产阶级的解放即"社会所有制"来标示他的自由理想，因为"具体的自由"必须从一般权利扩展到财产的权利，从普遍人权扩展到穷人的财产权。这应该就是历史唯物主义作为一种政治哲学观点的底蕴。

另外还有一个问题，就是在马克思对黑格尔法哲学的批判中一直有一个"本体论批判"，认为黑格尔颠倒了观念和现实之间的关系，颠倒了主语和谓语的关系，从观念出发去解决国家与市民社会这些现实问题。从早期《黑格尔法哲学批判》到晚年的《政治经济学批判序言》，马克思一再提到这个观点。而我认为，这个"本体论批判"也许是多余的，理由有二：

第一，对比黑格尔《法哲学》和马克思的《黑格尔法哲学批判》（特别是《批判》前面的序论部分），可以看到，黑格尔讨论的是政治哲学问题，马克思则把它变成一个追问观念与现实谁在先的本体论问题："黑格尔在任何地方都把观念当作主体，而把本来意义的现实上的主体……变成谓语。""家庭和市民社会都是国家的前提，它们才是真正活动着的；而在思辨的思维中这一切却是颠倒的。可是如果观念变成了主体，那么现实的主体，市民社会、家庭等，在这里就变成观念的非现实的、另有意义的客观因素。"① 很显然，这个本体论批判不是马克思与黑格尔法哲学展开对话的真正实质性的内容，因为，国家和市民社会的关系并不等于观念和现实的关系，而主要是一个现代特有的政治哲学问题。而在政治哲学的框架内，马克思从黑格尔法哲学继承的东西是太多了。就拿"市民社会"这个概念本身来说。黑格尔对"市民社会"这个概念的使用与所有契约论思想家（霍布斯、洛克、卢梭）都不相同。契约论思想家讲的市民社会（有时也译为"公民社会"）就是国家，是与"自然状态"相对立的政治社会，即运用公法对国家与个人之间权利与义务进行调整的领域，也就是所谓"公共领域"。康德对市民社会概念基本沿袭了这种用法。而黑格尔的市民社会概念则另赋新义，专指"私人领域"，即私法适用的领域，也就是人们通过经济活动追求个人利益的领域，所以黑格尔也说市民社会就是布尔乔亚社会，是有产者活动的领域。（黑格尔：《法哲学原理》，商务印书馆1982年版，§190 附释）马克思对市民社会的使用完全继承黑格尔而不是契约论思想家，这是意味深长的。因为公域和私域的划分是现代社会特有的产物（古代没有"私人领域"的概念，在古代公域和私域是不分的），也是普遍性与特殊性分裂的起源，因此黑格尔对市民社会的理解更符合现代的历史实情，更有理论穿透力，也和马克思的问题具有更大的一致性。这就不难理解《政治经济学批判序言》所说的，正是黑格尔意义上的市民

① 《马克思恩格斯全集》第3卷，人民出版社2002年版，第14、10页。

社会成了马克思历史唯物主义的实体性课题内容。①

第二，如果坚持从观念与现实关系的角度去思考，那就会发现，市民社会的核心问题、私利与公共善之间矛盾的解决，必然要求从某个观念和理性的原则出发，用普遍性去引导和塑造现实。什么是"现实"？在市民社会，现实就是每个人都在追求自己的私利，这种现实必须趋向于观念和思想，才有希望建立起好社会，即现代政治哲学家所谓"道德的政治"。这话正是马克思说的："光是思想力求成为现实是不够的，现实本身应当力求趋向思想。"② 整个现代政治哲学从卢梭到康德、黑格尔、马克思也都是这么做的；如果这是唯心论，那也是不可避免的。回顾思想史，这个普遍性与特殊性的问题支配了整个现代政治哲学的演进：最开始是霍布斯讲人都是追求私利的，社会因此就是一切人对一切人的战争。霍布斯以此观点为现代性建立起一个现实的起点，这个起点恰恰是唯物论的。针对霍布斯，卢梭提出，人不光追求私利，人也是要追求普遍性的，人的理性使他这样，普遍性才意味着人性的崇高和自由。人能够普遍性地去欲求，这就是公意，公意是公共善的本质和基础。卢梭第一次提出的"普遍性"概念，给现代性开启了一个理想的维度。康德和黑格尔沿着卢梭指引的方向继续前行，这两个人的根本不同之处就在于：康德坚持最纯粹的普遍性，贬抑特殊性，贬抑幸福原则，最终走向了"内省的道德自由"；黑格尔则提出在承认特殊性的前提下贯彻普遍性，实现两者的统一：他一方面承认"特殊性给予普遍性以充实的内容和无限的自我规定"，（黑格尔：《法哲学原理》，商务印书馆1982年版，§187附释）同时又坚信"人是被规定着过普遍生活的"，（同上，§258附释）由此实现的自由才是"现实的具体自由"。这就是黑格尔整个法哲学的基调（黑格尔没有伦理学），也是黑格尔超出康德的地方。就黑格尔坚持普遍物对特殊利益的优先性（而非国家对市民社会的优先性）而言，他的根本立场必然是观念在先的和理想主

① 从《黑格尔法哲学批判》的文本内容看，随着马克思与黑格尔对话的深入，"本体论批判"的思路渐行渐远，马克思越来越关注那些实质性的政治哲学问题，越来越抓住黑格尔"普遍性与特殊性问题"的要点，并试图以某种激进的姿态来突破黑格尔的观点。比如，针对黑格尔把"普遍物"定位于国家而贬低人民的观点，马克思提出人民本身就是普遍物，（参见《马克思恩格斯全集》第3卷，人民出版社2002年版，第78—82页）作为"人民的自我规定"和"人民自己的作品"的"真正的民主制"，"是一切形式的国家制度的已经解开的迷"（同上书，第39—41页）。但总体来讲，这个手稿中的马克思政治哲学观点还是初步的、朦胧的。

② 《马克思恩格斯全集》第3卷，人民出版社2002年版，第209页。

义的，与马克思是气质相通的，而与自由主义则是完全异质的。马克思之所以选择师承黑格尔而非师承康德，显然是感召于黑格尔那保持着现实感的理想主义。马克思的自由理想，比如"自由人联合体"、无产阶级作为革命主体的概念，等等，其实也主要是一种观念性的东西，也是观念在先的。所以不难理解阿尔都塞在他思想最纯熟的晚年指出，各种观念论的主题总是或隐或显地出现于马克思最重要的文本如《德意志意识形态》、《政治经济学批判序言》还有《资本论》之中。① 关键是，从思想史的角度可以看到，马克思的问题和观点直接承接着黑格尔：如果说，黑格尔法哲学提出"市民社会是普遍性与特殊性的统一"，那是黑格尔将现代性升华于自由理想的一次非凡努力，那么马克思的特点就是：一方面高扬普遍性，强调社会所有制条件下人的自由的最大发展，另一方面批判特殊性，彻底解构资产阶级法权。

三　先验哲学与政治哲学

基于以上思想史的研究，我认为，必须限制马克思对黑格尔的"本体论批判"的理论意义，不仅因为它误导对马克思与黑格尔思想传承真意的理解，更因为它对理解现代最重要的政治哲学问题是不得要领的，以至遮蔽了马克思历史唯物主义的政治哲学维度。前面曾提到这一课题上那种教条式的研究定式：黑格尔哲学的内容大多是谬误的，超越了黑格尔的马克思观点才是正确的。现在可以进一步指出，造成这种研究定式的学术根源很大程度上在于：我们以往对黑格尔与马克思关系的研究主要被限定在本体论（形而上学）领域内。而追根溯源，这种学术格局正是肇始于马克思对黑格尔的"本体论批判"。让我对此略作解释。

国内哲学界熟知一个观点：黑格尔哲学是抽象的思辨的，马克思哲学是现实的历史的。这一观点最初来自马克思。除上面提到的 1843 年对黑格尔法哲学的"本体论批判"，马克思在《1844 年经济学哲学手稿》中又提出一个很有名的论断："黑格尔只是为历史找到抽象的、逻辑的、思辨

---

① 阿尔都塞：《哲学与政治：阿尔都塞读本》，陈越编，吉林人民出版社 2003 年版，第 254 页。

的表达。"① 在稍后的《神圣家族》中再次讲："黑格尔哲学认为：一切问题，要能够给予回答，就必须把它们从正常的人类智慧的形式变为思维理性的形式，并把现实的问题变为思辨的问题"，于是"人类的历史变成了抽象的东西的历史"。② 马克思 19 世纪 40 年代对黑格尔的这一轮批判可谓影响久远，它预先铸定了后世"黑格尔—马克思研究"的一般套路：批判黑格尔的思辨唯心主义和先验形而上学。按此套路，黑格尔哲学的本质在于它是近代西方形而上学的顶点，马克思哲学革命的内容则是对西方形而上学的颠覆，这一颠覆就实现在马克思对黑格尔思辨唯心主义的批判中。直到今天，从"本体论批判"扩展而来的形而上学批判，仍是国内哲学界"黑格尔—马克思研究"的基本主题。而作为现代哲学另一条重要线路的现代政治哲学则被边缘化，其结果是，诸如历史唯物主义的政治维度，马克思与黑格尔法哲学、与 17—18 世纪欧洲政治哲学，乃至与古典政治经济学对话的那些主题：自由与权利、劳动与财产、国家与法、法国革命与市民社会等，几乎完全被搁置和遮蔽。

我们不禁要追问：为什么马克思对黑格尔的批判强调本体论批判并凸显"思辨性与现实性"的对立问题？按笔者浅见，这其中有一个特殊背景：马克思的思想无疑首先是在德国先验哲学的滋养和规训下成长起来的，马克思学术上的成熟也从对德国先验哲学的反叛开始，由此而形成了他反对抽象思辨、专注现实问题、追求清新风格的强烈倾向，并把批判的锋芒重点指向令人生畏的黑格尔思辨哲学。此外，这时的青年马克思不谙政治经济学，也使他无法在政治哲学层面与黑格尔就市民社会诸问题展开实质性的对话，当然更谈不上超越黑格尔。如果仅从先验哲学的问题角度看，马克思完全有理由指责黑格尔哲学是抽象的思辨的。但如果从现代政治哲学的问题着眼，则如我们所看到的，黑格尔哲学的问题和观念恰恰具有最大的现实性，与马克思的问题和观点一脉相承。不仅如此，我们还可以进一步断言，整个现代政治哲学从霍布斯、洛克、卢梭，到贡斯当、托克维尔、穆勒，再到康德、费希特、黑格尔，此外还有古典政治经济学，其理论主题乃至思想风格完全都是现实的：他们从现代人的实际人性状况出发，去重新理解人性和设计政治生活，开发出自由与民主、平等与正

---

① 《马克思恩格斯全集》第 3 卷，人民出版社 2002 年版，第 316 页。
② 《马克思恩格斯全集》第 2 卷，人民出版社 1957 年版，第 115、108 页。

义、权利与义务、劳动与财产、所有权与法律、国家与革命、特殊性与普遍性等问题，以至于我们无法想象他们的问题会有任何的非现实性。施特劳斯认为，现代政治哲学本质上是一种"政治现实主义"。确实如此。在现代政治哲学的这种语境中，当我们许多学者断言马克思超越了抽象的思辨的永恒的形而上学原则，第一次从"现实的人"和"现实的历史"出发去理解哲学问题，这反而变得不可理解。因为，马克思对黑格尔的超越以及对现代哲学的真正贡献，并不在先验哲学领域"从思辨到现实"的跳跃，而是在政治哲学领域对那些共同的现代主题的新创见。

但是，如果这样严格划分政治哲学问题与先验哲学问题，则德国先验哲学在现代思想史上将居于何种地位？回答是：德国先验哲学是对现代性政治和历史的深度理论化理解，或者用黑格尔更精辟的说法，它是全部现代精神科学"对自身的概念式理解"。（参见黑格尔《精神现象学》下卷，贺麟、王玖兴译，商务印书馆1983年版，第八章）德国的历史和宗教的特殊背景促使这个民族走向"内心的王国"，他们是一个和政治上先进的英国、法国不同的"文化民族"，这个民族特有的理论天才，有它自己的语言和自己的风格，并实现在精神发展史的创造性运动之中，完全不同于英、法民族清晰而前卫的政治思想。但是，德国先验哲学从未游离于现代政治哲学的主流之外，法国革命的观念对康德、费希特和黑格尔产生的震动比对任何人都更深刻更久远，无论来自英法的自由主义、保守主义还是本土的浪漫主义，都在德国先验哲学留下深深的影响。德国先验哲学将这些现代主题和思想提升到理性的概念的反思的层面上，赋予它们更高的精神深度和文化品位，使自己成为现代性自我理解的最高理论形式。康德不仅给人类自由以最高的表达，他还在其中注入了现代市民社会的问题因素，即私利与公共善的对立：一方面，康德将对私利的追求分析为一个表示感性欲求的概念——幸福，所谓"幸福原则"就是霍布斯、洛克的"自爱原则"；另一方面，他追寻卢梭，把对公共善的欲求提升为人的理性自己作决定去追求普遍性的一种能力，那就是自由，能够欲求公共善的人是自由的人，这才是道德的本意。黑格尔则以更全面更具体的方式，将现代政治哲学综合于"普遍性与特殊性"这样一种思辨结构，在其要素从家庭到市民社会再到现代国家的理论演进中，表达着现代性问题不断增长的复杂性，这一发展的最后目标仍然是那个自由。德国先验哲学与现代政治哲学的内在一致性，在黑格尔法哲学中得到最有力的证明：黑格尔的思辨方法——首先从一个抽象的自我同一性出发，经过否定环节联结他者以获得丰富的规定，最后达至具体的整体——在被用来处理现代政治哲学的那些主题时，达到了炉火纯青的境地。耐人寻味的是，青年马克思即使在激烈批判黑格尔思辨哲学的那个特殊时期，也对黑格尔政治哲学的成就表达了由衷的赞美："黑格尔常常在思辨的叙述中作出把握住事物本身的真实的叙述"①，"第一次为全部历史和现代世界创造一个全面的结构"②。晚年的马克思公开承认自己是黑格尔的学生，恩格斯则断言"德国的工人运动是德国古典哲学的继承者"③，这些说法的深层意味，恐怕只有在现代政治哲学的语境中才能真正得到理解。

总之，本文提出"往前做"与"往后做"的问题，强调马克思哲学研究之思想史路向的重要性和艰巨性，并提出了两点具体建议：（1）放弃把马克思与思想史对立、对马克思哲学作抽象绝对肯定的旧定式，以一种更宽容平和的心态，将马克思置于现代思想史的整个学术传承中，去理解马克思学说的特征和贡献。（2）淡出先验哲学的本体论—形而上学问题，在现代政治哲学的问题域中理解历史唯物主义的意义，以及马克思与黑格尔、与德国哲学乃至与整个现代哲学的渊源关系。因为，无论对马克思还是对其他思想家，现代政治哲学的那些主题都是更重要更根本的问题。

---

① 《马克思恩格斯全集》第2卷，人民出版社1957年版，第76页。
② 《马克思恩格斯全集》第3卷，人民出版社1960年版，第190页。
③ 《马克思恩格斯选集》第4卷，人民出版社1995年版，第258页。

城市研究与历史唯物主义空间化

中国社会科学院哲学所　强乃社

近年在国外马克思主义的研究中，有些学者提出所谓的历史—地理唯物主义。他们普遍以历史唯物主义为参照，强调空间和地理在理解人类社会生活中的重要性。他们要开发这个维度，甚至要让历史唯物主义空间化，用空间来重塑历史唯物主义，有些学者还称之为马克思主义的空间化。这些研究者主要有列菲伏尔、卡斯特、哈维和索亚等。

这些研究有一个重要的方面，特别是在国内研究中似乎没有受到重视，那就是城市研究是空间研究的基本前提和重要基础。要是脱离开这个要素，那么历史唯物主义的空间化就很难理解。空间理论如果丧失了其现实立足点，现实感和现实针对性也就没有了。失去了语境和针对性的理论，有可能让人不知所云。

一

马克思主义对城市问题是有关注的。恩格斯在《英国工人阶级的状况》中，也在关于住宅问题的论著中进行了阐发。但关键是，对马克思和恩格斯来说，城市是资本积累过程中的一个现象，这些是从属于资本的逻辑的。在第二和第三国际议题中，城市问题是在乡村到城市的转变过程中进行讨论的。马克思的研究中也涉及社会历史中的地理因素，比如《费尔巴哈提纲》第一条就说明了周围感性现实（当然包括空间和城市）与人的活动的关系，《共产党宣言》中阐述了资本主义发展的世界性，后来还有很多地方探讨了世界市场、资本的空间转移等问题。但总的看来没有一个比较明确和系统的城市理论。

　　一些学者历史唯物主义空间化的努力比较明确的开始时间是 20 世纪 60 年代。这种研究的主要现实背景是西方社会中的资本主义革命没有像原来人们预设的那样获得成功。

　　这个时代一个显著的特点是西方的城市化迅猛发展，出现了一些城市问题或者城市危机。这引起了很多学者的重视。城市问题研究的兴起与马克思主义在 20 世纪 60 年代的遭遇有关。那个时候，革命没有到来，资本主义没有根本的危机，但是资本主义的城市发展已经到了很高的水平，同时也带来很多问题，环境、社会公平等，社会运动不断；而斯大林的社会主义普遍受到西方学界的批判，认为这不是马克思主义或者真正的马克思主义。对马克思主义的新探索开始。在这个背景下，开始进行了马克思主义（再）空间化的探索。这种探索有脱离正统马克思主义即苏联马克思主义的考虑，也有企图为马克思主义未来发展寻找出路的意思。开拓性研究者列菲伏尔认为自己对马克思主义和城市问题的探索，不是从哲学和社会学出发的，虽然这些已经包含其中，也不是历史的和地理学的，而是从新的社会和政治实践中出现的问题开始的。列菲伏尔将城市和城市主义区分开，前者是兑现在空间的一种布展，而后者是一种生活方式。

　　做这些工作的人有很多，"列菲伏尔的天才贡献开创了这个方面的研究，其后卡斯特（Manuel Castells）、哈维（David Harvey）、皮克凡（Chris Pickvance）、马赛（Doreen Massey）、罗金（John Lojkine）、佐金（Sharon Zukin）、托帕洛夫（Christian Topalov），以及其他的一批地理学家、社会学家、历史学家和政治科学家的手中，新马克思主义研究成为城市研究的主要创新源泉。有些杂志很重要，比如《空间与社会》（Space and Society）、《国际城市与空间研究》（International Journal of Urban and Regional Research）、《对跖》（Antipode）等"[1]。这些都是马克思主义城市研究中的主要人物，以及他们主要著作发表的刊物。

　　20 世纪 60 年代城市问题的突出也有理论上的背景。这些研究对后来的研究者也有很大启发。

　　城市研究在 19 世纪末开始逐渐成为重要的理论工作。从历史上看，贡献比较大的有齐美尔、韦伯、美国芝加哥学派的城市研究。19 世纪末到

---

① Ira Katznelson, *Marxism and the City*, 1992, Clarendon Press, Viii.

20 世纪初，城市研究主要在经济学、地理学、社会学、政治学等当中进行。社会学的研究与社会历史理论和社会哲学的关系比较近，与马克思所关心的问题比较接近。

城市本身也是一个历史现象，据说一万年以前就有了。城市发展在工业化以后有了明显变化。韦伯那里，城市在中世纪是关塞和市场的结合体。这些城市是政治、经济和文化一致的人的聚合体。再后来，维系这些城市的因素不存在了，但是新的因素，工业和商业的因素逐渐发展起来了。现代城市，工业化以后的城市，是按照资本积累的要求进行城市的基本结构的建设的。从方法论上看，马克思和韦伯有一致的地方，他们将城市的发展看做是社会发展的一个组成部分。城市仅仅是工业、资本主义的、国家中心的现代性的庞大工程的一个部分。① 这可能是马克思没有明确发展自己的城市理论的一个重要原因，因为这种理论是从属于资本理论的。

19 世纪人们看待城市，多将现代工业下的城市和更早的城市——前工业化时代的城市——做比较。"前工业化时代的城市是简单的、团结的、空间的同质性组织的城市，而工业的、资本主义的城市的特征是不团结、异质的和无组织的空间类型。"② 这个观点很重要，与阶级的形成、革命的发生有密切的关系。

二

工业化导致城市化的迅速发展。对于社会组织和治理的过程产生了明显的后果。首先是居住地和工作地点的分割，然后是人的文化活动和精神生活的变化，最后形成了在居住、行为、精神活动等方面的一个新的社会划分，这就是阶级与阶层的形成，至少是一种表征。

工业化发展导致城市作为一种重要的社会组织形式出现新的变化。"城市形式的重新组织，其标志性的变化是，工资劳动与家庭的加速的、基本的分离，结果工作与居住共同体分开了。"③ 具体说来，在这个过程

---

① Ira Katznelson, *Marxism and the City*, 1992, Clarendon Press, p. 10.

② Ibid., p. 11.

③ Ibid., p. 14.

中，至少有三个有关系的、相互交叉的历史过程发生。第一，家务不再是生产的主要单位或地点。或者说，家务和生产没有直接的关系了，从亚里士多德时代开始的经济和家务的联系在这里被分开了。第二，大城镇区域或者用做居住，或者用做工厂生产。城市首先是居住和工厂两种地方。城市没有了以前那种城市的自然性了。这也是现在居住在城市的人们经常自我欺骗地追求自然的开始。第三，城市空间划分为由其居住或者工作的功能确定的分割区域。而居住区域的日益同质化，导致城市和它的居民，其关系就以自主形成的劳动和住房市场的关系来确定。工作和居住成为不同的可以买卖的商品，这取决于货币和市场地点的规训和逻辑。旧约束不再是决定性的。韦伯那里的那些要素没有决定性了。"内在看来，日常生活的城市类型的人造环境，作为城市的、工业的资本主义社会结构的建筑区，是由新的交通技术和往返工作场所的新道路决定的；是跨阶级公共领域的集中和分界来决定的；是工作场所和居住场所的阶级的出现决定的。"①

我们看来，人的居住和工作地点分开，人的生活方式发生了一种新的变化。那些工作的人们，在工作地点以外有了新的生活方式，文化也如此了。人们没有财产，下班以后的人是自由的，但是他能够接受的服务、居住、交通等，是他能够偿付的，这样，这些人的居住和自己一样的阶级或者阶层就是接近的，即所谓的居住的同质化。但是，将城市作为整体看的时候，整个城市就被区分为好多异质化的居住区域了。这就是所谓城市的隔离现象，这在空间上构成了不平等。这个过程中形成的文化也是同质性的，是消费性的。

这种新的大众文化的消费，与分散的、区域化的群体和阶级文化是并行的。因为工人阶级没有财产，一旦离开工作场所，他们也不必创造出独立的文化。由于城市空间上的重组，人们居住的地方日益同质化，人们购买和租赁房屋的能力决定了他们在哪里居住。结果，城市的各部分成为具有共同阶级特点的人们的聚居地。阶级的空间形成就是如此。②

这产生了很多结果。其结果之一就是形成了差异性为主导的范式。"这是 19 世纪末到 20 世纪初很多重要作品的核心内容。这种世界观不是

---

① Ira Katznelson, *Marxism and the City*, 1992, Clarendon Press, p. 14.
② Ibid. , p. 15.

一种新的宇宙学：它提供了最重要的语法和词汇，以表达新城市和它的社会空间的新类型。"① 比如，梅因的身份和契约、迪尔凯姆的机械图解和有机团结、滕尼斯的共同体与社会。

这种社会发展形成了新的社会阶级关系和状况，形成了资本的新的积累方式。城市发展带来空间变化，带来地理变化，形成新的社会和历史理论。

三

在城市问题研究中从齐美尔到芝加哥学派的思想是必须受到重视的。他们的研究是后来历史唯物主义空间化研究间接的但是影响很大的理论资源。把资本主义和城市联系起来，这是一个很关键的问题。资本主义的风尚、货币的重要性、精神生活的畸形等，都是在这个过程中逐渐得到培养和开发的。

齐美尔对城市研究的影响很大。齐美尔的《社会分化》（1890）、《货币哲学》（1900），处理的是城市的影响等问题，他强调了城市生活中的分化问题。他的核心问题是市场关系在差异性城市中的运作，以及它们对社会关系的影响。可以说，市场关系和城市是相互作用的形成差异的两个主要因素。1903 年他发表的《大都市和精神生活》产生了很大的影响，对城市文化研究有奠基作用。他在《货币社会学》（1908）中，有一个重要的分析，就是空间和社会的空间结构的关系。其中关于空间分析是重要的。在这些著作中，空间中的差异的社会学的关键因素得到探讨。"这些包括非人格性、隔离性、孤立性、分割性的友谊、关系的调适，以及界限的重要性。也许齐美尔最重要的探索是，社会关系在空间中得到固定。他将中世纪城市稳定性与 20 世纪城市的居住的机动性对立起来。"② 他对城市的兴趣与数字和大小、劳动分工以及货币和合理性等有关，还与资本主义变化的文化形式有关。

齐美尔对芝加哥学派有很大影响。维特、帕克等芝加哥学派的重要人物，从不同的角度对齐美尔的观点有所继承。齐美尔对社会分化做了分

---

① Ira Katznelson, *Marxism and the City*, 1992, Clarendon Press, p. 16.
② Ibid. , p. 20.

析，但资本主义与城市之间的区分没有作为重点。但是维特，作为芝加哥学派的主要人物，区分了二者，但对二者之间关系的洞见并未重视。沃思更多看到的是城市分化的不利后果，他趋于保守，认为社会的团结机制被破坏了，需要重整。维特重视社会秩序及其控制，即分化的社会的控制行为。他集中探讨的是社会强制的社会分化，认为城市不仅仅是破碎的社会和空间秩序，也是分裂的和无组织的道德秩序。① 共享的价值是破碎的。城市生活的破碎和局部的规范特征不能维持社会控制。结果是政治无组织，病理性行为增加，如人格紊乱、犯罪和脆弱的家庭生活。帕克的文章也受到影响。他认为齐美尔关于大都市与精神生活的文章是从社会学角度看最重要的著作。② 帕克 1938 年关于都市主义作为一种生活方式的文章重建了齐美尔的主题。问题是他对都市主义和工业资本主义之间很少做区分，因为他认为城市是资本主义文化的中心。③

现代社会中的城市生活，重要特点乃是社会的差异，城市主体、城市生活、城市文化等，都是如此。城市的基本语法和词汇就是分化、差异。城市社会生活的开始，就是家庭和工作场所的区分。城市文化也是高度分化的，这种分化的原因之一是文化成为了消费品。文化作为一种消费品得到重视，这种文化在消费中，让那些人，那些成为雇佣的人，暂时逃避现实巨大压力和差异形成的不快。但这种逃避的结果是空虚。而这种空虚又是所谓的虚假的文化需要引起来的。其实没有这种虚假的文化，这种虚假的文化需要也会消失。这里是生产创造了需求。现代都市文化很多不是需要引起的，不是满足需要而进行的，而是满足引起的需要而形成的一种需要。

但是城市的治理又是很重要的。"差异和秩序提供了城市生活的主要想象。"④可以说，差异和趋同是同时存在的。我们理解，实际上城市生活的同质化和异质化是同时进行的。局部的同质化，引致全局的异质化。这个时候阶级的形成就是必然的。地理的、空间的和城市的重要性就是如此形成的。这个时候，空间不仅仅是背景了，空间本身就变成了对象，空间本身就是形成和生产出来的。

① Ira Katznelson, *Marxism and the City*, 1992, Clarendon Press, p. 21.

② Ibid. .

③ 参见帕克等《城市社会学——芝加哥学派城市研究文集》，华夏出版社 1987 年版。

④ Ira Katznelson, *Marxism and the City*, 1992, Clarendon Press, p. 22.

列菲伏尔对城市和空间的关系进行了比较明确的说明。列菲伏尔的空间生产研究也是在城市和空间密切关联的背景下开始的。他就是历史唯物主义空间化的先驱人物。

四

列菲伏尔对马克思主义的研究，有自己的背景。他的思想比较复杂，按照国内和英美国家的研究所达到的范围和程度，要给一个很确定的结论是有些早。他在 1968 年到 1974 年这段时间内，比较集中地探索了空间问题，是历史唯物主义空间化的开启人。他所理解的空间问题和城市问题是有联系的。他认为城市化是现实生活的一个突出表现。当代资本主义国家的社会革命，已经成为城市革命，具有更加复杂和具体的内涵。他认为是城市发展将空间问题突出了，尤其将空间作为一种对象进行生产突出了。他的《空间生产》1991 年才翻译成英文，汉译本至今还没有看到。

他在一篇文章中对这个问题有很明确的说明。① 空间的生产，在概念与实际上是 20 世纪 60 年代开始的。主要表现在具有一定历史性的城市的急速扩张、社会的普遍都市化，以及空间性组织的问题等各方面。今日，对生产的分析已经由空间中的事物的生产转向空间本身的生产。这是一个很关键的问题。城市问题导致了空间问题的突出，导致空间研究的突出。当然这些空间是社会化的空间，这些空间和人的精神活动有很大关系。为什么会从空间中的生产到空间自身的生产呢？列菲伏尔认为，由空间中的生产转变为空间的生产，乃是源于生产力自身的成长，以及知识在物质生产中的直接介入。这种知识最后会成为有关空间的知识，成为空间之整体性的资讯。空间中的生产并未消失，而是被引至不同的方向。

后来索亚将这个现象概括为社会批判理论中的空间转向。这个转向有三点很突出：第一，空间转向是城市转向。所有的马克思主义理论研究必须充分考虑当代社会中，马克思主义研究对象的都市特征。第二，空间转向是空间的社会性转向。空间不是纯粹自然的，不是中立的，空间是社会生活中的积极主动的因素，空间是社会自身的关键因素。第三，空间是社

---

① Henri Lefebvre, *State*, *Space*, *World*：*Selected Essays*, 2009, University of Minnesota Press, pp. 185—195.

会本体论研究的一个重要方面。这个方面值得重视。

对列菲伏尔而言，空间生产并没有说明空间是独立的，而是说，空间是因生产活动而形成。生产活动决定了空间，所以有资本主义的空间和社会主义的空间，他认为应该向社会主义空间过渡。生产是我们一般意义上的生产吗？后来他说了很多，有些时候认为是人的自我生产。但可以肯定的是，生产中肯定有人及其关系的生产和再生产。在一定意义上，列菲伏尔还是比较传统和坚定的马克思主义者，他坚持的是社会生产范式的解释。那么，有一种独立的空间吗？是那种作为对象的空间吗？其实，这种空间的有无是不重要的，问题是生产，是资本主义的经济活动和生产，是资本主义的生产。很难说在马克思那里没有对这种资本主义生产根本的说明。这个问题似乎不需要证明。

有学者已经注意到这个问题。马克思对城市的理解是，这是劳动分工和商品交换中形成的，而城乡分割是资本主义发展的一个重要特征。这些甚至是相互作用的。这样"马克思没有讨论空间和城市是非常符合逻辑的。城乡分割和劳动分工的存在，是一个基础"①。

这些研究一个重要问题是，城市是一种新的社会生活组织形式，形成了新的社会发展面貌，最重要的可能是，形成了城市无产阶级。这种群体以前是没有的。只有城市才有产业工人、工业无产阶级。这个阶级群体具有非常明显的空间特征，通过生产方式、居住地点、活动方式等联系起来。这可能是马克思主义空间研究的关键所在，是其他研究者开始的逻辑起点。

我们理解，马克思和恩格斯确实在历史唯物主义研究中，对城市没有进行过系统分析和理论建构。但是从空间的角度对城市进行研究，对空间生产的逻辑进行探索，必然触及深层的市场和资本主导的生产模式的问题。马克思对资本主义生产逻辑的揭示是深刻的，大概现在还没有人超越他。

---

① Ira Katznelson, *Marxism and the City*, 1992, Clarendon Press, p. 31.

中国哲学的当代阐释

中国哲学的未来

吉林大学哲学基础理论研究中心　孙利天

对于中国哲学的未来这个话题，我想和大家一起思考，探索中国哲学未来的形势、趋向和主题，希望能对大家有所启发。

一　中国已是哲学人力资源大国

我看过一位国外学者写的一篇文章，曾经明确地断言，到 2050 年，中国将成为世界最重要的哲学大国。这是他的一个判断。理由很简单，那就是到那个时候，中国的经济总量将是世界第一。因为有了雄厚的经济基础支撑，我们就有可能像今天的美国一样。美国短短二百多年的历史没有自己深厚的哲学传统，但是它的哲学是世界第一。因为世界，特别是欧洲，最优秀的第一流的哲学家，可能都会去哈佛、普林斯顿等这样一些哲学重镇去任教。那个时候我们可能会吸引全世界最优秀的哲学家到中国来，加入我们中国的哲学共同体。如果中国的经济总量第一，那么中国也就必然是世界最重要的一个哲学大国，这倒是很简单的一个唯物史观的论断。

第二个材料是我们中国的一位留学生去拜访当时还在世的法国著名的后现代主义哲学家德勒兹时的一段对话。当时德勒兹希望这个留学生把他的著作翻译成中文。这个留学生自己很忙，没精力做，但是他说，你放心，中国是一个大国，什么人才都有，你的著作很快就会有中译本。事实也是这样。现在我们的书店里已有德勒兹和迦塔利合著的《什么是哲学?》的中译本。这段话也确实说出了中国哲学未来的巨大的人力资源的潜力。

我们一个省的哲学同行济济一堂可能就有数百人，整个国内以哲学为生的可能有上万人。从高校到党校到社科院，这几个主要系统，还有编译部门、宣传部门、出版部门等，我国可能在世界上也是哲学家群体最大的一个国家。有这样的一些人，就会有哲学学科的学术繁荣。实际上不仅是德勒兹的著作，当代西方哲学最重要的哲学家的著作我们大都有中译本。要从对整个当代世界哲学了解的全面和丰富来看，中国可能已经是一个哲学大国。这是我们中国哲学未来的人力资源方面的保证。

还有，中国这些年来伟大的实践，是产生重大哲学理论的现实基础。中华民族正在经历着一次新的历史复兴。改革开放以来，波澜壮阔的社会主义实践必然呼唤伟大的理论。尽管我们在这个方面做得还不够，但是我个人觉得，我们的一些哲学工作者已经开始做出了具有中国特色的一流的研究工作，并已开始产生了一些世界影响，不过，出现真正能够把握住我们这个伟大时代、伟大实践的哲学理论，可能还有待于未来。

基于这样的一些想法，我可以初步断定，中国哲学会有一个光辉、灿烂、辉煌的未来，这是没有疑问的。

二　未来哲学样态的多种构想

期待或者说争取创造一个伟大的中国哲学的未来，我们从今天开始需要预先做一些理论上的准备，其中最重要的就是需要思考当代一些最重要的哲学家，他们关于哲学的未来有怎样的一些想法和规划。维也纳小组的领袖石里克写过一篇文章，标题就叫《哲学的未来》。[①] 石里克对哲学的未来也有他的一个预测、一个判断。大家都知道维也纳小组，他们的哲学叫逻辑经验主义，也叫逻辑实证主义。它用经验科学的两条标准来判断科学和非科学的分界，一个是逻辑，一个是经验，从而明确地拒绝哲学是科学。因为哲学既不是重言式的逻辑命题也不是可以由经验检验的综合命题，所以是无意义的假命题。他用很简单的一个理由就把哲学划到了科学之外。虽然哲学不是科学，但是石里克并没有否认哲学存在的意义。他说哲学的未来可能将要回到一种苏格拉底式的哲学样式。哲学干什么呢？哲学就是意义的辨析，是对命题意义的澄清。可以说石里克所断定的哲学未

① 石里克：《哲学的未来》，《哲学译丛》1990 年第 6 期。

来是苏格拉底式的意义分析的哲学未来。

众所周知，整个20世纪的西方哲学的核心主题是拒斥形而上学。不仅是维也纳小组，还有后来的分析哲学，包括欧陆的其他一些哲学学派都是拒斥形而上学的。特别是经过20世纪六七十年代，从德里达、福柯开始的后现代主义哲学兴起之后，形而上学在西方的文化传统中已经变成了"形而上学的恐怖"，被叫做"死亡哲学"，是声名狼藉的一个概念。所以当代很多重要的哲学家都使用后形而上学的概念。比如说我们最近都能看到中译本的哈贝马斯的《后形而上学思想》、罗蒂的《后形而上学希望》，都明确地使用"后形而上学"术语。他们说哲学已经终结，已经死亡，那么在哲学终结和死亡之后，哲学还能不能存在？如果有哲学存在，那个哲学还能干点什么？用哈贝马斯和罗蒂使用的概念，那就是哲学不再是作为罗蒂所说的人类知识等级表上的最普遍、最确定、最高等级的科学真理，哲学是一种希望的表达，哈贝马斯把它叫做思想。我想"思想"这个主题词或者说关键词可能很重要。

在我们今天这个时代，如果说哲学不是一种科学知识，那么哲学可能是一种思想。海德格尔也持这个说法。他在《哲学的终结和思的任务》中说：哲学是西方特有的知识形态，哲学在西方就是各种不同形式的柏拉图主义的变种，哲学就是柏拉图主义哲学。① 海德格尔认为，柏拉图主义哲学所开启的思想视界已经由现代科学技术所完成。在这个意义上，哲学终结了。柏拉图主义是什么呢？海德格尔概括为用思维去规定存在，把整个存在者领域分割为各个具体的科学知识部门，然后完成了对存在者领域的操纵和控制。在这个意义上，他认为现代科学技术已经完成了希腊哲学所开启的这种思想方向或者说思想视界。但是他同时提出了思想的任务。罗蒂的《后形而上学希望》、哈贝马斯的《后形而上学思想》、海德格尔所说的"思想的任务"，意味着我们未来哲学的一种趋向和可能的形态就是思想的研究。哲学不再具有一级知识、最高等级科学真理的意义之后，将作为一种思想的探索而存在。

以拆解、解构而著名的后现代主义哲学家德里达，也在《书写与差

---

① 海德格尔：《哲学的终结和思的任务》，载海德格尔《面向思的事情》，陈小文、孙周兴译，商务印书馆1999年版。

异》的中译本访谈代序中表达了同样的看法。他强调人们需要"非哲学思想"。① 怎么思想？海德格尔认为，思想的任务就是重新开启一个区别于柏拉图主义、区别于西方哲学的思想的视轨和方向。最通俗地说，视轨和方向就是不同的视野、不同的立足点，过去我们叫做立场。立场不同就会有不同的观点、不同的视野。这是我们过去学习马克思主义经常使用的说法，要学立场、观点、方法。这个立场很重要，通俗地说就是蹲着看、站着看和站在高山之巅、冰雪之间看所看到的世界是不同的。这是海德格尔引用尼采的说法。哲学就是高山之巅、冰雪之间的自由自在的生活。在高山之巅、在冰雪之间自由自在地去想去看，可能看到的就是另外一番世界。这个另外一番的世界也就意味着海德格尔所说的开启了一个新的思想方向和新的思的视轨。思想有惯性，一旦进入一个轨道，可能就会长时段地在一个固定的思维模式中滑行。所以通常所说的转变思维方式可能是最难的，因为我们已经进入了一个思的轨道之中。

要转变思维方式也不是一件很容易的事情。我们已经根深蒂固地扎根于一种固有的思想的轨道中，想滑出来想跳出来，那就是海德格尔所说的"语言的移居"。这是《晚期海德格尔的三天讨论班纪要》② 讲的。在这个《纪要》中记者问他是不是实现了一种思维方式的变革，海德格尔未置可否，但是他更明确地把自己的工作叫做"语言的移居"。专门从事西方哲学研究的，可能能够准确地体会海德格尔这句话的意思。我们过去总是把语言理解为人的语言，是人在说话。海德格尔认为这是一种主体形而上学的语言观，语言好像就是为我所用的工具，是为主体服务的东西。海德格尔毕生都要做的一个工作就是实现一种语言的移居，把语言看做是一种大地的言说。把语言看做是大地的言说，我们才能把自己的思想重新归属于大地、归属于存在。这是海德格尔所寻求的未来哲学思想形态、哲学思想方向给我们启示的一条道路。

整个现代文明，整个现代性的问题，包括我国在市场经济体制改革之后所面对的财富分配问题、环境问题、生态问题等，按照海德格尔的看法都是操纵、控制存在者的思想方向带来的问题，而要换一个想法、换一个说法，实际上就必然是换一个活法。我们要把自己的语言思想还归于大地

---

① 德里达：《书写与差异》，张宁译，生活·读书·新知三联书店 2005 年版，第 12 页。

② F. 费迪耶等辑录：《海德格尔三天讨论班纪要》，《哲学译丛》2001 年第 3 期。

和存在。当然这种表达很浪漫，所以也被叫做是"诗化哲学"、"诗意的思"。但是这个道理还是能够说清楚的。我过去讲课的时候引证苏轼在《赤壁赋》中的一个说法，叫"山高月小、水落石出"。表面上是人在描写自然景物，山高了，月亮自然就小了，因为大的时候你没看见，水落下去了，石头就出来了。后来有人评论苏轼这两句话，叫做天然句法。实际上就是自然在自在状态下的自然显露。表面上是苏轼在描写自然，其实应该把它看做是自然向人的显现。我也力求通过类似这样的一些猜想去理解海德格尔的那个所谓语言的移居。我们能不能说一种归属于存在、归属于大地的语言，这可能至少是中国哲学的未来需要借鉴的一个思想方向。

在《什么是哲学?》中，德勒兹和迦塔利对哲学的定义很简单，哲学就是创造概念。① 这两位作者甚至讽刺说，本来是哲学家的工作，那么现在由谁来承担了呢? 谁在创造概念呢? 是那些广告商。比如说我昨天坐车来的时候在路上看到的一个广告牌，上面写着"超速是人生旅程的缩短"，直接的意思是超速缩短了你的旅程，更深的意思可能是超速有生命危险，可能缩短你的生命。我还看到一个房地产商的广告牌上写着"诗意地栖居在大地上"，这是海德格尔的一句名言。广告商们，或者说这些厂家、商家为了刺激人们的消费，他要凝练、提升、创造概念来刺激人们的消费神经。如果这个房子不仅是住，而且还能住出诗意来，诗意地栖居在大地上，这个商品房肯定是畅销的房子。类似这样一些创造概念的工作，应该是哲学家的本行，现在却成了广告策划者们的工作。这也是对我们这个时代哲学思想创造力衰落的讽刺。

创造概念不能凭空想象，应该立足于我们这个时代的一种在哲学思维层面上的精神表现。人们喜欢用黑格尔的"哲学是思想中的时代"这个说法。我们哲学要把握自己的时代，需要创造概念，需要一些新的理念。而这些概念和理念之所以能够产生，在于它们应该是我们这个时代生活的理论映像。我们今天这个时代有着波澜壮阔的实践，有着民族复兴的伟大事业，但是我们用什么样的概念去表达去反映呢? 对于这种创造概念的工作，罗蒂也有类似的看法，他在《偶然、反讽和团结》中认为，哲学可以最简单地说，就是说出一个新词、说出一句新话，实际也是创造概念。罗蒂的说法很简单，说出一个新词、说出一句新话就带来了一个新的观念，

---

① 德勒兹、迦塔利:《什么是哲学?》，湖南文艺出版社 2007 年版，第 246 页。

有了一个新的观念就有了一个新的行为，有了新的行为就有了人类文化新的演进。

无论是说出一个新名词还是创造一个新概念，表面看哲学的任务变得非常简单、非常具体。我们就坐在这里想新名词、新概念，但是这又是最难的哲学工作。我们这么多人，我们上万哲学工作者怎么就想不出一个新词来？怎么就想不出一个新概念呢？我想要真正做到这一点，仍然离不开恩格斯所说的思维的训练。在这个意义上，古典哲学的教养、古典哲学的训练又是我们能够说出一个新词、创造一个新概念的前提条件。在这个意义上，哲学工作者没有什么投机取巧的途径，只能通过自己职业生活的艰苦的训练，通过踏踏实实的精神劳作，通过传统哲学基础的不断积累和锤炼，我们才可能有较强的思维能力，说出一个新名词、创造一个新概念。

无论是苏格拉底式的追问生活的意义，无论是实现海德格尔所说的思维方式转变或者语言的移居，还是德勒兹和迦塔利所说的创造新概念，罗蒂所说的说出新名词，这些可能都有助于我们对中国未来哲学的创造和发展的探索。

三 关于中西马哲学会通的探索

从我国哲学的语境出发，哲学思想和哲学概念的创造都离不开中国化马克思主义哲学的主流。如何实现马克思主义哲学的中国化是近年中国马克思主义哲学界的热点问题，实际上这不仅是搞马哲的思考的问题，搞外哲、中哲的也都在思考这个问题，这就是中西马哲学的会通。中国哲学、西方哲学、马克思主义哲学，都是博大精深的理论体系，按照一个人有限的精力来说，一个哲学工作者对中国哲学、西方哲学、马克思主义哲学融会贯通，这种不世出的人才可能现在还很难见到，那应该说是大师级的学者。

但是这方面的工作是值得探索的，所以最近几年我连续写了几篇东西，做一些探索性的工作。比如说我特殊强调中西马会通应该有一个问题的基础，不是没有操作平台没有着落的空泛的中西马哲学的比较研究，应该找一个根，这个根就是中国人面对的问题。2005 年，我写了《朴素地追问我们自己的问题和希望——中国哲学、西方哲学和马克思主义哲学会通的基础》。在这篇文章中，我提出了一个想法："平凡、真实、快乐的生活"是中西马哲学会通的问题基础。① 法兰克福学派第三代领袖阿克塞尔·霍耐特说社会批判理论需要一个规范的基础，这个规范的基础就是"好生活"，② 和我说的意思可能较为接近。平凡、真实、快乐的生活是老百姓所盼望祈求的一种好生活，这种好生活是哲学批判的规范基础。霍耐特从法兰克福学派社会批判的理论传统出发把它看做是社会批判的规范性基础，我把它叫做一个问题基础。得有一个参照、基点去批判，不然就没有标准。

要使中西马哲学的比较研究能够真有一点进展，也需要有一个本体论的基础。2007 年我写了《生命领会和精神自觉——中西马哲学会通的辩证本体基础》。这意味着无论是中国哲学、西方哲学，还是马克思主义哲学，有一个共同的旨趣或者说有一个共同的性质，无非就是对我们所渴望的那种好生活的生命领会，对人所固有的精神能力的逐渐的理论自觉。我认为这种生命领会和精神自觉是中国哲学、西方哲学、马克思主义哲学共同的辩证本体基础。因为每一个民族、每一种文化、每一个哲学传统对自己民族生命的领会，对民族精神的自觉都是一个辩证的过程，从这样一个共有的辩证过程去理解中西方哲学可能会有一个相对牢固的参照点，而不是没有根据的盲目比较。

中西马哲学的会通需要一个方法的基础。2003 年，在《信仰的对话——辩证法的当代任务和形态》③ 中，我认为哲学信仰也好，宗教信仰也好，如果仅仅是自己个人的内在信仰，无关大局。但是你要是让别人信，用美国新一代哲学家布兰顿的说法，那就需要给出清晰的阐释，给出理由。给出理由就需要论证，这就是哲学信仰的对话。哲学或者宗教信仰都是罗尔斯所说的一种"整全论说"，我把它叫做一种世界观的理论。这个东西很难改变，而且我觉得中西马哲学对话的目标，可能既不是为了让中国人接受西方的哲学也不是为了让西方接受中国的哲学。哲学对话不是以接受为目的，如果整个世界都接受了一种信仰、一种哲学，那倒是人类文明的恐怖，是死亡哲学。所以哲学对话不能以接受为目标。那么不接

---

① 孙利天：《朴素地追问我们自己的问题和希望——中国哲学、西方哲学和马克思主义哲学会通的基础》，《新华文摘》2008 年第 7 期。

② 参见阿克塞尔·霍耐特《为承认而斗争》，胡继华译，曹卫东校，上海世纪出版集团 2006 年版。

③ 孙利天：《信仰的对话——辩证法的当代任务和形态》，《社会科学战线》2003 年第 6 期。

受，为什么还要对话呢？对话是为了拓展自己的视野，多些理解、多些同情。我信这个，你信那个，我知道你信那个的理由，我就能对你的观念、你的行为，甚至是你的制度有所宽容、有所包容。我也可能从你的信仰体系中吸取对我有益的东西，使我的信仰更为合理，更能给出好的理由。或许，还会产生一些最低限度的普遍共识。

　　如果中西马会通有了明确的问题基础、本体基础和方法基础，我们也许经过若干年的努力会创造出真正有中国特色、中国气派和中国风格的哲学理论，它将为中国哲学的未来奠定较为牢固的理论基础。

哲学观与中国哲学存在的合法性证明

吉林大学哲学基础理论研究中心 刘福森

对中国哲学存在合法性的研究，不能采取寻找中国哲学与西方哲学共同性、把中国哲学纳入西方哲学的思维框架的方法，也不能采取按照西方哲学的话语方式修理中国哲学的方法。中国哲学存在的合法性问题，实质上是哲学观问题，即我们应该以什么样的哲学观去对待中国哲学的问题。

一 哲学观：不是知识，而是态度

"哲学是什么"问题是一个哲学观的问题；"哲学是什么"的提问方式是一个知识论的提问方式。历史上的那些哲学家也都是把这个问题作为一个知识论的问题给予回答。作为这些哲学家的晚辈，我们研究哲学时也都把这个问题看作知识论的问题并给予知识论的回答，提出了各种解答方案，得出了各种结论。但是，无论是那些历史上的大哲学家还是我们这些晚辈，从来就没有得出过统一的答案，在哲学观领域关于"哲学是什么"的问题上，"哲学战争"始终就没有停止过。但是，无论人们对这个问题做出了怎样的回答，对"哲学是什么"这个问题本身的性质却很少有人做出理论上的考察。因此，研究哲学观本身，我们首先不是要对这个问题的答案做出某种回答，而是要对这个问题本身的性质作一番考察。如果我们不了解这个问题本身的性质，我们对这个问题做出的回答也必然是盲目的和无效的。

科学要为人们提供知识，科学提出的问题也是知识论的问题，"××是什么"的提问方式是典型的知识论的提问方式，其回答也要求必须是确切的没有争论的答案。科学家们能够做到这一点。但是，哲学观也是一种哲学，是一种以哲学为对象的哲学，即"关于哲学的哲学"。既然哲学观也是一种哲学，它就不是为人们提供知识（答案）的。如果你把哲学当作知识，你就必然马上陷入无穷的困惑之中：哲学家们对其中的每一个哲学问题都有若干不同的回答，很多回答甚至是对立的。这时我们到底应该相信哪一个回答呢？

哲学与科学不同，哲学只能对哲学问题做出"理解"或"解释"。解释不是答案，哲学不能对问题提供具体的答案。作为哲学观的哲学也是如此。作为知识的"答案"，是人们对外部对象的认知，其评价的尺度是看其是否符合客观对象，其前提是尽量消除人们的主观立场。而哲学的"理解"或"解释"确是以人为中心的，以哲学家的主观立场为前提的。海德格尔说："把某某东西作为某某东西加以解释，这在本质上是通过'先有'、'先见'和'先把握'来起作用的。解释从来不是对先行给定的东西所做的无前提的把握。"① "'先有'、'先见'和'先把握'说出了筹划的何所向，而意义就是这个筹划的何所向，从筹划的何所向方面出发，某某东西作为某某东西得到理解。"② 解释是以人为中心和尺度的对外部世界的意义的解释，因而其中必然体现着个人的价值追求，这就是哲学家思考问题的"思想坐标"，即哲学立场。哲学立场的存在，使得哲学家对任何问题的解释都必然带有某些"先见"，而"先见"正是哲学家们提出自己伟大思想的首要的前提。正因为如此，就使得哲学失去了成为知识的资格。哲学立场的存在，使得哲学家个人的哲学都是有个性的哲学。由于哲学观也是一种哲学，即关于哲学的哲学，因而哲学观也不是为人们提供关于哲学的知识的。那种把哲学观说成是"关于哲学总体的看法"的理解，就是把哲学观等同于提供知识的科学了。

每个哲学家的哲学是各不相同的，他们关于哲学的解释就是不同的，他们的哲学观也必然是各不相同的。当哲学家们以不同的方式对哲学中的问题做出不同的理解并得出不同的结论时，他们也会对"哲学是什么"这个哲学观的问题做出不同的理解和解释。哲学家个人的"哲学"是怎样的，这个哲学家就认为"哲学本身就应该是这样的"，他就会按照自己的

---

① 洪汉鼎主编：《理解与解释》，东方出版社 2001 年版，第 120 页。

② 同上书，第 121 页。

"哲学"去回答"哲学是什么"这一"哲学观"的问题，从而就形成了这个哲学家与别人不同的具有个性的哲学观。因此我们可以说，有多少种不同的哲学，就有多少种不同的哲学观。在哲学观上，对"哲学是什么"的问题的回答，哲学家们从来就没有普遍共识。

"哲学是什么"的问题是一个哲学观问题。"哲学是什么"的提问方式，是一个知识论的提问方式。然而，对这个问题的回答却不能给我们提供关于哲学的知识。每个哲学家所说的"哲学是什么"，说的都是像他们自己的哲学那样的"特殊哲学"是什么，而不是作为"一般哲学"的哲学是什么，因为根本就没有这样的"一般哲学"。但是，即使哲学家说出了自己的特殊哲学是什么，也没有给我们提供关于哲学的知识。因为说出了特殊哲学是什么，这只是对客观事实的描述，这种描述并不是知识。因此，"哲学是什么"这个哲学观的问题，根本就不能为我们提供关于哲学的知识。哲学根本就不是知识，哲学观也不是给人们提供哲学知识的。

那么，哲学家们对这个问题的回答还有什么意义呢？它的意义就在于，哲学家们在回答这个问题时，实际上不是做了一个事实判断，而是做了一个价值判断。哲学家们所说的"哲学是什么"，说的是他们认可的理想性的"一般哲学"就"应该"是像他自己的哲学那样的哲学，即他自己的哲学就是（一般）哲学。因此，在哲学家对"哲学是什么"问题的回答中，表明的是哲学家评价哲学的一种价值倾向、一种哲学立场、一种崇尚什么哲学或反对什么哲学的对待哲学的态度。哲学家们实际上回答的并不是"哲学是什么"，而是"哲学应当是什么"，而"哲学应当是什么"提供给我们的不是关于哲学的知识，而是哲学家对哲学的态度。

既然哲学观不能给我们提供关于哲学的知识，那么，在哲学史上那些大哲学家对"哲学是什么"问题所做出的回答，就不具有真理性的价值：不要因为历史上哪个哲学家讲过"哲学是什么"，所有的民族和时代的哲学就都是像他说的那样的哲学。因为他告诉我们的不是关于哲学的知识，而只不过是他们自己的一种哲学态度而已。

二　哲学与文化：中国哲学存在合法性之根据

哲学与文化的关系问题，也是理解哲学观的根本问题之一。"哲学"在本质上是一个"文化的"概念。文化可区分为以人文精神为核心构筑起来的"人文的思想文化"和以科学精神为核心构筑起来的"科学文化"。人文精神和科学精神表现为两种不同性质的精神指向：科学精神以外部事物为尺度，而人文精神则是以人为中心；科学精神注重理性知识的获得与阐述，人文精神追求的是非知识的、价值的意向和境界；科学精神追求真实，人文精神追求"美好"。"美"和"好"是两个价值性概念，它们是发生在人的生活世界中的审美和伦理的核心价值。

欧洲近代哲学是建立在近代自然科学基础上的。在这个意义上说，它是近代科学文本的哲学"译文"。柯林武德说："如果说17世纪的哲学是清理17世纪的自然科学，那么'20世纪哲学的主要任务就是要清理20世纪的史学'。""所以，在斯宾诺莎时代，科学的哲学已经不再是由其他哲学探讨中分化出来的一个特殊的分支：它已渗透到一切哲学研究，并且产生了一套完全是以科学精神来构思的完整的哲学。"① 英国哲学家沃尔什也指出："近代西方哲学起源于对16世纪晚期和17世纪初期由数学和物理学所做出的非凡进步的反思；而它与自然科学的联系从那时起就始终没有间断。知识本身就等于由科学方法所获得的知识，这个方程式是由笛卡儿和培根的时代到康德的时代几乎每一个主要的哲学家所得出的。"② 因此，这种"以科学精神来构思的"西方近代哲学是知识论哲学。为科学知识的获得提供形而上学的根据，是这种哲学的主要宗旨。

这种哲学把"哲学就是形而上学"作为回答"哲学是什么"问题的唯一答案，也就必然地把这一答案看成了在哲学观上评判哲学的具有普遍性的、唯一的标准和尺度。这就必然得出这样的结论：凡不是以西方的知识论的、实体论的范式存在的"非形而上学"的思想或观念都不是哲学。这种哲学观是一种"欧洲中心论"的哲学观，它完全否定了其他民族的"以人文精神来构思的"的哲学（其中也包括中国哲学）的存在合法性。它的结论是：只有一种哲学，那就是欧洲的知识论的、实体论的形而上学，其他"哲学"都不是哲学；同样，也只有一种哲学观，那就是建立在欧洲传统形而上学哲学基础上的哲学观（即认为"哲学就是形而上学"的哲学观）。

人文的思想文化是由民族的价值观、思维方式、社会心理、风俗习惯、信仰、传统等文化因素构成的一个自协调性的系统。文化的各个方面

① 柯林武德：《历史的观念》，商务印书馆1997年版，第20、34页。
② 沃尔什：《历史哲学导论》，广西师范大学出版社2001年版，第1—2页。

在相互联系和相互作用中进行系统的自组织，以形成文化的完整的整体性。哲学为文化提供基础性价值观（人生观、审美观、伦理观等），成为一个民族的文化系统的核心和灵魂。与欧洲近代哲学不同，"以人文精神来构思的"中国哲学不是对抽象本体（存在）所做的知识论、实体论的概念分析和逻辑论证，其目标也不是达到对绝对真理的认识，而是追求以"道"为核心的一种"人生境界"。中国哲学不是本体论的，而是境界论的。中国传统文化塑造的是一种人生哲学。它追求的不是对外部对象的认知，而是对人生问题的关切。

所谓境界，是指由心灵超越所达到的一种"意境"。意境是心灵存在的方式。中国哲学的境界论不同于欧洲传统哲学的知识论：知识论是以主客、内外、心物二分为基本前提的，而中国哲学的境界论则是以天人合一、心物合一为价值指向的。天人合一的境界就是中国哲学的最高境界。

只要承认了哲学同文化的内在联系，也就同时承认了哲学同民族的内在联系。不同民族有不同的文化，不同的文化直接影响着不同民族的思维方式和价值观，因而不同民族就有不同的哲学。中国哲学是同中国的文化相联系的。只要在哲学观上承认了哲学同文化的联系，也就承认了中国哲学的存在合法性。

三 欧洲中心论的哲学观在中国的泛滥

坚持哲学的文化本性才能突破欧洲中心论的哲学观。任何现实存在（而不是臆想）的哲学，都是以特定的民族文化为背景的有个性的特殊哲学。没有超民族的"一般哲学"、"理想哲学"的存在。哲学是文化的核心和灵魂，文化是哲学得以存在的"文化背景"，是哲学得以生存的"家"。失去文化背景，哲学也必将失去其生命而成为一个无家可归的孤魂野鬼或幽灵。任何民族的思想文化，都是建立在这个民族的生存方式基础上的，对这个民族来说都是最好的文化；同样，任何民族的哲学，也都是生存于这个民族的文化家园里的最好的哲学。不同民族的不同文化和不同哲学之间没有高低贵贱之分，它们对于自己的民族来说都是最好的。欧洲中心论是哲学观，就是坚持把欧洲哲学看成是最好的哲学，把欧洲哲学观看成是评判其他民族哲学的尺度的一种哲学观。按照这种哲学观，只有欧洲有哲学，其他民族的哲学或者都不是哲学，或者是只有按照欧洲哲学改造后才可被称为哲学。这种欧洲中心的哲学观，是一种霸权主义的哲学观，它已经成为中国哲学和其他民族哲学研究的最主要的障碍。欧洲中心论哲学观，就是套在中国和其他民族文化和哲学脖子上的一根绳索，不消除这根绳索，就没有中国和其他民族的哲学的生存空间。因此，要争得中国哲学存在的合法性，就必须推倒欧洲中心论的哲学观。

欧洲中心论的哲学观在中国也有广泛的影响。我国一些崇尚西方哲学的学者，根据这种哲学观，得出了"中国无哲学"的结论，直接否定了中国哲学存在的合法性。另有一些人虽然表面上承认中国有哲学，但是却认为中国哲学是一种比较低级的不好的哲学。人们列举了中国哲学的"缺陷"：第一，中国哲学没有精确的概念分析、严密的逻辑论证。第二，中国哲学没有系统，只有一些零散的哲学命题的堆积。这种观点仍然是站在"欧洲中心论的哲学观"的立场上评价和指责中国哲学的。如果站在欧洲哲学的立场上，根据欧洲哲学的特点要求中国哲学的话，那么，这些确实是中国哲学"缺点"。但是，如果我们站在中国哲学的立场来评价中国哲学的话，那么，这些被指责的"缺点"就不仅不是中国哲学的缺点，而且正是中国哲学的优点。首先，欧洲近代哲学是知识论的。精确的概念、严密的逻辑是保证这种知识论哲学得以存在的基本手段。但是，中国哲学却不是知识论的，而是境界论的。正如冯友兰所说："中国哲学的传统，它的功用不在于增加积极的知识，而在于提高心灵的境界——达到超乎现世的境界，获得高于道德价值的价值。"[①] 如果说欧洲哲学是一种由概念和逻辑构成的"有言的知识系统"的话，那么，中国哲学则是一种无须精确概念和严密逻辑的"无言的境界"。中国哲学追求的这种人生境界，不是对外部世界的认知，而是对人生的体验、感悟、反省（不是反思）。在这个意义上说，中国哲学不是通过"认识"达到对外部世界的"知"，而是通过"悟"达到内心的"觉"。这也就是我们常说的"觉悟"。这种"悟—觉"是不能也不需要用概念清晰表达的。中国哲学的特点正是"此处无言胜有言"。"道可道，非常道"，因为"道"本不可"道"（说）。欧洲的知识论哲学用清晰的概念和严密的逻辑力图把一个概念说清楚，然而，也正是因为它说得太清楚了，它也就成了"确定"的知识，容不得再做文字外的想象与发挥。然而，中国哲学的这种"无言的境界"却是开放的，它

---

① 冯友兰：《中国哲学简史》，北京大学出版社 1996 年版，第 4 页。

为我们的"再体验"、"再感悟"留下了广阔的余地。所以中国哲学家说:"书不尽言,言不尽意"(《周易·系辞上》),"不着一字,尽得风流"(《诗品·含蓄》)。正因为中国哲学不是用清晰的概念和严密的逻辑构造出来的,所以有人说中国哲学没有系统。而实际上,中国哲学只是没有由概念和逻辑构成的"形式上的系统",中国哲学也不需要这样的系统。中国哲学的德性(道德)、美趣(审美)和智悟(不是知识论的"知",而是一种表现在感悟中的智慧),却是在"道"这一核心价值支配下的一个"无形的"、"实质上的系统"。

按照欧洲哲学的尺度对中国哲学进行解释和改造,也是以欧洲中心论的哲学观研究中国哲学时的突出表现之一。有些研究西方哲学的学者,虽然在口头上承认中国有哲学,但他们实际上承认的"中国哲学"却是按照欧洲哲学的标准对中国哲学进行改造后形成的一个不中不西、不土不洋的"假洋鬼子"。例如,人们用欧洲知识论哲学的"规律"、"逻各斯"等概念来解释中国哲学的核心概念——"道",把老子的"道论"说成是中国哲学的"本体论"。这实际上是用欧洲哲学的"知识论"、实体论的"本体论"取代中国哲学的境界论的"道论"。中国哲学的"道论"和西方哲学的"存在论"本来就不是同一个种类的哲学,二者之间不能相互解释,因为在它们之间存在着一个难以逾越的文化屏障。"道"不是在人的生存实践之外的抽象实体,而是在人的生存实践之中存在的一种人生境界。这个"道"是通过人的"悟—觉"获得,并在生活实践中得以实现的。这是一个天人合一的过程。我们只能通过各种各样的生活实践去体验"道"——喝茶有"茶道",插花有"花道",行医有"医道",做官有"为官之道"。这些都是"为人之道"、"人生之道"。"道"是人体验和感悟人生达到的一种境界,而不是靠认知得到的关于外部世界的客观知识。把中国哲学的不可言说的境界论的"道"改造成一个需要用概念和逻辑表达的实体论、知识论的存在论(本体论)的概念,这等于是把穿着中国马甲和粗布长衫的老子打扮成了一个身穿西服、脚蹬皮靴的德国老头。

总之,中国有自己特定的民族文化以及作为这种文化的灵魂的特殊的哲学。中国哲学有中国哲学的独特的问题、对问题的理解和解决方式。我们既不能因为中国哲学与欧洲哲学不同就霸道地否定中国哲学存在的合法性,也不能按照欧洲哲学的范式去理解和修理中国哲学。

重建中国学术的通性基础

北京师范大学哲学与社会学学院　李景林

　　20 世纪初以来，中国学界出现过两次可以称作是"国学热"的学术思潮：一是民国初年兴起的研究国学和整理国故运动，一是近年来有关"国学"的讨论。近年来有关"国学"的讨论，是中国学术文化在新的历史条件下的一种自我反思，它标志着中国学术文化在思想和理论层面上的一种自觉，与 20 世纪初叶的"国学热"，意义有所不同。民初的国学思潮，其着重点在于回应"西学"的挑战，以达成中国学术的现代转型；21 世纪初兴起的"国学热"，其指向乃在于中国学术文化之独特性或主体性的重建。从长时段的角度看，二者虽指向略异，其本旨却可以互通。把二者结合起来，才能较好地理解国学的意义，并合理地把握其学术的定位。

　　民初的国学研究和"整理国故运动"，提出以"科学的方法整理国故"，体现了当时中国传统学术文化面临现代转型这一必然的趋势。当时学者对所谓"国学"、"国故学"等概念的笼统和含糊性颇为不满[1]，认为中国传统学术文化或"国故"，虽包含科学的"原料"或数据，却缺乏科学的系统与方法，因而主张用西方现代的学术规范和学科模式，对中国传统学术文化进行分类的研究。这一运动，对国学研究的分科化

---

　　[1]　许啸天在其所编辑的《国故学讨论集》的序言中，认为"国学"、"国故学"、"六艺之学"、"经史之学"、"诸子百家之学"等概念模糊而无系统，表明中国"没有一种有系统的学问"，颇以之为耻。他甚至多处用"大耻辱"、"羞死了"、"劣性"、"滑稽"这样的情绪化字眼来表达这种不满。这确实表现了当时学者某种普遍的情绪。见许啸天编《国故学讨论集·新序》，上海书店 1991 年版（据群学社 1927 年版影印）。

趋势有清醒的认识，对中国传统学术研究的现代转型起到了重要的推动作用。①　驯致今日，一个以西方学术分类为范式的中国传统学术文化研究的现代转型和学科体系已近乎完成。这一学术转型和新的学科体系的建立，是中国学术文化走向现代、面向世界的一个必经阶段，具有重要的历史意义。它为中国学术文化在现代层面上达成与西方学术文化的交流与沟通，从而参与世界思想学术创造的进程提供了可能性。但是，这一学术转型同时也给中国传统学术的研究带来了一些亟待解决的问题。

现代以来，西方学术文化处于具有话语霸权的优势地位。现代学者处理中西学术文化的关系，常有意无意间将中西的关系理解为"古今"的关系，因而，倾向于把"国学"仅仅看作用西方现代科学方法对存在于"过去"的客观历史资料的分析和整理的工作。胡适在《〈国学季刊〉发刊宣言》里说："'国学'在我们的眼里，只是'国故学'的缩写。中国的一切过去的文化历史，都是我们的'国故'；研究这一切过去的历史文化的学问，就是'国故学'，省称为'国学'。"又："'国故学'的使命是整理中国一切文化历史。"②　就概念的外延来说，所谓"国学"，即有关中国固有学术和历史文化的学问，此点应无疑义。但是，"过去的"这种过去时的表述，显然是把国学仅仅理解为对客观历史材料的分析或整理，而非基于历史文化连续性的一种重建工作。曹聚仁先生在《国故学之意义与价值》一文中，对"国故"与"国故学"概念做出了界定。谓"国故者，五千年间中华民族之结晶思想也"。"国故学"乃以"国故"为对象。"国故"本无系统，无学术可言，仅可谓是学术之资料。"国故学者，以'国故'为研究对象，而以科学方法处理之，使成为一科学也。"而此"国故学"所成就之"科学"，即由科学方法处理"国故"所成之"哲学，教育学，人生哲学，政治学，文学，经济学，史学，自然科学"的系统。③　视中国传统学术或"国故"为一种客观的历史资料而对之加以科学的研究，成为当时国学学者一个相当普遍的观念。

---

①　参阅卢毅《"整理国故运动"与国学研究的学科重建》一文，《福建论坛》（人文社会科学版）2004 年第 6 期。

②　刘梦溪主编：《中国现代学术经典·胡适卷》，河北教育出版社 1996 年版，第 703 页。

③　见许啸天编《国故学讨论集》，第 61、64、74 页。

　　学术文化具有客观的普适性①，对它做客观知识性的研究，当然十分必要。在现代化乃至"全球化"的历史境域中，这种客观知识性研究的层面尤其受到中国学界的重视。学者亦常据"学术无国界"一观念对"国学"提出质疑。但是，学术文化的客观普适性意义，并非一种知识层面上的抽象同构型。不同的文化系统，各有其自身的个性和特殊性；同时，亦必有相应的学术为其头脑和灵魂，因而具有自身理性的规定。由此，学术文化的客观性和普适性，应理解为一种差异实现前提下的互通性，或者说，一种学术文化系统的存在，总表现为一个属于自己的特殊实存且亦向他者敞开的境域。绝对自我封闭的学术文化系统不可能存在，同样，亦不存在一个独立于各种特殊学术文化实存的同构型的学术文化体系。这样一个差异互通的"通"性，乃是一种学术文化系统建立其主体性自我认同，并超越性地与其他学术文化系统相融通的赋义基础和原创性的本原。一种学术文化的观念，总是与特殊的历史传统相关联而具有整体性的生命意义。从这个角度来看，学术文化的"通"性基础，乃存在于一个不断返归自身历史传统的当代性重建的过程中，表现为一种历史性与当代性的统一。因此，仅仅把中国传统学术文化理解为过去时态的历史资料研究的"国学"，还不能看作真正的、完全意义上的"国学"。

　　不同学术文化体系皆由其"通"性作为自身原初的赋义基础。但是，这"通"性的基础却有不同的表现形式。钱穆先生对此有很精辟的论述②。其《现代中国学术论衡·序》说："文化异，斯学术亦异。中国重和合，西方重分别。民国以来，中国学术界分门别类，务为专家，与中国传统通人通儒之学大相违异。循至返读古籍，格不相入。"③ 中国学术这个重"通"的特性就表现在："中国传统，重视其人所为之学，而更重视为此学

----

　　① 在我看来，学术文化意义上的客观普遍性，是一种差异成就前提下的互通性，它区别于科学、技术、知识意义上的普遍性。为避免二者在概念上的混淆，本文论"国学"的客观普遍性意义，用"普适性"而不用"普遍性"。

　　② 或有学者引钱穆先生早年著作《国学概论》"'国学'之名，前既无承，将来亦恐不立"之语，认为钱先生对国学概念持怀疑态度。其实不然。其《国学概论》此语，只是说"国学"之范围，不易界定。其在晚年出版的《中国学术通义·序》（学生书局1975年版，第5页）中明言："本书取名中国学术通义，亦可简称国学通义。乃汇集…来港台近三十年中所为杂文之有关讨论中国传统学术之独特性所在者。"这说明，凸显"国学"或中国传统学术之独特性的意义，乃其一生所关注的问题。

　　③ 钱穆：《现代中国学术论衡·序》，生活·读书·新知三联书店2001年版，第1页。

之人。中国传统，每认为学属于人，而非人属于学。故人为学，必能以人为主而学为从。当以人为学之中心，而不以学为人之中心。故中国学术乃亦尚通不尚专。既贵其学之能专，尤更贵其人之能通。故学问所尚，在能完成人人之德性，而不尚为学术分门类，使人人获有其部分之智识。"① 学术是文化体系之理性的规定，有理性当然有区分。中国学术有其自身的区分性，但其所重乃在于"通"。这个重"通"，一方面表现在对学术内部整体性的重视；但其核心点却在于人的德性和存在之完成，故其虽有专门专家之学，而不碍其为"通"。这个"通"的精神，由是而成为内蕴于中国传统学术体系自身中的一种伦理道德精神和教化的理念，而未独立为一宗教的系统。钱穆先生所谓"中国宗教，亦同在此文化大系中，而可不别成为一体"②，讲的就是这个道理。西方学术"重分别"，然其并非无其"通"性的基础。近代以来的西方思想，强调事实与价值、真理与信仰的区分，这一方面使学术趋于知识化和工具化，同时，也促使其宗教的事务与政治、学术分途而构成为一独立的系统。由是，宗教的精神乃作为学者个体内在精神生活的事务，而贯注和影响于其学术的系统及其创造的活动。故其学术虽"重分别"，然仍内涵一"通"的精神为其内在的基础。这样一来，单取西方"重分别"的学术模式来规划中国学术，必然会对其价值系统和"通"性基础造成巨大的冲击。

在中国历史上，"国学"这种"通人通儒"的精神，使它不局限为一种现代知识形态意义上的"学"，同时，亦经由"礼乐"这种普泛的教化和生活样式而与社会生活密切相关，具有社会教化理念和形上价值基础的作用。现代以来，中国学术层面的现代转型，表现为一个朝向西方学术的分科化、知识化和学院化的转变过程。20世纪20年代，胡适先生曾提出国学研究的三个方向和目标："第一，用历史的眼光扩大国学研究的范围。第二，用系统的整理来部勒国学研究的数据。第三，用比较的研究来帮助国学的材料的整理与解释。"③ 经历八十多年的努力，中国传统学术和历史文化研究在这一历史资料挖掘整理、分类研究的知识化方向上取得了巨大的成就。但是，它同时也带来了一些负面的结果。如果说，这一方向初起

① 钱穆：《中国学术通义·序》，学生书局1975年版，第4页。
② 钱穆：《现代中国学术论衡》，生活·读书·新知三联书店2001年版，第20页。
③ 胡适：《〈国学季刊〉发刊宣言》，见刘梦溪主编《中国现代学术经典·胡适卷》，河北教育出版社1996年版，第711页。

的学术，由于学者自身历史传统之深厚学养和文化人格的支撑而不失其作为中国学术之个性的话，那么，随着学科分化的推进，新的学科体制的初步完成，学者在学养和人格上与自身历史传统的日益疏离，中国传统学术的研究亦渐失其作为中国学术自身的精神本质和文化特性。另一方面，学术研究退居学院化一端，成为"过去时"意义上的历史知识，亦使中国学术逐渐缺失了其应有的思想性和"当代性"的意义，失去了它与社会和民众生活的关联性。在社会生活中，长期以来，反传统和激进主义成为占据主流的地位的文化思潮，中国社会生活样式的历史连续性亦发生断裂。政治意识形态作为凝聚社会和教化的主导力量，构成了一种中国现代社会长期不间断的"革命"时代特殊的"非典"现象。这诸多方面的因素结合起来，就造成了中国现代社会之"通"性基础和价值系统的失位状况。

与 20 世纪初的国学思潮不同的是，近年所兴起的"国学热"，并不局限于学院学术的领域，而是表现为一种社会的整体效应。20 世纪末叶以来，中国社会出现了一个值得注意的现象，就是在间断了半个多世纪之后，我国传统的民间学术再度兴起。各种诸如书院、精舍、学会、讲堂、国学网站等民间性的传统学术组织纷纷恢复或建立；各类诸如读经、讲学、会讲、法会、沙龙等民间性传统学术活动，亦十分活跃。在一些地方，国学作为"校本课程"已开始进入中小学课堂，对青少年的素质和道德教育起到了良好的作用。一些国学研究学者参与民间讲学，借助大众传播媒体，一时形成了一个为社会民众所广泛认可的学术明星群体。在当前这样一个消费至上、物欲横流的时代，为普罗大众所广泛认可的国学学术明星的出现，正表现了社会民众之民族历史文化认同意识的觉醒。"5·12"汶川大地震，举国共赴国难、万众一心的救灾行动，让中国人充分地以自身传统的方式展现了人性的普遍之美与善。北京奥运会开幕式，以现代尖端的科技手段，从文字、礼乐、艺术、丝路等方面，向世界展示了一个大气磅礴、美轮美奂的中国历史文化画卷。其对中国文化历史的理解虽不无瑕疵，但这样的奥运会开幕式主题足可表明，一个面向现代世界的新中国，已开始拥有了相当的文化自信。这在十年以前的中国，还是一件不可想象的事情。中国社会和民众的文化意识，似乎在一夜之间突然发生了根本性的转变。它已经开始摆脱近百年来中国社会占主流地位的文化激进主义和虚无主义羁绊，而在同时生长出一种对自身文化历史认同和精神本质回归的渴求。

　　在学院学术领域内所发生的国学热，既可视为上述社会整体文化意识转变之一部分，同时，它在理论和学术上所具有的话语权，使得它的学术活动更能凸显出这一国学思潮的精神特质。近年来，大学和各社会科学研究机构纷纷成立国学院、所（如中国人民大学国学院），儒学院、所（如政法大学国际儒学院）及各类有关国学的教学研究机构、学术社团，设立国学的研究课题（如大型儒家经典《儒藏》的立项和编纂），编辑出版国学研究著作和刊物，召开各种有关的学术会议，这是近年来学院学术内部国学思潮之显性的方面。而其内在的学术指向，则是寻求中国学术文化的个性和主体性重构。近年普遍兴起的民间学术，其自由讲学之风，影响到学院学术，学院学术亦逐渐摆脱单一外在化的僵硬模式，获得一定程度的自由讲学、自由思考的学术精神，学院学术正呈现出一种逐步"民间化"的趋势。随着中国经济崛起，国力渐强，社会整体文化意识的转变，学者亦增强了自身的社会关怀、文化自信和对历史传统的认同意识。强调应根据中国自身的文化传统和历史经验来制定新的社会科学法则，形成中国学术思想自身独特的研究、诠释、表述方式和内在方法，甚至要"汉话汉说"、"以中解中"①，成为此次"国学热"的一个根本的学术要求和思想理论指向。

　　在中国历史上，"国学"虽有其"实"，却无其"名"。或有学者据此而质疑国学，认为"国学"作为一种"学"，不能成立。究实言之，历史上无"国学"之名，乃因彼时的国学，实为唯一的学术或学术的全体，在"国学"之外，并无其他学术。对彼而有此，对人而有我。缺少这样一个他者，中国学术亦不能成为一个主题化的反思对象。近代以来，对西学而有"中学"或"国学"之名，中国学术文化或"国学"由是而凸显为一主题，成为一个反思的对象。中国传统学术文化成为主题化的反思对象而有"国学"之名，既是一种危机的悬临，亦是它获得某种突破性发展的机缘。

　　一种学术文化，有其特殊的存在，亦有其普适性的层面；保持在这两极互通的动态张力关系中，并不断张大其普适性的内涵和范围，它才能具有其现实性的存在和原创性的活力。我们说中国传统学术在历史上是一个

---

　　① 参见陈明、周瑾《范式转换：超越中西比较——中国哲学合法性危机的儒者之思》，《文化中国》2006 年第 2 期。

没有"他者"的学术的全体，但这并不排除在它的内部，各部分之间可以互为"他者"。譬如，儒学发端于洙泗之间，本是一个有自身地域性和学术流派限制的定在，而经孔子及其后学，孟荀诸大儒的教化弘扬，至西汉乃定为一尊，逐渐成为中国学术文化的主导性价值。其后在长期的历史过程中，渐次化及东亚诸国，更成为在广大国际区域内的一种普适性价值理念。在这个过程中，杨墨之于孟子，法家黄老之于汉儒，释老之于宋明儒，皆作为一种"他者"，构成了儒学自我反思、分化、突破重建并不断达成自身超越和普适化的因缘与推动力。

但我们应当看到，在中国历史上，从未有一种具有绝对话语霸权的、作为异质学术文化的"他者"，能够打断"国学"的历史连续性而使之屈尊为自己的一种知识和数据①。清末民初的国学研究和整理国故运动，是中国学术文化首次面对一个异质性强势文化的冲击，而将"国学"作为整体加以"主题化"的一种反思。在这种情势下，中国传统学术不可能"全身而退"。后退性的自保将导致一种自处于世界学术文化发展进程之外的自我封闭状态。依照西方学术这一外在的模式对"国学"进行重新界定和分类研究，似乎成为中国传统学术文化现代转型、由之而对现代世界敞开自身的一个必然开端。这种分科化是国学作为一个整体的对象性敞开的活动。但是，在停滞于并将这种对象化活动推至极端时，同样亦会走向它的反面，导致另一种形式的封闭性。当我们把中国思想的研究仅仅局限于讨论孔子是否一个唯心论者或奴隶主阶级的代言者，把中国历史研究的眼光局限于社会形态划分的讨论时，"国学"实质上已在一种更坏的方式中被屏蔽了（这当然只是一种极端的状况）。《易》曰："不远复，无祗悔。"②近年所兴起的"国学热"，其学术方向乃指向一种学科的整合性和中国学术文化内在精神的回归，正所谓"不远而复"，具有深刻的学术和文化意义。

这样看来，从 20 世纪初到 21 世纪初百年间所兴起的两度国学思潮，乃是中国学术文化实现现代转型并获得其新生命的两个必经的阶段。二者的学术指向有异，但却各在其对方中有自身的根据，并不互相排斥。

---

① 佛教初来，当然是一个异质的"他者"。但它作为一个弱者及其出世的精神，只能在有限的层面和范围对中国学术文化产生一定的影响。

② 《周易·复卦》初九爻辞。

今所说国学的重建或"复兴",并不是打碎各"学科"的另起炉灶,亦不能理解为要在诸如中国哲学、中国文学、中国史学、中国艺术、中国政治学、中国宗教学等有关学科之外另设一"国学学科",它所指向的只是一种意义的转变,即在中国学术之"通"性精神重建的基础上,使上述诸学术领域达成一种"国学"之为国学的意义内涵的充盈和精神本质之回复。

目前各大学所建立的国学院、所,亦不应被视为各中国学术分科之外的一个新学科。从历史上看,一种学术文化总有一定的体制形态作为其文脉保任存续之所。基督教之宗教社团和教会,佛道之坛场道场,皆可视为这种文脉存续的体制形式。中国历史上的官私教育机构,尤其民间的书院体制,更以其注重修身成德、人格教化的宗旨,具有这种文脉保任存续之所的作用。在现代分工的条件和学院体制下,一种文脉存续的体制保证更是不可缺少。当然,在中国社会,未来这种体制的形式如何,须有一个形成的过程,不宜妄加推断。但这应是目前大学国学院、所和民间书院、讲堂等各种学术机构的一个努力方向。它应该成为一个各学科学者消解学科壁垒,直接面对经典,形成核心话题,凝聚共通视域,尚友往圣先贤,体认传统整体人文教养的一个"虚体",而不应成为一个专业学科性的"实体"。在这种"虚"与"实"的互动中,那作为各别形态的学科,才能逐渐保有中国学术整体的精神内涵而构成为"国学"的一种内在成分。

中国传统学术的现代转型,以分科化和知识化始,而必以其原初赋义基础和其"通"性精神的重建终,才能达到它的最终实现和完成。

关于儒学的几个重要问题

吉林省社会科学院　　邵汉明

何谓儒学？儒学的地位如何？如何对待儒学？儒学如何发展？这些都是很大的问题，也是至关重要的问题，每个问题都可以作一篇大文章，不过这里，我只想大题小作，略抒管见，以就教于方家同人。

一　何谓儒学

要想解答什么是儒学，先要弄清什么是"儒"？何谓"儒"呢？传统的解释：儒是一种职业，即从事"相礼"的工作。在古代，祭祀是一项十分普遍、十分重要的活动，而祭祀仪式离不开礼，要严格依礼来进行。祭祖、祭天、祭神等祭祀仪式都有十分复杂的礼仪规定：有哪些步骤？哪些人物参加？不同的角色穿什么样的祭服？站何位置？说什么话？都有讲究。一般人主持不了这样的仪式，非从事"相礼"的儒出来主持不可。不仅如此，部落、国家的重大政治活动和社会活动，也都有种种仪式，如对外发动战事，如部落酋长或国君的婚礼、丧礼大典，等等，儒的介入和参与，都是不可或缺的。儒在后来的演变发展，其内涵逐渐泛化，一般的读书人、有知识有文化的人皆可称之为儒。

这是传统从职业及其演变的角度对儒作出考察得出的认识。这里我们再从"儒"的字形结构来看，"儒"，左侧"亻"，右侧"需"，人的需要。这就意味着，一方面，儒是关心、关注和研究人的需要、人的各种问题的；另一方面，也意味着儒经过思考和研究所得到的关于人的认识和思想是人所需要的，人的生存和发展需要这种认识和思想的滋养和指导。

对于儒的如上考察和把握对于我们理解什么是儒学是有帮助的。那么，何谓儒学呢？从历史的角度看，儒学是孔子所创立、孟子所发展、荀子所集大成、其后绵延不绝，及今仍有一定生命力的学术流派。这一定位是没有毛病的。不过，学界更多的是从儒学的内涵或学术旨趣来把握儒学，有说儒学是心性之学，有说儒学是人学，有说儒学是一种政治哲学，有说儒学是一种伦理道德哲学，等等。凡此种种说法，无疑都有其成立的理由，很难说哪一种说法绝对的合理、科学，哪一种说法绝对的不合理、不科学。照我对儒学的认识和把握，我想说，儒学既是安身立命之学，更是经世致用之学，是二者的有机统一。

儒学作为一种安身立命之学，所突出的是儒学的"内圣"层面，所解决的是人的精神生活、精神境界、精神寄托、精神安顿问题，也就是我们现在常说的精神家园问题。党的"十七大"报告提出构建中华民族共有的精神家园。笔者坚信，构建精神家园，儒学可以提供积极而丰富的思想资源。孔子讲"乐道"，讲"乐以忘忧"、"不知老之将至"；孟子讲"养心"，讲"收其放心"，讲"理义之悦我心，犹刍豢之悦我口"，皆在追求精神生活、道德生活的满足，皆在致力于精神境界、道德境界的提升，并从此种满足与提升中获得精神的愉快。

儒学作为一种经世致用之学，所突出的是儒学的"外王"层面，所要解决的是经济发展和社会进步问题，是人的物质生活、政治生活和社会生活问题。儒家特别强调"学以致用"，强调"兼善天下"，强调"立人达人"。孔子云："士而怀居，不足以为士也。"（《论语·宪问》）"怀居"即所谓"怀安"；"士"者，事也。孔子的意思是说，作为一个有理想有抱负的知识分子，理当用自己的理想去引领社会，用自己的思想去影响社会，用自己的作为去改进社会；理当走向社会，服务于社会，为社会为国家为民族作出自己的努力和贡献，否则，饱食终日，无所用心，贪图安逸，就不配做一个知识分子。孔子弟子子夏还说过一句十分著名的话："学而优则仕。"（《论语·子张》）表面上看，这是提倡一种读书做官论，然究其实质而言，这却是儒家入世品格和用世精神的最通俗的表达。在一定意义上，入世和用世是儒之为儒的关节点。在天下无道的现实面前，以道家为代表的隐者认为洁身自好才是明智的选择，以孔子为代表的儒家则认为，正因其天下无道，才有变革现实的必要，在变乱世为治世、变无道为有道的过程中，人生才凸显出其意义与价值。

二 如何看待儒学的地位

关于儒学的地位，这是个老问题，却又是个不容回避的问题，仍有必要作出新的解答。

传统的看法，有所谓儒学主干说，即儒学是中国文化、中国哲学的主干，在中国历史上具有不容动摇的主流地位。这一认识恒久而不变，直至20 世纪 80 年代中后期，开始受到质疑和挑战，周玉燕、吴德勤首倡道家主干说，而陈鼓应先生更是力倡道家主干说。陈的认识在学术界产生较大反响，引起广泛的争议。总的来看，除个别论者附和之外，绝大多数论者并不认同这种认识，更有许多论者纷纷提出质疑。这种争议、质疑和讨论的情况，笔者在《中国文化研究 30 年》一书的首章《道家文化研究》中曾作出详尽的梳理和总结，此不赘述。

照笔者的意见，简单地提倡传统的儒学主干说，抑或提倡新近的道学主干说，皆有一定的理由，然又皆不合适，说严重点，皆不符合历史的客观实际。笔者认为，如果一定要用"主干"这个词，那也是儒道互补、儒道交替主干说比较稳妥、比较切近历史实际。在中国历史上，自儒学、道学产生之后，它们对中国社会、中国文化所产生的影响是巨大而深远的，可以说，正是老庄所创立的道学和孔孟所创立的儒学，一隐一显，共同浇灌了中国社会和中国文化的深厚土壤，共同铸就了中华民族的文化性格。儒学、道学都是中国文化的"根"，都具有"根"的地位，我们今天要寻根，或许必须从儒学、道学中去寻。

说到儒道互补，这是从儒学、道学产生、形成之时即已开始出现的文化现象，儒家的创始人孔子即向道家的创始人老子求教过关于礼的问题。其后这种互补就一直未曾间断过。互补的形式，可以是以儒补道，可视为道学的儒学化；也可以是以道补儒，可视为儒学的道学化。儒学的道学化和道学的儒学化，这是两个过程、双向的过程，不是一个过程、单向的过程。我们观察历史上的文化现象，观察儒学、道学的历史演进、历史发展，要看到这样一种复杂情况，要尽可能全面，否则只知其一，不知其二，必然陷于以偏概全，得出错误的认识。总之，历史上的儒学、道学的关系，是相互对立、相互颉颃、相互刺激、相互吸收、相互补充的关系，这就造成既各个不同，又你中有我、我中有你。儒学、道学正是在这种相互颉颃、刺激、吸收、补充中不断向前发展、不断使自身得到丰富和提升的。

所谓儒道交替主干，说的是在中国历史上，儒学和道学的作用和影响不是一成不变的，而是处在交替变化之中，在一定的历史时期，是儒学起着主导的作用，在另外的一些历史时期，则是道学起着主导的作用。比如汉初统治者出于与民休养生息的考虑，无不推行黄老无为而治。东汉后期，道家思想开始向道教转化。道教是宗教，重信仰；道家是学术派别，重哲理，因此二者不可混为一谈。但道教不仅讲求神仙方术，同时还以黄老学说为其思想渊源，因此二者又有着不可分割的联系。魏晋时期，出现玄学思潮，玄学家们用老庄思想糅合儒家经义，以代替衰微的两汉经学。以上是道学居于主干地位的几个时期。在另外的一些时期，则显然是儒学居于主流的地位。西汉董仲舒提出"罢黜百家，独尊儒术"，为汉武帝所采纳，致使儒学上升为国家意识，成为统治阶级的意识形态而影响甚巨。而宋明理学虽说是儒释道合流的产物，但儒学的主流地位却是显而易见的。其后数百年，虽亦曾出现反叛儒学的学者和异端思想，但在五四新文化运动兴起之前，儒学的主流地位始终未发生根本的动摇。

三　如何对待儒学

一般而言，从事中国历史、中国哲学史研究的学人大都强调继承儒学，其他领域的人士大都倾向批判儒学。其实，批判、继承不可偏废。儒学中确有众多超时空的在现代仍有其意义和价值的内容，有赖我们根据时代的需要加以继承和改造；儒学中又有一些内容，在历史上可能发挥过积极的作用，尽了它的使命，但在今天看来却已经过时，宜当剔除；儒学中还有一些内容不论从现代来看，还是从历史的角度看，都是不足取的，应当予以批判。所以对待儒学，我们仍然要取批判继承的态度。

张岱年先生在《孔子大辞典·序言》中指出："我们研究孔子，与过去的时代有所不同。在'尊孔'的时代，'以孔子之是非为是非'，削弱了人的独立思考的能力，这样的时代已经过去了。在'批孔'的时期，对于孔子谩骂攻击，表现了对于历史的无知，这样的时代也已过去了。我们现在的任务是如实地理解孔子，正确地评价孔子，也就是对孔子进行科学的研究，批判继承儒学的文化遗产。"① "如实地理解孔子，正确地评价孔子"，"批判继承"，构成当今时代越来越多的人的基本态度和基本立场。尽管要真正做到这一点并非易事，但越来越多的人有了这样的愿望和自觉，还是让人欣慰的。

批判儒学，不是要彻底否定儒学，抛弃儒学，儒学是中国文化的根和基础，斩断这个根和基础，显然是不明智的；同样，继承儒学也不是要从根本上肯定儒学乃至回归儒学，儒学毕竟是古代中国农业社会的产物，如今时代已经大大地向前发展了，儒学在新的历史条件下发挥其应有的作用，需要有新的改变和新的发展。总之，批判儒学，继承儒学，旨在超越儒学。

四　如何发展儒学

中国社会的未来发展，离不开包括儒学在内的传统文化的滋养和作用，这一点已为越来越多的有识之士所普遍接受和认同。那么，儒学自身在未来中国将如何发展，或者说如何继续发挥儒学的积极作用呢？笔者认为，儒学的未来发展、未来前途显然不在儒学地位的刻意拔高或刻意贬低，不在将儒学玄学化或庸俗化，而在实现儒学与马克思主义的结合，实现儒学的大众化、世俗化。

一是儒学与马克思主义的结合、融合。

众所周知，马克思主义在中国经过一百多年的传播发展，已经深入人心，并成为我们的国家意识形态、指导思想；而儒学作为中国文化之"根"或基础，在中国社会几千年的历史发展中曾产生巨大而深远的影响，并且及今仍有它的一定的影响力和生命力。这都是不容忽视的客观的文化存在，必须给予正视。这就给我们提出一个现实而重大的课题，即如何对待和处理儒学与马克思主义的关系。笔者坚信，合则两利，不合则两伤。为什么？因为我们既不能取消也没有必要取消马克思主义在社会政治生活和思想文化领域的主导地位，也不能抹杀儒学在中国文化中的基础地位，不能抹杀儒学对于现实社会改进的意义和价值。同时，中国化的马克思主义——中国特色社会主义理论很大程度上也正是马克思主义与包括儒学在

---

① 张岱年：《孔子大辞典·序言》，上海辞书出版社1993年版。

内的中国传统文化结合或融合的产物。

依笔者的认识和把握，儒学与马克思主义之间还存在许多相通兼容之处，这就为二者的结合或融合提供了内在的思想理论基础。其一，儒学和马克思主义都主张重视人、关心人，都把人看成是一种社会性的类存在，认为人的价值是个体价值和社会价值的统一，而人的社会价值才是人的价值的中心。其二，儒学与马克思主义都强调理想的重要性，儒家的理想是憧憬、向往和追求"天人有道"、"天下为公"的大同社会，这也就是一种尽善尽美的有序的和谐状态；而马克思主义视全人类的解放为无产阶级的历史使命，主张通过不断发展生产力和变革生产关系，最后建立起"自由人的联合体"——共产主义社会，其实质即在于改变人性异化、人为物役的不合理状态，实现每个人的全面自由和高度幸福。其三，儒学的经世致用、力行传统与马克思主义的实践第一观点若合符节。儒家反对为知识而知识、为学问则学问，而主张将知识、学问运用于社会、运用于实际；在知行关系上，突出行的重要性，"学至于行而止矣"，"知之不若行之"。儒家学者大多是力行主义者。而马克思主义哲学的本性即是实践性，从某种意义上说，马克思主义哲学就是实践哲学。其四，儒学的"和而不同"观念与马克思主义的对立统一思想也是可以相通互补的。对立统一，这里不必解释。所谓"和而不同"是针对"同而不和"而言的，"同而不和"即是泯灭了多样性差别性的绝对的同一性，而"和而不同"则是承认和保持多样性差别性的统一性。可见，"和而不同"与对立统一在实质上是一致的。当然，马克思主义和儒学由于产生的时代条件不同，理论来源不同，面临的时代课题不同，二者之间必然存在许多差异。不过，正是这种相通相异的存在，使二者的结合或融合成为必要和可能。总之，儒学与马克思主义的结合或融合，既是马克思主义中国化、民族化的需要，也是儒学自身谋求发展、谋求现代化，使自身得到提升，从而继续发挥作用的内在需要。

二是儒学的大众化、世俗化。

儒学原本就有平民化、大众化的特点，原本就是"极高明而道中庸"的。何谓"极高明而道中庸"呢？"极高明"讲的是，儒学与道学一样，"综罗百代，广博精微"。"综罗百代"是说儒学乃是古往今来历史经验、思想文化的综合、总结，"广博精微"是说儒学内涵丰富，见解深刻。"道中庸"讲的是，儒学贴近生活，贴近实际，贴近大众，很平常，很平实，不是"玄而又玄"的贵族化、玄学化的学问。然而，现在儒学却被一部分学人弄得"玄而又玄"，即高明而不中庸，特别是现代新儒家的努力，强化了儒学的高明的一面，削弱乃至舍弃了儒学的中庸的一面，以致陷入纯粹的形而上学的歧途。这是一种值得注意、亟须纠正的不良倾向。

按笔者的意见，儒学要想为更广泛的普通大众所认同和接受，要想在当今社会、当今世界发挥更大的作用，就必须从形而上落实到形而下，必须跳出"玄学化"的怪圈，必须走出书斋，走向生活，走向实际，走向大众。这样说，并不表明儒学的学理探究不必要，不重要，事实上，正常的儒学的学理探究正是儒学的大众化、世俗化健康发展的前提和基础，没有儒学学理探究的不断深化，儒学的大众化、世俗化便只能是纸上谈兵，或误入庸俗化、低俗化的新的歧途。我想说的是，应有更多的同人来做儒学的大众化、世俗化的工作，这是儒学自身发展的需要，也是中国社会发展的需要。我特别欣赏台湾学者龚鹏程先生将大众化平民化的儒学称之为"生活儒学"，按我的提法，就叫"大众儒学"。愿"生活儒学"、"大众儒学"早日开花结果。

从场有哲学看中国传统哲学的价值论特征

西北政法大学哲学与社会发展学院　赵馥洁

在承认中国古代有哲学（即中国哲学具有"合法性"）的前提下，关于中国传统哲学的特征问题是自五四以来学者们一直争论的重大问题之一。可以说，近百年间的中国哲学研究史就是对中国传统哲学特征不断认识的历史。其间，学者们提出了诸多不同的观点。这些不同观点对我们认识和理解中国传统哲学之特征都有着重要的启发意义，都是中国哲学自我认识的重要成果。然而，一个民族特别是一个历史悠久、文化博厚的民族对自己文化及其哲学的自我认识，永远不会停止，更不会终结。随着世界文化态势的时代性变化，随着民族生存境遇的历史性变迁，随着民族主体认识能力的增强和更新，一个民族对自己文化及其哲学的自我认识必然会面临新的使命。在文化全球化浪潮汹涌澎湃的当今时代，在中华文化复兴的历史关头，我们对中国传统哲学特征的进一步认识和探讨已成为中华民族提高文化自觉性、增强民族自主性的重要内容。这就是进入新世纪后，中国学界热烈争论"中国哲学合法性"、"中国哲学特殊性"的重要背景。

认识和探讨中国哲学的特征，可以有多种视角和方法。唐力权先生创建的场有哲学就为我们认识中国传统哲学之特征提供了一种新的视角和思路。场有哲学是在中西印哲学比较和融合的基础上创立的一个独特的哲学体系，它尽管不能归结为哲学的比较研究，但却蕴涵着丰富而深刻的比较内容。在《周易与怀特海之间——场有哲学序论》一书中，唐力权先生对中国传统哲学的特征提出了一系列独到的见解。这些见解凝结到一点就是他认为中国传统哲学具有两极互相涵摄、同融的生命精神和思维方式。他说："太极图的精义—天地因温的精义—也就是场有哲学的精义。"① 这一"精义"是什么呢？就是相对两极（阴阳、乾坤、曲直、刚柔）的互相涵摄、相互同融。他又说："与西方人比较，中国人擅长的不是控制性的、有执的智慧，而是感通性的、中和性的智慧。"② 场有哲学称此为"感通无隔"、"感一如实"、"同融中道"的心态和思维，并以此与"感异成隔"的西哲、"感同成独"的印哲相区别。这就是说中国哲学的基本特征是融通性。

那么，这种融通性的具体内涵是什么呢？

一　道体:太极与太和的统一

场有哲学的存在论是场有论，它认为人与万物都是"依场而有"的，是"场有"的存在。而宇宙乃是一无限场有，这一无限场有就是场有的本体或道体。它是所有场有者的无限背景。然而，作为宇宙存有本身的道体却是"仪体"与"宜体"的统一体。在《周易》哲学中，"太极"、"太和"两个概念都是指道体（场有自身）而言，在这种意义上，太极就是太和，太和就是太极。"所不同者，'太和'乃是就道体之为'宜体'而言的，而'太极'则是就道体之为'仪体'而言的。"③ 所以，道体（场有自身）是"太极"与"太和"的统一体。也就是说，道体是一个即仪即宜或即宜即仪的统一体。仪为道体之相，宜为道体之性。

由于在中国哲学中"宜"是一个价值范畴，古代哲人常将表达价值的概念如"好"、"义"、"善"、"美"等与"宜"互释。例如："好，犹宜也"（《诗经》注），"善，犹宜也"（《淮南子·说林训》注），"义，宜也。裁制事物使合宜也"（《释名·释言语》），"宜，美也"（《太玄狩》），"宜，义也"（《礼记疏》）。"宜"的本义是"肴"，后来引申为"安适"，《说文》："宜，所安也。"进而引申为"合适"、"适宜"之义。古代学者将"宜"与"好"、"美"、"义"、"善"等互训，包含着一种重要的看法，就是认为价值是一种适宜性的关系，即对象对于人（主体）的适宜性

---

① 唐力权：《周易与怀特海之间——场有哲学序论》，辽宁出版社 1997 年版，第 34 页。
② 同上书，第 309 页。
③ 同上书，第 18 页。

关系。这种看法含义甚深，它体会到了价值关系的重要特征。因此，如果用我们现在流行的哲学术语来阐释，中国传统哲学中的作为道体之"仪"的"太极"是标志宇宙本体的范畴，而作为道体之"宜"的"太和"则是标志价值至境的范畴。至高无上的和谐乃是宇宙本体的固有之"宜"（价值）。

场有哲学所谓的太极与太和的统一深刻地揭示了中国传统哲学中宇宙本体乃是与价值相融通的特征。这种特征蕴涵在中国传统哲学的具体内容之中。中国哲学中标志宇宙本体的有五大范畴，即道、气、无、理、心。这五大范畴，都不是纯粹的本体范畴，而是价值与本体融通的范畴。"道"是道家建构的宇宙本体，老子最早以"道"为最高的哲学范畴，他的"道"，既是"万物之奥"，又是"善人之宝"（《老子·六十二章》）。"万物之奥"是本体义，"善人之宝"是价值义。作为"万物之奥"的本体，"道"指的是天地万物产生、存在、变化的根本依据和普遍规律；作为"善人之宝"的价值，"道"则是指人应该追求的崇高境界和达到的理想目标。作为价值至境，老子赋予"道"以自然、虚静、柔弱、独立等价值品格，因此它是利、真、善、美的统一体。可见，价值至境与宇宙本体在"道"中是融通的。

"无"是魏晋玄学贵无派所设定的宇宙本体，它是对老子"道"本体论的改造。何晏论"无"，明确地将本体与价值合而言之，"天地万物皆以无为为本。无也者，开物成务，无往不存者也。阴阳恃以化生，万物恃以成形，贤者恃以成德，不肖恃以免身。故无之为用，无爵而贵矣！"（《王弼集校释·附录》）"开物成务"、"化生"、"成形"是"无"的本体功能；"成德"、"免身"则是"无"的价值功能。而"贵"乃是对"无"的价值地位的评定。王弼也提出，"以无为体"、"以无为用"不但是万物生成的规律，所谓"无物而不由"；而且是价值实现的信道，所谓"不求而得，不为而成"，既可"得德"，也可"尽德"（《老子注》）。可见，玄学家在"无"中也将价值至境与宇宙本体相融通。

"气"是中国哲学中源远流长的范畴，儒、道两家皆用之。先秦时期，"气"还未上升为本体范畴，道家言"自然之气"，儒家言"浩然之气"。"自然之气"是构成万物的原始材料，不具有价值意味，但"浩然之气"则是"配义与道"、"集义所生"的"至大至刚"的道德精神，纯粹是价值气象。直至北宋，"气"才升华为宇宙本体，张载是哲学史上第一位明确地以气为宇宙本体建构气一元论理论体系的哲学家。他认为气是宇宙万物的本根，而无形的"太虚"是气的本然状态，即所谓"太虚无形，气之本体"（《正蒙·太和》）。张载的"太虚之气"，本体意义昭然，但也并非无价值意味。他说："太虚之气"乃是人性和物性的本原，这种本原之性就是"天性"（"天地之性"），而天性是"无不善"的。张载赋予气的本性以纯善、至善的质量，就把本体范畴和价值范畴合而为一了。此外，张载又以"太和"、"不偏"、"诚明"等词形容"太虚之气"，也蕴涵着鲜明的价值意味。

"理"作为本体范畴，始于北宋二程，完成于南宋朱熹。朱熹认为理是宇宙本体，"宇宙之间，一理而已。天得之而为天，地得之而为地，而凡生于天地之间者，又各得之以为性。"（《读大纪》，《朱文公文集》卷七十）同时，又明确地指出："理便是仁义礼智，""天理只是仁义礼智之总名，仁义礼智便是天理之件数。"（《答何叔京》，《朱文公文集》卷四十）正由于理是仁义礼智之"总名"，所以"理"是"至善"，即最高的价值境界。以本体言之，理是"至极"、"太极"；以价值境界言之，理是"纯善"、"至善"。价值与本体在理本论中融通得紧密无间，合而为一。

南宋陆九渊、明代王阳明都是心本体论的筑构者。他们提出，"宇宙便是吾心，吾心即是宇宙"（《陆九渊集·杂说》），"心者，天地万物之主也"（《王文成公全书·答李明德》），"心外无物，心外无事，心外无理"（同上，《与王纯甫二》）等命题来说明"心"的本体意义，同时，他们也明确地赋予"心"以伦理道德的价值内涵，陆九渊云："仁义者，人之本心也"（《与赵监》），"其本心无有不善"（《与王顺伯（二）》）。王阳明云："心一而已，以其全体恻怛而言，谓之仁；以其得宜而言，谓之义；以其条理而言，谓之理，不可外心以求仁"（《传习录中》）。又云："至善者，心之本体也，心之本体，那有不善?"（《传习录下》）可见，在心本论中，"心"既是天地万物之"主"，又是仁义道德之"本"，既是终极的本体又是至善的境界，总之也是本体与价值的合一。

由此可以看出，中国传统哲学中标志本体的范畴无一不具有价值内涵，无一不是万物根源与价值渊源、宇宙本体与价值至境的融通合一。这种融通合一，是本体价值化和价值本体化的结果。场有哲学的"太极"与"太和"的融通合一观念，为我们认识中国哲学本体与价值的融通合一提供了新的视角。

二 人：根身与道身的融通

中国传统哲学的人论也体现了这一基本特征。唐力权先生在《周易与怀特海之间——场有哲学序论》一书中说："根身与道身的异化与二元对立在西方和印度哲学思想里的表现乃是哲学史家所公认的。""在这两大哲学传统里，道身的形上姿态——作为承义体的精神生命——乃是在对根身或肉体的敌视或卑视的态度上建立起来的。这种对根身或肉体的敌视、卑视的态度在中国感一如实的哲学传统里是根本上不存在的或最低限度是不明显的。"又说："根身与道身的异化和二元对立不只在儒家思想里不存在，在道家思想里更不可见。"① 这就明显地指出：西方哲学认为根身与道身是对立的，而中国哲学认为二者是统一的。中国哲学以根身与道身的统一为特征，而西方哲学以二者的对立为特征。

根身与道身的统一其含义是什么呢？根身就是我们直立行走的形躯。在唐先生看来泰古哲学在其本质上是根身性相学，是"依身起念"的学问。人与宇宙万物都是"依场而有"的，都是"场有"的存在。生存于场有中的人的精神生命面对宇宙人生所采取的基本态度就是人的"形上姿态"。形上姿态虽然不是人的形躯所呈现的姿态，而是人的精神姿态，但它却是以形躯为基础的，是依于形躯而有的一种灵明作用。因此，这种灵明作用就是人的精神生命。相对于肉体形躯生命之"根身"而言，人的精神生命就是"道身"。于是，道身与根身之间就形成了一种既超越又依存的关系。道身对于根身的这种既超越又依存的关系，唐先生称为"超切"。他说："超切就是既超越而又亲切不离的意思。"②

人类泰古哲学既是根身性相学，那么根身与道身的关系问题乃是各种哲学传统所面对的共同问题。然而，面对此共同问题不同哲学传统的处理方式却并不相同。西方哲学以感异成隔的方式看待和处理二者之关系，由此而将二者安置于二元对立之中；中国哲学以感一如实的态度对待二者关系，由此认为二者是辩证统一的（"超切"）。根身与道身之关系实质上就

① 唐力权：《周易与怀特海之间——场有哲学序论》，辽宁大学出版社 1992 年版，第 137 页。

② 同上书，第 134 页。

是人的自然肉体生命与价值精神生命的关系。所以，坚持根身与道身统一性以及道身对于根身的"超切"性表明，中国传统哲学具有人的自然肉体生命与价值精神生命相融通并且价值生命高于肉体生命的鲜明特征。这一特征在中国哲学中的具体表现是：

1. "杀身成仁"。在先秦哲学中，道家追求人的自然生命的延长，弘扬"长生久视"之道，认为生命有宝贵的价值。墨家和儒家都认为人除了重视生命之外，还应重视社会道义价值。并特别指出生命价值是由道义所赋予的，如果离开了道义，生命本身就失去了价值，于是，他们都主张把生命成长和价值追求二者统一起来。尤其是儒家哲人，对这个问题的阐发相当充分。儒家认为，人的一生不只是肉体生命的成长过程，同时也是人生价值的开拓、追求和实现的过程。孟子提出，如果以肉体生命为人生的最高价值，那么人就会为了保全生命而无所不为，为了享乐生命而无恶不作。由此，孔、孟提出仁义价值高于生命价值，当仁义与生命发生冲突时，人应该"杀身成仁"、"舍生取义"；人的一生就是弘扬和实现仁义价值的过程，就是"修身、齐家、治国、平天下"的一生。

2. "以德润身"。儒家非常珍视人的身体价值，但更重视身体承载的道德价值，主张将二者统一起来，并认为"立身行道"、"以德润身"具有终极意义。《孝经》云："身体发肤，受之父母，不敢毁伤，孝之始也。立身行道，扬名于后世，以显父母，孝之终也。"《大学》则明确提出"以德润身"的命题，曰："富润屋，德润身，心宽体胖，故君子必诚其意。"所谓"立身行道"、"以德润身"包含两方面的意义，一方面道身依赖于根身，以根身为基，离开根身则道身无存在的可能；另一方面道身对于根身有维护、滋养和支撑作用。由此表现了中国哲学对于道德价值与自然生命既相依又超越之关系的独特认识。

3. "成身成性"。宋明儒学都继承和发展了先秦儒家的基本观点。提出了"成身成性"说。宋儒张载云："富贵福泽，将厚吾之生也；贫贱忧戚，庸玉汝于成也"；"存，吾顺事；没，吾宁也。"（《正蒙·干称》）明末王夫之云："身者道之用，性者道之体。合气质攻取之性，一为道用，则以道体身而身成。大其心以尽性，孰而安焉，则性成。"（《张子正蒙注》卷四）他还认为人生一方面"有仁义礼智以正其德"，另一方面"有声色臭味以原其生"，两者是"互为体"而不可分割的。人的一生就是在"成身"的过程中"成性"，在"成性"的过程中"成身"。张载和王夫之所说的"厚生玉成"、"成身成性"、"原生正德"就是生命与价值相融通的人生过程。

4. "生以载义"。既然人的生命中包含着价值因素，那么，人的生命当然就是价值的载体了。明末清初的王夫之提出了"生以载义"和"义以立生"的命题，他说："生以载义，生可贵"；"义以立生，生可舍"（《尚书引义》卷五）。就是说，人的生命承担了道义，所以生命是可贵的；道义确立了人生的价值，所以道义是可贵的。王夫之这种观点，其实在先秦时代就出现了，荀子说："人有气有生有知亦且有义，故最为天下贵也。"（《荀子·王制》）但是，荀子仅将"生"与"义"并列，只说明了人兼有"生命"和"道义"两种因素，并没有指出生命和道义的内在关系，而王夫之从生命和道义的相互联结、相互作用上，阐明了生命和道义的价值，这显然是一种价值和生命融合贯通的运思方式。

三　心性：仁性与材性的融合

唐力权先生认为仁性与材性是人性中对立的两极。所谓"仁性"，就是生命自我肯定、自我承担、自我负责的本性，它的本质是对自我生命及其他一切生命的关怀；所谓"材性"就是智慧和爱欲的本性，其本质是对异己对象的认知、探索和操控。如何认识和处理仁性与材性的关系是哲学人性论的核心问题。在唐先生看来，西方哲学以材性为主体，而中国哲学以仁性为主导。二者各有其片面性。中国哲学以仁性为主导的特点表现在：第一，它把仁性与材性融合为一，而未将二者予以明确区分；第二，它用仁性统摄材性、化约材性，把材性问题作为仁性问题来处理。场有哲学对中国哲学主张仁性与材性相融合并以仁性统摄材性的深刻分析实际上揭示了中国传统哲学中价值理性与工具理性相融合以及以价值理性统摄工具理性的特征。

在中国传统哲学中，从先秦始，哲学家就注意到了价值理性与工具理性的关系问题，并进行了深入的思考，提出了一系列富有特色的见解，其主导性的观点是主张将二者融合起来，他们提出的价值理性与工具理性的融合方式，主要有四种：

1. "正德、利用、厚生"的生存融合。这种统合方式的论述，最早见于《左传》。文公七年载晋国欲缺言："九功之德，皆可歌也，谓之九歌。

六府三事，谓之九功。水、火、金、木、土、谷，谓之六府。正德、利用、厚生，谓之三事。义而行之，谓之德礼。"又成公十六年载楚国申叔时说："民生厚而德正，用利而事节，时顺而物成。上下和睦，周旋不逆，求无不具，各知其极。"襄公二十八年载齐国晏子云："夫民生厚而利用，于是乎正德以幅之，使无黜嫚，谓之幅利。"后出的伪古文尚书《大禹谟》正是根据这些论述，剿袭为文，将六府、三事之说，附会于夏代："德惟善政，政在养民。水、火、金、木、土、谷惟修，正德、利用、厚生惟和，九功惟序，九叙惟歌，……地平天成，六府三事允治，万世永赖。"由此可见，正德、利用、厚生之说，是春秋时期广为流行的观念，颇为各国政治家所重视。那么，这"三事"的具体内涵是什么呢？南宋蔡沈，在《书经集传》中对此有如下解释："正德者，父慈子孝、兄友弟恭、夫义妇听，所以正民之德也。利用者，工作什器、商通货财之类，所以利民之用也。厚生者，衣帛食肉，不饥不寒之类，所以厚民之生也。"关于做好"三事"的原则，他说："淳典敷教以正其德，通功易事以利其用，制节谨度以厚其生，使皆当其理而无所乖，则无不和也。"这就是说，"正德"是通过教化，推广道德，以端正人们的德行；"利用"是提高技术，创制器物，流通财货，以便于人民使用；"厚生"是发展生产，充实生活，以满足人们的生存需要。由此可以看出，"正德"属于价值理性，"利用"属于工具理性，而"厚生"则是作为二者归宿点的生存理性。"三事"说集中表现了春秋时代的思想家、政治家对价值理性和工具理性统一性的理解。在他们看来，只有兼顾价值理性和工具理性，并将二者和谐地融合（"惟和"）起来，人们才会处于最和谐、最幸福的生存状态。所谓"上下和睦，周旋不逆，求无不具，各知其极"、"谓之幅（福）利"，就是对这种生存状态的赞美。

春秋时的"三事"说，尽管还失之笼统，但却产生了深远的影响。孔子虽然崇仁贵德，主张"义以为上"，特重价值理性，但也有"工欲善其事，必先利其器"的工具理性，也主张通过"足食"、"富之"来满足人们的物质生活需要；墨子主张"兼爱"、"交利"，强调"赖力者生"、"富国利民"，并精研守御之器，表现了价值理性和工具理性兼顾并重的思想。《易传·系辞》主张"崇德广业"并举，强调"备物致用，立成器以为天下利"；"观象制器"，"以利天下"。其价值理性和工具理性兼顾的意识更为鲜明。这些观念，虽然没有如《左传》那样将"三事"融合一体，但却显然受到正德、利用、厚生的影响。

2. "格物、致知、正心、诚意"的人生融合。《大学》提出，人生的崇高使命和远大理想应该是"在明明德，在亲民，在至于至善"。而实现这一理想的途径是格物——致知——诚意——正心——修身——齐家——治国——平天下。在这一递进的程序中，"修身"是中间环节，是格物、致知、诚意、正心的凝聚点，又是齐家、治国、平天下的起始点。也就是说，"修身"统合了格物、致知、诚意、正心，而又奠定了齐家、治国、平天下的基础。因此，"自天子以至于庶人，一是皆以修身为本"（《大学》）。既然，修身是人生之道的核心，那么它所统合的四个环节或四个步骤，其含义何在呢？所谓"格物"、"致知"，在哲学史上历来有经验知识和先验良知两种解释思路，前者以朱熹为代表，后者以王阳明为代表，这是取朱熹之意。朱熹认为，"格物"即"即物而穷理"；"致知"即"推极吾之知识"。"格物致知"就是通过接触事物，积累经验，进而获得对客观事物和宇宙法则的认识。遵循这一思路，明末至近代的不少学者则将"格物致知"引申、发展为科学认识和科学知识，把物理学、化学、博物学等自然科学统称"格致"之学，因之，明代编的《格致丛书》，清代编的《格致镜原》，汇辑的多是科学技术方面的著述。所谓"诚意"、"正心"，虽后儒亦有歧解，但都认为是指真诚其意、端正其心、实用其力、为善去恶的道德修养功夫。由此看来，《大学》的"格物、致知、诚意、正心"蕴涵着工具理性和价值理性的含义。而且，《大学》提出："欲修其身者，先正其心；欲正其心者，先诚其意；欲诚其意者，先致其知；致知，在格物"；"物格而后知至，知至而后意诚，意诚而后心正，心正而后身修"。这就从修身的程序次第和递进过程上将"格物致知"的工具理性和"诚意正心"的价值理性统一了起来。

《大学》的价值理性和工具理性的统合意识，是以个体为本位，以实现人生价值为目标的统合，它与"正德利用厚生"以群体为本位、以群体生存为目标的统合，显然不同。所以，它是一种新的统合形式。它标志着中国哲学中关于价值理性与工具理性关系的思考，已从维护人类生存发展到了实现人生价值、追求人生意义的新水平。

3. "德力俱足"的政治融合。道德和实力的关系是中国哲学史上的一个重要问题，孔子是德力问题的最早提出者，但论述简略，孟子继承和发挥了孔子的德力观，认为德力分别是实行王道和霸道的工具，但仍然坚持孔子崇德非力的观念，将德力绝对对立起来。荀子的德力观与孔孟有异有同，在伦理道德上，他奉行重德轻力的儒家传统，但在政治主张上，却主张"全力凝德"。他说："全其力，凝其德。力全则诸侯不能弱也，德凝则诸侯不能削也。"（《荀子·王制》）这一观念对后代有重要影响，西汉的政治观念中基本上是在德的基础上德力兼重的。然而，真正对德力兼重提出比较全面系统看法的是东汉的王充。他在《论衡·非韩》篇中，对尚德轻力和务力废德两种极端都进行了批评，明确提出："治国之道，所养有二：一曰养德，二曰养力。养德者，养名高之人，以示能敬贤；养力者，养气力之士，以明能用兵。此所谓文武张设，德力具足者也。"他不但认为，德力二者都有重要意义，而且还主张将二者结合起来，统一起来。他说，德和力不但各自有独立的价值，而且二者之间是相辅相成的关系。一方面，德能助力，道德对人力的发挥有规范指导的作用，如果没有道德推动和引导，那么"农不得耕，士不得战"。另一方面，力能助德，实力对道德水平的提高和道德理想的实现有辅助作用，如果有道德而无实力，那么再好的道德理想"何时能达"。因此，他说："事或可以德怀，或可以力摧。外以德自立，内以力自备。……德不可独任以治国，力不可直任以御敌也。"（《论衡·非韩》）"德力具足"是最佳的治国方略。

王充所说的德，主要指儒家的仁义道德，他所谓的力，虽主要指武力、兵力而言，但其含义却很广泛，既指物质性的体力、气力、劳力、勇力、兵力；又指精神性的智力、财力。他说："垦草殖谷，农夫之力也；勇猛攻战，士卒之力也；构架斫削，工匠之力也；治书定薄，佐史之力也；论道议政，贤儒之力也"；"文吏以理事为力，而儒生以学问为力"；"人有知学，则有力矣"。（《论衡·效力》）他认为，"力"的作用，不仅在于能御侮胜敌，还在于能脱贫致富，"力胜贫，……勉力勤事以致富"（《论衡·命禄》）；能建功立业，"文力之人，助有力之将，乃能以力为功"（《论衡·效力》）。

由此不难看出，中国古代的德力观中蕴涵着价值理性与工具理性的意识，王充的"德力具足"包含着价值理性和工具理性融合的深刻思想，而且从其含义的明确性而言，"力"比前两种统合观念中的"利用"、"格物致知"概念，更鲜明地具有工具理性的含义。王充的价值理性与工具理性融合的方式，其出发点既不是"养民"、"厚生"也不是人生的"修身"，而是"治国"，他是从"治国之道"的政治视角提出价值意识和工具意识的融合的。于是，就形成了一种有别于生存融合和人生融合的政治融合方式。

4. "格物穷理尽性"的道德融合。宋明理学的程朱学派，是儒学发展的新阶段，在其建立的系统严密、内容丰富的理学哲学体系中，不但对儒家的本体论、认识论、心性论等有重大发展，而且也大大推进了儒家的价值论。价值理性与工具理性统合形式的创新，就是其中的重要成果。程、朱关于价值理性与工具理性的统合，集中表现在"格物穷理尽性"的命题上。这一命题的核心是"穷理"，"穷理"既是"格物"的实质和目的，又是"尽性"的前提和途径。朱熹说："所谓致知在格物者，言欲致吾之知，在即物而穷其理也"（《大学章句·格物传》），"格物致知只是穷理"（《答黄子耕书》）。这即是说，穷究宇宙天地之理乃是"格物"的实质和目的，也是其根本意义所在。他又说：理是"天命之性"的本体和根源，"只是这理，在天则曰命，在人则曰性"（《语类》卷五）。因此，一旦穷尽了事物的理，也就极尽了人的本性，认识到了人的至善本质，此之谓"穷理尽性"。由于朱熹所谓的"理"是宇宙本体、事物法则和终极价值的统一体，所谓的"性"是作为人的百行万善之源的天地之性。所以，"格物穷理"、"穷理尽性"就包括着知识追求和价值实现的双重意义。就知识追求而言，这一过程是指通过接触事物，积累知识，达到对宇宙本质和规律的认识；就价值实现而言，这一过程是指通过接触事物，积累知识，达到对本体价值、终极价值的把握，进而提升和实现自身的价值。于是，"格物穷理"、"穷理尽性"就成了价值与认知、价值理性与工具理性合一的命题。

由于朱熹哲学中"理"和"性"的价值内涵是儒家的仁义道德，所谓"天理只是仁义礼智之总名"、"性即天理，未有不善"、"本然之性，只是至善"、"天地之性亦仁而已"，因此，他的价值理性与工具理性的融合乃是一种道德融合。道德是价值理性的实质内容，又是工具理性的最终追求目标。

以上所述中国古代价值理性与工具理性的融合形式，既是类型上的区别，也是发展阶段上的划分。生存融合形式表现了战国以前在生产力比较低下、经济还不很发达的历史条件下，人们对满足生存需要的重视；人生融合形式反映了战国时期在政治多元、文化繁荣、学术争鸣时代，学者们对人生意义和人生理想的追求；政治融合形式标志着中央集权封建王国建成初期，思想家对治国方略的思考；道德融合形式体现了封建社会后期，面对着国势衰落的趋势，哲学家对强化道德力量的探索。总之，不同时代的历史背景和时代课题，以及中国社会的发展演变趋向，决定了中国哲学中价值理性与工具理性的融合，经历了始于生存融合形式，中经人生统合和政治融合，而终于道德融合形式的历程。

在价值理性与工具理性融合的各种形式中，道德价值都处于主导和优先的地位，而工具理性则处于从属的地位。在"正德利用厚生"的统融合形式中，"正德"为首，在"德力俱足"的统融合形式中"道德"为先，在《大学》"格物致知诚意正心"的统融合形式中，其"物格而后知至，知至而后意诚，意诚而后心正，心正而后身修"的顺序充分表明，"格物致知"的工具理性是为诚意——正心——修身的道德修养服务的。至于"格物穷理尽性"的统融合方式，更是把把握道德理性（"穷理"）作为最高的主导原则。尽管朱熹所说的"格物致知"，包括"动植大小"、"草木器用"等科学技术知识；尽管他也主张博学多识，重视探索自然现象的奥秘，还对天地结构、演化、日食、月食、潮汐、气象等现象提出了自己的解释，但是他的认识对象主要指向人伦道德领域，通过"格物"所穷的"理"，主要是儒家的道德准则，而且他探索自然、认识事物的最终目的也是为了实现至善的道德理想。他说："不穷天理、明人伦、讲圣言、遍世故，乃兀然存心于一草木一器用之间，此是何学问？如此而望有所得，是炊沙而欲成饭也。"（《文集·答陈仲齐》）由此可见，"格物致知"的工具理性归根到底，不过是实现"天理"价值理性的途径和方式。这正如场有哲学所说的：中国哲学（主要是儒家哲学）用仁性统摄材性、化约材性，把材性问题作为仁性问题来处理。

总之，场有哲学对中国传统哲学特征的论述，启示我们充分认识中国传统哲学所蕴涵的宇宙本体与价值至境相融合、人的自然生命与价值生命相融合、工具理性与价值理性相融合的基本特质。并进而证明中国传统哲学是以价值论为核心的哲学，其本质上是价值哲学。

心与道通:中国传统哲学的生命意境

吉林大学哲学基础理论研究中心　漆　思

　　人是在世的存在。在世之人,是宇宙中具有心性的存在,人的心性可以接通自然大道。作为心性的生命体,人的生命跟宇宙万物的生命是内在一体的,存在本质上的统一关系。人的小生命来源于宇宙的大生命,最后还要回归大生命。道就是生命成就自身的内在本性和构成机理,在人则为"人道",在天则为"天道"。人的觉悟在于心与道的相通。然而,人的生命本性在现实中常常是不自觉的,生命之道的迷失使得现代人找不到回家的路,处于一种生命的无根基状态。人从自然大生命而来,本身就携带着自然之道的气息,但常常迷失了自然之道的本性,出现迷茫与苦恼,找不到生命之真谛。这种生命的无根基状态使人们迷失了生命的本性,人性的迷惘正是人的生命自觉意识缺失的表现。我们目前所处的现时代更需要对人的生命观进行反思:我们从哪里来? 能到哪里去? 生命本性究竟是什么? 能不能找到生命的真实信仰? 这就需要上升到生命的哲学层次进行生命观的澄明,让光亮照进生命的无明状态,使心性得以启蒙,从而通达生命的澄明之境。

一　心与道通的生命观

　　古往今来的哲学,正是人追寻自觉之生命意识的理性映现。哲学的意义正在于追问和完善生命,实现生命的觉解,追寻人生的真谛。"觉"字可理解为"学"到慧"见";"悟"字可理解为"吾""心"为"悟",明心见性即为生命之觉悟。现时代,人们更多的去看生命之外的东西,身外之物使我们失去了生命自身的本性，遮蔽了自然的生命之通道，心性难以与大道接通，导致生命有隔，陷入迷茫的无明状态。作为拥有心智的存在者，人不可能忍受无意义的生命中难以承受之轻。人从哪里来，最后要归于何处？在生死之间的人世路上，我们应以怎样的态度对待生命？如何来超越生死界限以找寻人生的意义？这一系列的追问都需要我们用心灵去感悟，用生命去体验。从个体在世的角度来看，生命似乎只有一次，而如果从自然大化之道来看，则人的心性与道相通，不生亦不灭，是一种道法自然的大化存在。

心与道通的生命观，主要体现在如下层次：

1. 人世。人世即人生在世，人存在于世界之中，要把握人与世界的关系。我们如何理解宇宙的真相和人生的意义，需要自觉领会哲学意义上的世界观问题。通常我们将世界观定义为人对世界的根本看法，其核心就是把握人与世界的关系，把握人生的存在方式。从哲学的层面理解世界观，"世"是人生在世的生命宇宙；"界"是人生体验的道路；"观"是以人的心性对宇宙大道的觉悟。这种观不只是"眼"观，更在于"心"观和"心"悟。心之世界观决定着人生观的视野，人的心性自觉到与宇宙大道相通则是世界观的澄明。

2. 人生。人生就是人的生命，觉解人和自身生命的关系才能真实把握人生。宇宙有其生命的自然演化历史，作为宇宙大生命进化链条中的一员，人是天地之灵长、万物之精华，遵循着宇宙进化的法则，即自然大化之道。人生在世的意义重大："为天地立心，为生民立命，为往圣继绝学，为万世开太平。"人的生命与物的生命有着质的差异，虽然在自然生命意义上具有一体性，但人的生命有着极为特殊的使命。人生观是人对自己生命的观照，在生命中寻找人生真谛并对存在意义的反思和追问。

3. 人心。人在宇宙中担负着极其重要的使命就在于其存在的特殊方式——人有心性。"心之官则思"，"明心见性"，都强调了心性的重要性。人心不是作为身体器官的心脏，它是宇宙生命进化中最精妙的存在，我们现时代的科学都难以精确地把握。人心变化莫测，若要高尚起来，比神还崇高，可杀身成仁、舍生取义；若要作孽，却可以禽兽不如。中国哲学特别发展了心性、良心、良知，即对人的心性的自觉修炼。人心不是某一个器官性的存在，而是作为一种生命之道的属性来主宰人的生命。这是因为心中有道，心与道通，心即道。道是一种宇宙自然而然的本性，"天命之为性,率性之为道"。古往今来哲学、宗教、艺术都关注的人与自我心灵的关系。身与心、灵与肉怎样达相通与和谐,达到内在的宁静与从容,这就需要人反观自己的内心,洞察心灵的奥秘。

4. 人性。人性由人"生"与人"心"构成,"性"正是心与生命之道贯通的体现。那么何为人的本性?人的本性就是道性,宇宙之道赋予了人的心性。心的生命即"性",就是要用心来支配和引导人的生命,找寻生命的道路。灵魂是人的本性的另一种表达,它引导着生命。没有了心性的引导,人的生命就会出现迷失。这就需要反思人性,形成哲学意义上的人性观。人心作为支配人性的本源,是人的生命中非常独特的存在。人除了拥有与动物一样的自然本能,还拥有自由,即能够支配自然生命的生命。人的心性就是用来主导人的自然生命,因此说人的心性就是人的本性,是人的生命的特殊性。只有破解人性的密码,才能获得对生命的洞察。人生在世最大的困惑是人性的困惑。人性是哲学的奥秘,哲学就是要去理解神奇和玄奥的人性。

从人世、人生、人心和人性四个层次可以看出,生命的奥秘在于人的心性,心性是支配人的自然生命的生命,是人的道德自觉的自由生命。生命的价值需要人的创造,人如果能够创造出自由的生命,就实现了自身的潜力。人能舍生取义、杀身成仁,正是由于与道接通的心性引导人生的结果。

二 中国传统哲学的生命意境阐释

中国传统哲学对生命的关注源远流长,易与儒道释都有各自独到的生命意境。儒道释的生命观是互补的,所谓"以儒治世"、"以道治身"、"以佛治心"。虽然这三家都是身心兼修,但各有所侧重。用《易传》的说法,各家"同归而殊途,百虑而一致"。在中国传统文化中,儒道释相辅相成,共同构成了"和而不同"的中国文化生态。经过长期的交流融合,儒道释三教合流,形成了独具特色的生命观:儒家主张中和之道的生命观,注重入世的人文关怀;道家主张道法自然的生命观,追求超脱的天地境界;释家主张中道圆融的生命观,注重真如的本性觉解;周易主张自然大化的生命观,注重变通的阴阳和谐。它们共同构成了"心与道通"的中国生命哲学的觉悟之道,与西方注重概念化的理性思维形成鲜明对照。

（一）"中和之道"的儒家生命观

1. "天人合一"。儒家继承了殷周以来的"以德配天"、"敬德保民"思想，主张天人相感相通的天人合一观念。儒家认为天道寓于人道之中，天道人道是统一的。《中庸》讲："天命之谓性，率性之谓道，修道之谓教。"人的生命是自然生成的，天命赋予人的生命和本性，这样天道和人道就统一起来了。孟子从心性上解释天人合一："尽其心者，知其性也，知其性，则知天矣。"（《孟子·尽心上》）我们为什么要遵循天道？因为人源自于天，最后还要回归于天，这叫"天人合一"，天人合一并非仅仅是人和自然在物质层面的统一，而深层次是指人心与天道的相通，人的生命和自然的生命在本质上达到统一。人道的根据是天道，天理良心一体，儒家认为天理良心是人最高的道德根据。程颐说："道与性一也。"（《程氏遗书》卷25）儒家的"天人合一"肯定了天与人、自然与人类社会具有统一性，并视这种统一性为和谐的最高境界。

2. "和而不同"。《国语》记载了西周末年史伯与郑桓公的对话，史伯指出："夫和实生物，同则不继。以他平他谓之和，故能丰长而物归之。"（《国语·郑语》）开启了中国哲学史上的"和同"论辩。《左传》记载了晏婴与齐景公的对话，晏婴提出了"和与同异"的思想。到儒家这里，将"和"提升为一个极为重要的范畴。儒家认为"君子和而不同，小人同而不和。""和"意味着君子做人做事有原则，讲信誉，有法度，胸怀远大，包容万物；而"同"意味着小人做人做事表面上随声附和，竭力求同，但实际上他们不讲原则，没有胸怀，不能容忍不同的事物。"和"是不同事物的统一，而"同"是完全一样。君子和而不同，有包容之心，能够和衷共济、和平共处；而小人一味尚同，追逐臭味相同。正因如此，"君子坦荡荡，小人常戚戚"。通过"和而不同"可以看出，儒家认为人的生命是丰富多彩的，生命是能够包容万物的，生命不仅在于"天行健，君子以自强不息"的刚健有为精神，生命还在于"地势坤，君子以厚德载物"的包容和谐精神。

3. "义利之辨"。"君子喻于义，小人喻于利。"义者，宜也，指做事适当、合道。如"君子爱财，取之有道"，而小人则因"利"弃"义"。"小人喻于利"，意味着"利"是其最高的追求，见利忘义。在儒家的观念中，"义"具有至高的地位。我们经常说的有情有义之人，是有道有德的人。在儒家看来，如果缺少仁义、道义、情义的"义"字，人就无异于禽兽。孟子认为人之所以高于禽兽是因为人有道德，讲仁义。正是由于这样，"富贵不能淫，威武不能屈，贫贱不能移，此谓之大丈夫"，"吾善养吾浩然正气"，这种浩然正气显然是体现了道义的生命观。无数仁人志士能够杀身成仁、舍生取义，就是因为他们把道德生命看作是更高的生命。"义利之辨"中"利"和"义"实际上是统一的，"求功当求天下功，计利当计天下利"。当人们追求的功利不是一己的私利，而是大众的福利，这样的"利"就是众人的"义"，"义"和"利"就统一起来了。义不在于追不追求利，而在于怎么追求利，追求到利之后怎么办，这决定了义利观的境界。儒家对义利的理解非常深刻，提出"己欲立而立人，己欲达而达人"，"己所不欲，勿施于人"。

4. "中和之道"。《尚书·大禹谟》中提出"人心惟危，道心惟微，惟精惟一，允执其中"。孔子首次提出"中庸之道"："中庸之为德也，其至矣乎。"（《论语·雍也》以中庸为最高美德。《中庸》提出"君子之中庸，君子而适中"，又进一步提出"中和"思想："喜怒哀乐之未发，谓之中；发而皆中节，谓之和。中也者，天下之大本也；和也者，天下之达道也。致中和，天地位焉，万物育焉。"中和之道是儒家的根本之道，强调的是一种生命的和谐之道。孔子认为人要畏天命，天命需要敬畏，因为人还无力改变天命，这个天命是我们的大生命。按照儒家来说"天命之谓性"，天命赋予我们以自然本性，我们率性而行就符合道。人知天命，人道就能符合天道，人心就能顺应自然，就能做到从心所欲而不逾矩，这样就能守持生命的中和之道。

5. "天下情怀"。"大道之行也，天下为公。"儒家很注重天下为公的文化政治，以此谋求世界大同。天下是天下人的天下，这种天下情怀感染着儒家的仁人志士，先天下之忧而忧，后天下之乐而乐。孔子"登东山而小鲁，登泰山而小天下"，这基于其宽广的胸怀能够容纳天下。从孔夫子到孙中山，中国仁人志士都信奉"天下为公"。《礼记》讲到了天下为公的大同社会，"老吾老以及人之老；幼无幼以及人之幼。"这是天下大同的境界。"天下兴亡，匹夫有责"。儒家的这种天下情怀倡导人生在世的使命感和责任感，人活着不只是为自己，还要大济天下苍生。

总的来看，儒家注重人生在世，倡导积极入世的精神。人要活得更像人，就要讲道德，将立德作为首位，有了道德人就有了本质的生命，以道德来支配人的生命，成就君子和圣人的人格。儒家注重入世或叫救世，倡导积极地行走在人世间。人不仅应当做自己的主人，还应当做社会的主人，做天下的主人，即"天民"——天地之子。儒家的"天民"超越了我们今天的世界公民，这个境界是非常高的。儒家讲人爵与天爵的区别，作为天民，人获得了一种天爵，就是人在宇宙中的地位，"尽心知性知天"，通过修心养性，使心性接通天道。

（二）"道法自然"的道家生命观

1. 道法自然。"人法地，地法天，天法道，道法自然。"道法自然，通常理解为人要效法大地，效法天，效法道，效法自然，实质却是效法自身。自然之道是自然而然，并非放任自流、听之任之。道法自然，道就是自己主宰自己的运行，自己使自己然，自己成就自己。既然道的本性是自己成就自己，那么人应当使自己心性支配自己的生命，效法道的本性，主宰自己的生命轨迹。道法自然就是讲人要尊道贵德，从而抱道合德，用合道之心性来主宰、引导自己的自然生命。

2. 天人一体。由于人道天道共通于自然之大道，因此天人在源头上是内在一体的。庄子讲："天地与我并生，万物与我为一。""一"就是大生命的自然之道，万物与人都是从道而来，因此天地人都是由道而生成即并生，一起由道化育即共生。庄子主张独与天地精神相往来，跟天地万物相通。物和人虽有区别，但以道的立场来看，这都是道之大生命的生成，最后都要回归于道。庄子说的物我两忘就是天人合一，人能够与天地万物交流在一起。"鱼相忘于江湖，人相忘于道术。"鱼在江河湖海中与水融为一体，鱼的小生命和江河湖海的大生命也融为一体，这时鱼悠然自得。庄子曾经与惠施有过"鱼之乐"的辩论。如果按照一般的形式逻辑讲，惠施说的对，但其实他们二人论道的境界不同。在庄子那里物我两忘，鱼水一体，人和鱼也是万物并生同体的。庄子是从生命境界意义上而非逻辑学意义上来看问题，他站在齐物论的境界认为"天地与我并生，万物与我为一"，万物都分有宇宙大生命的道之本性，相互可以心有灵犀一点通。

3. 无为而治。老子云："道常无为而无不为"（《老子》37 章），"是以圣人处无为之事，行不言之教，万物作而弗始，生而弗有，为而弗恃，功成而弗居"（《老子》2 章）。庄子云："天地有大美而不言，四时有明法而不议，万物有成理而不说。圣人者，原天地之美而达万物之理，是故至人无为,大圣不作,观于天地之谓也。"(《庄子·知北游》)无为即无伪而合乎自然之道,就是不要违背自然法则进行人为干预,以免破坏自然的生命本性。如庄稼在地里自然生长,它需要阳光、空气、水分和各种营养等,但若是拔苗助长就违背了生命的本性。所以只有遵守生命的自然之道,事物才能够成就自己的本性。无为而治就是万物顺应自然之道的本性,从而达到知雄守雌、韬光养晦、无为而不为的境界。只有遵守自然本性去做才能无为而无所不为。

4. 出生入死。道家追求逍遥自在,对生命的本性有了一种出神入化的理解,叫做"出生入死"。人的生命都是由道而来最终回归于道。在老子看来,无所谓生死,生死只是凡人的眼光,以道的立场来看,道是永恒的,不增不减,不生不灭。如果把大海比喻为自然之道的大生命,一滴水珠从大海里面出来最后又回归大海。出来了这个水珠就是小生命,最后它要回去,水珠只有回到大海生命之流的自然大化中才能永不干涸。道在中国文化的地位无比崇高,孔子说:"朝闻道,夕死可矣。""道不同不相为谋。"没有道就没有路,没有道就没有德,没有道就没有理。老子讲:"道可道,非常道,名可名,非常名。无名天地之始,有名万物之母。"二者"同出而异名,同谓之玄,玄之又玄,众妙之门。"老子和庄子都悟出了道的本性是不能言说的,道以无名和有名的方式存在,一个为无名天地之始的道,一个是有名万物之母的道。天地之"始"的含义是阴阳交会,生命孕育;万物之"母"的含义是大道母亲怀胎,把天地万物生出来,这时道就以在场的方式显现。但显现的有名之道与不在场的无名之道是同出而异名而已,道是很玄妙的,是生命的众妙之门。

5. 超越意识。无为而治之所以能够达到逍遥自在,是因为道家有一种独特的超越意识,它是超世的。道家的超脱使其能够淡泊名利、平定是非、超脱生死,从而达到真人的境界。道家超越了名利是非,它认为名利是身外之物,生不带来,死不带走。天下本无事,庸人自扰之。道家超越了生死,庄子去世前说天地是我的棺木,日月星辰是我的陪葬品,这是人生得道的大气象。按照佛教的说法,生也未曾生,死也未曾死,真如本性圆满自足。修道之人要自觉以道的角度去看,知道行道,最后与道合而为一。汉代道学家严君平指出,道家的旨趣在于:"损聪明,弃智虑,反归真朴,游于太素。轻物傲世,卓尔不污,喜怒不婴于心,利害不接于意。贵贱同域,存亡一度,动于不为,览于玄妙。精神平静,无所章裁,抱德

含和，帅然反化。"（《道德真经指归》卷七）

道家思想的特质，正是从"道法自然"出发，强调"天人一体"，顺应自然，合乎天道，以之来规定人生，要求人顺应本性，返璞归真，使之趋向天人和谐。道家在"道法自然"基础上主张"各复归其根"（《老子》16 章），向人的自然本性回归，过符合人的本性的本真生活，就是达"道"了天人的和谐相通。

（三）释家"中道圆融"的生命观

1. 因缘和合。缘起理论是佛教的基本教义，是佛教思想的基石，它奠定了佛教的世界观基础。缘就是因缘、条件；起就是生起、发起。佛教认为，宇宙人生的生发无不是依托于各种"因缘"和合而成。缘起理论表明世间万物都是一种因缘而起的和合共生关系，即"因缘和合"。认为万物的生命，都是缘起，因缘和合。因是内在的根据，缘是外在的条件，只有当事物同时具备因缘时，生命才得以生长发展。佛教的万法皆空，实际上是法无自性。法也需要因缘，因为万法就是万千的众生，这个众生即包括像人这样的有情众生，还包括像石头那样的无情众生。

2. 中道圆融。大乘空宗则把中道观法视为把握世界的"不二法门"。大乘空宗中观学派的龙树提出了著名的"八不中道"："不生亦不死，不唱亦不断，不一亦不异，不来亦不去。"并认为此乃"诸说中第一"。《大乘起信论》以"众生心"作为最终极的根源，"是心则摄一切世间法与出世间法"，其阐发的"一心开二门"为圆融奠定了理论基础。天台宗则在判教的基础上建立了一种包容一切、圆融无碍的理论体系，所谓"一心三观"、"一念三千"、"三谛圆融"。华严宗则提出了法界"圆融"思想："法界缘起，圆融自在"、"六相圆融"、"十玄无碍"、"理事圆融"、"事事圆融"、"一切即一，一即一切"，弘扬圆融精神。佛教后来在中道观基础上进一步提出了圆融观，圆融是佛家思想的最高理想境界。佛教认为生命之道是中道，它是圆融圆满的。佛教强调这种中道真实观法，把这种观法叫做不二法门。中国哲学叫做体用不二，不二就是合而为一。针对佛教中道圆融、自性具足的妙谛，我曾领悟出这样两句生活禅：如来如去真如圆融不一不二，非空非色无非因缘自性自然。

3. 明心见性。禅宗倡导"直指内心"、"明心见性"、"顿悟成佛"。其实，佛性就是人性，如果人能够明心见性，即人心觉悟了之后就能成就佛性，也就是说人觉悟了就是佛：一念之觉悟即为佛，一念之痴迷即为凡夫。修心养性，明心见性，觉悟之后就可以觉解人的本性，就是成佛。因此佛是觉悟的"人"而不是"神"，也就是说每个人都具有佛性，众生皆可成佛，每个人的生命里面都有佛之真如本性，都可以修炼到大彻大悟，都可以超越生死。

4. 平等慈悲。大乘佛教认为，一切法都是真如佛性的显现，万法万物皆有佛性，人人皆可能成佛。因此，不仅人与人应当平等，而且人与万物都应当平等，要破除人类中心主义的幻妄与自我中心主义的执迷，主张包括有情（人）无情（物）的众生平等。如果人觉悟到人人都拥有真如本性，就会有平等之心，产生慈悲为怀之心：慈就是无缘大慈，悲就是同体大悲。正是相信众生平等，才大慈大悲，普渡救世。《大智度论》卷二十七说："大慈，与一切众生乐；大悲，拔一切众生苦。"大乘空宗的《心经》开篇即说："观自在菩萨行深般若波罗蜜多时，照见五蕴皆空，度一切苦厄。"无论是"四谛义"、"八正道"，还是"六度"、"四摄"，表达的都是佛教为众生救苦救难的慈悲救世情怀。

5. 真如本性。真如就是宇宙人生的真相与真理，佛教旨在把握宇宙人生的真谛与真如，真如即如其本来面目。生命是一体的，众生的痛苦就是我的痛苦，人心感同身受。整个人类是同源的生命，甚至天地万物，生命都是一体的。佛教强调"色空不二"，《心经》认为，"色不异空，空不异色；色即是空，空即是色。"真如本性不在外面，就在人的本性之中，所以说"色空不二，无色不空"。人的真如本性要在人生的红尘中经过磨炼，去掉无明才能觉悟，觉悟之后就能看破红尘，祛除虚妄之相，把握到真如本性。只有"看破"之后才能"放下"，只有"放下"才能"自在"。总的来看，佛教主张一种因缘和合、中道圆融的生命观，从修心开始来建构起整个世界的和谐相通。

中国文化是以儒治世、以道治身、以佛治心。儒家着重入世的道，调节人际关系，孔子的理念对于人生在世是非常有价值的，很多高僧也不排斥孔子的言论。以道治身，修身养性，修炼自身。以佛治心，让人明心见性。陶渊明有诗："纵浪大化中，不喜亦不悲。应尽便须尽，无复独多虑。"他的这种感悟写出了对生命之道的理解：每个人流浪在宇宙生命的大化之中，我们不必对生命的得失感到悲伤，该走的时候潇洒地走，不要像庸人自扰那样多愁多虑，这显然是得道的气象，因而在人世他才能：

"结庐在人境，而无车马喧。问君何能尔，心远地自偏。采菊东篱下，悠然见南山。山气日夕佳，飞鸟相与还。此中有真意，欲辨已忘言。"从中可领悟到人生的真谛。

（四）周易"自然大化"的生命观

1. 自强不息的大化日新精神。"易"是中国古人对"太极图"日往月来、阴阳转化之自然运转的意象把握。《说文解字》释"易"为："日月为易，象阴阳也。"我们透过太极图阴阳鱼的交互运转，可非常直观地理会"易"的本义：上为日下为月，寓意阴阳变易转化。从《周易》到以后"易"的演化中，有以下四重含义：（1）"易生"："生生之为易"，"易有太极，是生两仪"，世界由阴阳矛盾推动，处于生生不已的创生转化之中；（2）"易变"："大易流行"、"太虚本动"，阴阳二象轮回运转，注入自强不息的动变活力；（3）"易通"："极则反"，"穷则变，变则通，通则久"，阴阳变通，大化日新，实现通达平衡；（4）"易和"："阴阳交感"，"天人和合"，对立面在相即相离的演化中实现新的和谐统一。以上含义共同体现了中国哲学思维贯通天地人一体的大易流行、生生不息、阴阳转化、变易致和的"易"思维本色，形成了中国哲学的"易"思维特质——"创生转化论"。

2. 厚德载物的和谐融通精神。《易经》讲："乾道变化，各正性命，保合太和，乃利贞。""和"的内涵博大精深，主要有如下四重含义：（1）"和生"："和实生物，同则不继"，"和而不同"，在多样性统一的"和"中才能化生万物；（2）"调和"："相反相成"，"以他平他谓之和"，在系统中使不同的因素相互协调实现和解，维系着事物的有序运转；（3）"中和"："适度中节"，"发而皆中节，谓之和"，"中和"乃"天下之达道"，有适度制衡的动态功效；（4）"和合"：强调"天人和合"与"阴阳之序"，阴阳矛盾在对立中达到统一，促成多样性的统一体或对立面的和合体，变易的阴阳矛盾在创生转化、对立冲突、协调融合的过程中通达新的和谐。透过太极图那和谐圆融的系统图式，我们对"和"的本义有了更直观的意会："和"就是太极图的圆圈，是维系阴阳鱼对立统一的矛盾和合体。"和生"、"调和"、"中和"、"和合"所体现的"和谐融通"理念正是"和"的本质，构成了承载中国哲学的"和"思维特质。

3. 自然大化的"易和"之道。"易"与"和"形成"易和"之道，坚持"一阴一阳之谓道"的"易和"之道，以来推演万物流变、对立和谐的矛盾系统。"易"为世界的动变活力，通过阴阳矛盾注入永恒的创生能力，展开宇宙大化变易的运行历程；"和"为世界的构成法则，成为阴阳矛盾演化的整合秩序，在相互依存中和谐运转。"易和"之道用系统整体思维看待生命的运转："易"意味着进步，"和"意味着秩序；"易"追求发展，"和"守持稳定；"易"为变革的力量，"和"为维系的力量。易道广大，生生不息。"天行健，君子以自强不息；地势坤，君子以厚德载物。"生命的本性在于：阳刚之气生生不息，阴柔之气厚德载物。以道的视角来观察，人的死亡并非生命的终结，而是生命被大道母亲所隐藏，重新回到道的怀抱。回归大道之后又参与自然大化，可以产生新的生命——一粒种子种下去的时候，种子就死了，死意味着新生，它上面就长出了新芽。这个新芽进一步生长，变成了植物的杆。最后它开花了，花落了之后才能结果。生命就是这样自然而然、生生不息、大化流行。当孔子看到大河就自然涌现出生命大化之流的感慨："逝者如斯夫，不舍昼夜"，生命之流永不停息。这是"出生入死"的大化与"归根复命"的回归，能够回到母亲大道的怀抱。

三　理解生命的不同思维方式

生命的理解，有不同的思维方式，主要有科学生命观、神学生命观、哲学生命观。

（一）科学生命观：以观物的方式观人

科学生命观主要是一种以观"物"的方式来观人，以还原论的思维方式把握人的本源。科学生命观认为人的生命从自然生命中演化而来，只要理解宇宙万物本身，那生命之间没什么本质区别。科学通过一种认识"物"的方式达到了对人的生命的认识，也就是以观"物"的方式来观人，而最后得到的并非真实的人性，而是物的本性即物性。整个科学对人的生命的理解经过了一个漫长的历史，最早是自然哲学的研究，那个时候人们就有了认识自身的欲望，但只能从外在找到一个更高的物来解释人自身。中国人将其认识自身的方式称之为天道，天道产生了人道。随着时代的进步，科学的发展，人们对自身的认识更加具体深入。随着物理学、化学的发展，出现了生物学，人们开始了解身体这样一个有机体。生物学研究人的生命，达尔文的进化论以观"物"的方式来认识人，将宇宙生命的演化定义为一个完整的链系。达尔文的进化论从生物学视角，将无机界到有机界到人的生命界的链条打通，描述了生命的自然进化历程，不仅揭示了人类的起源与形成过程，更让人们认识到生命原来是一体同源的。在生物学研究的视野中，人与天地万物都是从一个生命链条进化而来的，但我们无法通过生物学看出人性独特的内涵，因为生物学为代表的自然科学是以一种认识"物"的方式来认识"人"的，即把人理解成某一种特殊的物。比如说人是一种会说话的动物、人是理性的动物、人是直立动物、人是政治的动物等，这些描述虽然有不同的修饰语，但其本质上都把人当作物。科学对人的认识，后来在生物学上的基础上进一步发展出社会学，认为人的个体生命来源于社会生命，每个人的生命都是父母的生命的延续，个体生命只有在人群中才能存活。从原始社会到今天，没有人可以脱离人与人的社会关系交织而成的群体而独自生存，所以说人通常把自己生命的本性隐含在社会群体中。人的文化是从历史中积淀下来的，本性是从社会化过程中获得的，寄托于社会历史性。

生物学注重找到生命进化的链条，而社会学、历史学进一步指出了人的个体生命的本质在于社会历史性，但人作为人的独特本性还是没有呈现出来。心理学进一步揭示人的心理和精神活动，探讨人的认知、情感和意志。但是心理学对人的探讨主要还是一种科学认知的方式，也就是用一种实验方式进行研究，来把握心理现象和规律。现代心理学如弗洛伊德从精神分析的层次上来揭示人的独特性，为人类理解生命的奥秘作出了贡献。弗洛伊德将人的心理本质划分为三层结构：本我，即人的本能，靠这个欲望来引导，这是人的自然本能；人还有一个超我，即理想中的我，每一个体不满足于自我的当下，总是希望把自己改造成希望的那样，这个理想中的我叫超我，自我在超我的引导下最后实现自我。自我是矛盾的存在，向上接近于神，向下接近于物，但人的生命本能又使其回到起点的欲望之中，所以说人一半是天使，一半是魔鬼；一半是海水，一半是火焰。人就是这样一个矛盾的存在，将自我解读为存在于超我与本我的夹缝中。但是这些还都是揭示了人的演化过程，提供了研究人的生命的源头等知识，虽然它们都为理解人的生命作出了重要贡献，但并没有揭示出人性的本质与奥秘。

（二）神学的生命观：以观神的方式观人

神学生命观以观神的方式来观人，把人理解为一种接近神的超越性存在，是一种超越论的思维方式，因此对人的理解过于理想和纯粹。早期人类认为自身由神创生而来，是神的后代，所以理解了神就理解了人，这是宗教神学的思维方式。宗教神学源于原始神话思维，在那个时候人由于无法认识自己便以其崇拜对象来理解自身，因此每个原始部落都有自己的图腾。图腾的出现正是因为人认识不清自己将自己对象化并神化，所有的原始部落都认为自己是神的后代。神是怎么产生的？很显然神是人创造出来的。人之所以创造神是因为神就是人对自然具有化生生命的神奇能力的隐喻。神实际上是人对自然大生命本性的人格化寄托，形成一种自然神论。人的小生命由宇宙自然的大生命而生，最后小生命在死亡之后又回到其中，即道家所讲的"出生入死"、"归根曰静"，入即回归、静即归道，返璞归真。

对宇宙大生命的奥秘的理解，中国人称之为道。但在原始思维中，自然力量就是神，是世界万物生命的奥秘。因为原始人无法解释天地万物包括人是怎么产生出来的，人的生老病死是怎么一回事，大自然的变化又是如何发生的。于是，人们将自然生命的奥秘赋予神，人创造了人格化的神，但是神有自己的真实基础，那就是宇宙大道生命本身和人的超越性。道家并不讲人格化的神，而是以道为万物的根据。佛家也不讲神，讲真如本性。基督教与伊斯兰教讲人格化的神。基督教主张上帝创世说，而上帝就是一个人格化的神，是圣父、圣子、圣灵的三位一体。这是人在那个时候为理解生命的奥秘而创造出的神灵论。上帝本质上就是自然大生命本身，因为说上帝创造世界，实质上是自然产生万物，所以神就是宇宙生命的化身。伊甸园的传说，亚当和夏娃偷吃了智慧树上的果子拥有了智慧和理性，却遗忘了宇宙大生命的一体性。亚当和夏娃在伊甸园里原先没有是非善恶之心，意味着天地万物融为一体，但是人吃了智慧树上的果子就意味着人开始有私心杂念，人变得"聪明"，这样上帝的惩罚就来了。这就是说人违背了那个自然大生命的一体性，只为自己小生命着想，这时就要遭到自然之道的惩罚。佛教认为人不仅仅只有在世这一段，相反生命是有轮回的，也是可以往生的。在佛教看来，佛性这样一种真如本性赋予了我们生命，人要在世间修行来去掉生命的蒙蔽获得清净的本性。真如本性就是生命之真谛，真如本性的觉悟就是与宇宙大生命同在。而神学的生命观究其本质，是将人的超越性发挥到极端，把人神化，赋予人以神性。"神"实乃自然大生命的奥妙。神学通过超越性的神来理解人的超越性的生命本质。

（三）哲学的生命观：以观人的方式观人

哲学是以人的方式来认识人，它不同意科学以认识物的来认识人，也不同意宗教神学以认识神的方式来认识人，而是追求以符合人性的方式来观人。在哲学看来，人性是一个二重化的矛盾的存在。人有物性，人是从自然生命那里来的；人同时还有神性，人有超自然的生命。高清海先生认为，人的生命是"超自然的自然生命"，是具有"自然生命的超自然生命"。人的心性，人心与人性，就是支配自然生命的超越性之所在。人是顶天立地的存在，头顶着理想的蓝天，脚踏着现实的大地，是在天地之间的一种真实存在。中国古人讲天地人"三才同德"，就是从哲学生命观的角度找到理解人性的结构，即人性其实既有神性的理想的层面，也有物性的世俗的层面。人既不能被物化，这样人就和动物没有区别了；然而人也不能被神化，因为人就是人而不是神。人是宇宙大生命自然大化的产物，当人不理解宇宙大生命之道时就称其为神。

西方早期自然哲学，是一种追本溯源式的思维方式，认为找到世界的本源就能揭示人的奥秘。早期希腊哲学家将"逻各斯"作为世界的本源。"逻各斯"类似于中国的天道，像一团永恒的活火，"在一定的分寸上燃烧，又在一定的分寸上熄灭"。柏拉图与亚里士多德开创了形而上学的本体论。他们认为人的生命根源在于世界的本体，本体是不动的，不变的，柏拉图称其为理念，这就是理念论。亚里士多德创立了形而上学，要找到世界的最后的本体、最高的原理、终极的存在，并对其作出终极的解释。问题在于，这样一种本体论的认识方式，是一种本质还原论意义上的思维，在观人时却观到了非人，认为人的生命不在其生命之中，而在于一个外在的高于人的理念或本体，这就是还原论思维方式，以人性外投的方式来认识人。这显然是离开人的生命本身，离开了人的生命与宇宙生命的真实联系，以人性外投的方式来理解人，结果失落了人的本性。本体论的思维方式到近代转向了认识论，人成为认识的主体，世界万物都是客体。客体围绕主体而旋转，这又走向了另一个极端——主体形而上学。笛卡尔的

"我思故我在"，发展了理性演绎的认识方式。到康德那里世界被划分为物自体和现象，而人的理性只能认识现象，把握不了事物本身，这就存在着二律背反的矛盾。但事实上从大道生命观来看，生命是内在相通的，人为地进行主客二分就把完整的生命世界给封闭和隔绝了。现代哲学对生命本性的理解可以说才刚刚开始，要理解生命就要回归人的现实生活世界，回到人的生命本身和生活实践活动，这开创了一个新的生活世界的转向。

（四）中西哲学生命观的区别

对生命的理解上，西方哲学与东方哲学需要进行深入的对话和会通。包括易与儒释道等的东方哲学，在领悟人的生命时强调一种直观的悟性思维，主张要靠心去悟，把人放到实验室里不可能得出人的生命的奥秘，当然也不能按照认识神的神学思维方式来认识人。这种悟性思维以体悟、感悟、证悟等方式来领会人性的奥秘，核心在于主张心与道的相通，这是东方特有的悟觉思维。与之相比，西方哲学思维就是注重概念化的理性思维，认为人的本性就是理性，主张对人的生命的认识要靠理性的思维，也就是一种科学理性的思维方式。

科学并不能解决心性、信仰与意义问题。科学主要是对事物做出一个事实判断，它难以给出价值判断，科学无法告诉人应该怎样生存，无法洞悉心性的奥秘。而东方的生命哲学，特别强调开发人的心灵，通过开启人的心智，在人的生命中筑起心法，以接通大道的心性来引导人生，实现生命的觉悟。总之，东方哲学更注重于心智，而西方的理性思维更强调理智。这两种不同的思维方式对人们认识生命和世界产生了不同的后果，西方的科学思维方式非常发达，近代以来一直领先。东方的悟觉思维，对人的生命奥秘的理解具有独特和深刻的意义。在当今全球化时代，东西方的哲学思维方式需要进行深层次的会通。

四　生命之道的自觉与生命的澄明之境

（一）双重生命观

以前所说的生命观大多是单一的，要么是物的生命观，要么是神的生命观。而人的生命观是双重性的，人既有物的属性，又有神的属性；人有超越性，人还有世俗性，人因而是一个顶天立地的存在。人让物尽其性，人尽其才。人有物的尺度，同时人还有自身内在固有的尺度。马克思说人也按照美的规律来塑造自己，让生命变成自身审美的对象。生命的双重观就是人用超自然的心性生命或者自由生命去统率自身的自然生命，让自然生命释放出它应有的潜能，让生命之花灿烂绽放。尊重生命，敬畏生命，源于生命的内在一体性。宗教和哲学都反复强调，生命是独一无二的和宝贵的，是有着独特的使命的。按照儒家的说法，民胞物与，人都是我的同胞，物都是我的朋友，这是一种博大的生命情怀。"为天地立心，为生民立命，为往圣继绝学，为万世开太平。"生命在自然进化过程中进化出人来，人睁开心灵之眼，让宇宙通过人心看到自身。人在这个世界上肩负着极其神圣的使命，若生命没有绽放，那就是生命的夭折。"天"字上面一横偏了就变成夭折的"夭"，夭折就不是天然的，不是自然生命的自然实现。

生命的逻辑在于：人的生命是自然和自由的统一。从哲学层次来讲，人既是自在的又是自为的，是自在与自为的统一。人从天地那里得到了自然的生命，人利用这种自然的生命之道，来证成自己的自由生命。比如说，一个艺术家有他的艺术生命，一个运动员有他的体育生命，一个政治家有他的政治生命，一个文学家有他的文学生命，等等，而这些才是人所要实现的价值。人利用宝贵的自然生命，去创造属于自己的自由生命。自由生命是以自然生命为基础的，但又要靠生命之道引导自然生命，这就是生命的心性。

（二）道的位置

道不在遥远的彼岸，不在极乐世界、不在天国，不在天堂。"道不远人，人是为道而远人，不可以为道。"道就在人的生命之中，道就是人的心性，道与心同在，心与道相通。道就是心性、良知、良能，道不在外面，而在人的生命之中，也就是道在万物之中，是成就万物的生命本性。在冰天雪地的冬天，花的种子就在大地里边隐藏着。春天来了，春风一吹，就自然的发芽了，生命就苏醒了。这时候使得花儿绽放的内在力量，就是花的自然生命之通道，即自己构成自己的道路。花草自然的生长，但是如果人为地把它拔了或者人为地给它施化肥农药，这其实就违背了花的自然本性。现在有诸多违背生命本性的现象，在现代化的生产方式下，人食用的粮食里大都含有农药等有害物质，吃的食品大都放了添加剂，不天然也就不自然了。这就违背了自然而然的生命本性。人对自然过度的开采开发，大自然会对人类进行"报复"。这实际上是自然之道在起作用：背道就不得正果，顺道就通达顺利。道就在生命之中，有道的人能主宰自身的命运，也就是说遵道的人才能不随波逐流，才能主宰自己的人生。

（三）生命的澄明之境

只有对生命的本性与生命之道有了自觉的意识，我们才可以进一步思考开启生命的澄明之境。生命的澄明相对于生命的无明，无明就是黑暗。因此，人要想达到澄明就要打通自己的心性，通过修心养性、致虚守静、明心见性，让道照亮生命世界。

一是觉与证。修养心性，既要知道，又要行道，这就是觉与证。要觉悟道，又要证道，即通过生命去验证道，去展现道。这就是知行的统一。中国哲学强调知行合一，佛教也强调觉证一体。若有了道但却没有在生命中修行，那么道还不能贯通，不能住留心性。因此，必须要修行并重。觉和证的关系，就是不但要"知道"，而且要"行道"，达到觉悟和修证的统一。

二是诗与思。古往今来的诸多思想家、艺术家都在思考生命。那些伟大的文学著作、伟大的诗歌，都是指向生命、感叹生命、觉悟生命，其目的都是寻求生命的真谛。《红楼梦》的伟大之处在于它不仅仅是我们通常所说的文学作品，它里边蕴涵着深厚的儒道释意境，不了解儒释道就难以读懂《红楼梦》。所谓"世事洞明皆学问，人情练达即文章"。事实上，古往今来的诗人、文学家、艺术家，都以自己特有的方式感悟生命，追寻生命之道，但我们传统的哲学史中却鲜有诗人和诗性的智慧。这就是说我们现有的思想认识格局是很有局限性的，不足以把握生命的恢弘与博大气象，把诗性引入思想才可能是完整的。人不光需要理性，还需要情感，诗与思的对话才可能觉悟完整的人性。诗与思都是对生命之道的一种感悟，诗意之思将开启现代人诗意栖居的人生态度。

三是心与性。知人要知心。中国哲学的高明之处就在于把心性开显出来，中国文化也是注重心性的文化。心和生合起来就是性，就是用心去引领生命，以符合道的本性。如何处理好心性与生命的关系，这是个永恒的哲学主题，也是永恒的人生主题。得道之人用心性驾驭生命，而失道之人则是丧失心性的指引。道是方向，是理想的指引，而路是现实的具体的开显。因此说，没有道就没有路，有道才有路。人要对自己的生命有一个真实的观照，要知道自己想要什么，才可能找到所想要的，但在大多数时候人们往往把虚假的欲望满足当做真实的生命需要。这就凸显了心性之于生命的重要性。

四是迷与悟。人生总是处在迷和悟之间。悟就是觉之光明，可以照亮迷之黑暗。如果已经意识到了迷，那就意味着离悟不远了。这说明人可以调整自己生命的姿态，向着合适的道路前行。人生的辩证法就在于，只有经过苦才能找到乐，经过迷才能找到悟。一个人只有经历了很多的苦难之后，才能感知生命的甘甜。一个民族只有经历了诸多的苦难才能够成熟起来，才能有自己的文化道统。人与人的交往，最贵于交心，达到心灵的相通。人同此心，心同此理。人有神圣的心性与道性，通过天地神人的会通，可促进人内在本性的觉醒，从而达到"泰然自若"和"虚怀敞开"的生命通达之境。

人要体悟生命的澄明之境，就要修心养性，明心见性，通过心与道的接通，永葆"自然率真的心性"，体悟"生命一体的情怀"，怀抱"寄托天下的气度"，追寻"逍遥自在的境界"，活出"乐观通达的人生"。这就是心与道通的生命之道，也是我们现代人所要开启的生命澄明之境。

中国传统文化中的人学思想

——以儒家人学为例

吉林大学哲学社会学院　吴　迪

　　哲学的研究始终脱离不了人自身，最终指向也必然是人生命的本身，近些年来，随着中西文化的汇通，中西哲学的研究对象无一例外地指向了人。对人的追问和研究逐渐形成一门学问，在西方称之为"人学"，而中国的传统文化的内在精髓是离不开对人本身的关切的，因此在"人学"成为一个世界性的研讨话题的同时，我们需要从自身文化之中挖掘出此"学问"的内涵。

　　在儒家为主导的中国传统文化中，对人的看法不同于近代以来的西方。在中国传统文化中包含着诸多"人学"思想，作为中国传统文化的主流，儒学更是以"人最为天下贵"为其思想基础，实现了人类对自我的最初理论省思，并形成了内圣外王、修己治人的思想宗旨。在某种意义上说儒家的人学是中国传统人学思想的奠基。下面我也主要以儒家的人学为主来研究这个问题。中国的传统人学思想需要从以下几个方面来探讨：

　　1. 作为人学根基的天人关系问题；

　　2. 人得最高天道之性的人性论基础；

　　3. 作为中国传统人学终极归宿的理想人格与道德境界。

　　通过对几个方面的把握，便于使我们对整个中国人学观念的了解更为系统而全面，从而真正地理解自身文化中关于"人"自身知识的内涵。

　　第一部分是作为人学根基的天人关系问题，这实质上是人作为个体性存在于天人之际中发现自我的一个环节，同时也是中国传统人学萌发的理论根基。

　　天人关系思想的来源根植于中国原始先民天道观念思想的萌发，中国早期先民把人间秩序和道德价值归源于"帝"或"天"，这种"帝"或"天"是有人格意义的神。所谓"不知不识顺帝之则"、"天生蒸民，有物有则"都是这种观念的表现。但通过中国历史上的两次"绝地天通"使得"神道天道观念"逐渐转向"人道天道观念"，继而随着人格神地位下降，天人之分化，作为个体性的人开始逐渐体认自身。这也显示出人在其所处自然世界的重新定位，开启了人对其自身及其生活世界的重新认知。

　　伴随着人的自我意识而来的，是人类主体性的发展。人逐渐认识到人类自身与其他物种一样同为天地所生，而人有其独特性又使之成为宇宙间特殊的类存在物。先秦儒家在人类自我反思过程中概括出人具有感知能力、创造性和独特的类本性，初步认识到了人不仅能建立一个不同于自然本质的物质世界，而且能够筑起一个自我修为的主观理性世界。而这个主观的理性世界同外界之天有着根本性的区分，继此延续下来，天人关系的讨论必然要落实到人自身的生存发展与天道本体之运行互动关系之中。

　　天人关系是中国古代哲学中最早提出和最为广泛探讨的问题之一，在古代对天的描述和界定比较繁多，例如主宰之天、命运之天、义理之天、自然之天、人格之天等，从总体上说"天"是主体活动的对立因素，可以被认为是有能力监视人的活动的人格神，抑或是主体活动的限制的机遇或命运，可以指主体的认识或实践的对象，也可以指主体的活动所依赖的某种先天条件，其共性就是作为人的行为活动的对立因素。在中国传统文化中的天人关系则是以"天人合一"与"天人相分"最具代表性。但两者并不是绝对的对立。例如，老子提出"人法地、地法天、天法道，道法自然"的命题，似乎证明了他的"天人合一"观。然而，从"天之道损有余而补不足，人之道则不然，损不足而奉有余"，可以看出，在老子的天人关系中，天道与人道是有分别的。在孔子那里亦是如此，一方面，他提出"唯天为大"；另一方面，又把天命与人力对立起来，教育世人通过主观努力达到自己的目标。尽管如此，在这两种天人关系中，由于人与天发生关系的方式不同，"天人合一"与"天人相分"的差别还是存在的。

　　"天人合一"所表达的与其说是人合于天，毋宁说是天合于人。人或是对天"效法",或是对天"体验",或与天相类,或与天相通。"天人合一"既是一个原则,又是一个过程。作为原则,它指的是人先验的本性或出生时的状态;作为过程,它指的是人不断地通过各种功夫恢复此性、体贴万物的活动。而"天人相分"是从人与自然、主体与客体关系的相互区别的角度出发,主张天与人不同职分,人可利用和征服自然。上古的"绝地天通"已经包含了区别天与人的思想。春秋时期,子产的"天道远,人道迩,何所及也",最早明确地区分了天人的说法。战国末期,荀子明确系统地提出了天人相分的思想。但他并没有否定人与天的统一性,他认为天是无目的的、自然运行的东西,"不为尧存,不为桀亡"进而指出"制天命而用之"进而达到人与天地和合而存的"天人合一"的境界。

在天人关系中,无论是"天人合一"还是"天人相分",最终要实现的是"人道"与"天道"的契合。所谓"天道",其实质上是人间道德的"天化",是被宣布为"天道"的"人道",与其说是对"天道"的探求,不如说是对"天道"的设计,实质上是"神道设教",以"天道"这种超验的形上的力量,来规划理想的秩序,来规范人的行为。人道问题即是天道的全部内涵,天道以人道为载体,人道以天道为支撑。《中庸》指出"诚者天之道也,诚之者人之道也",后孟子稍作变更为"诚者天之道也,思诚者人之道也"①,这里的"诚之"与"思诚"的主体便指向人本身,"诚之"或"思诚"都是在天道准则下的人道行为。这样向外求索天人关系的指向最终要落回到"人道"本身,因此在外求于天的同时,还要内求于人本身。

第二部分是人得最高天道之性的人性论基础,这也是中国传统人学向内求索的环节。

人类在天人关系中获得了对自我的体认和人道的规则,开始着手于构建人道社会的尝试,与此同时也拉开了对自身的探索序幕,以寻求人遵行社会秩序的内在根据。于是,作为天人之际沟通环节的性也就成为研究的重点,对人内在之性的挖掘也成为向内求索的主要指向。

关于人性的讨论首先是在人禽之分的基础上展开的,首先古人是在区分人与禽的基础上认识人的,人与禽既有统一性又有本质区别,从躯体构

---

① 《大学·中庸》,王国轩译注,中华书局 2006 年版,第 23 页。

成上来说，如"天地之间，无非气之所成。故人有人之气，物有物之气，则人有人之种，物有物之种。"这就是说人与禽类都是由自然之气演化而成，且因所禀受的气的不同类型而相区别。其次人禽第二个区别在于，有无社会性。马克思说过："社会是人同自然界的完成了的本质的统一。"①人通过交往、生产等实践活动结成社会关系，才能利用、改造自然。可以说社会在某种程度上充当了人与自然物质沟通、转换的中介。中国古代思想家也很早就意识到了这个问题，《荀子·王制》中就说过："力不若牛，走不若马，而牛马为用。何也？曰：人能群，彼不能群也。"② 这明确说明人的社会性是区别人与动物的重要之处。人与动物的区别还在于有无意识。马克思认为："有意识的生命活动把人同动物的生命活动直接区别开来。"③而中国古代思想家一般认为人和动物的区别在于道德意识。早在《荀子王制》中就有过论述："水火有气而无生，草木有生而无知，禽兽有知而无义；人有气，有生，有知亦且有义，故最为天下贵也。"④ 这里面的"义"乃道德意识，人有生、有气、有知、有义。这种道德意识是水火、草木、禽兽都没有的。可见，正因为人具有道德意识才使他成为万物之灵。这就决定了人如果不满足以上的条件就无法保持其为人的本质。人为了保持自己的本质，首先需要好道乐学，就如王允在《论衡·别通》中提到的："人生禀五常之性，好道乐学，故辨于物。今则不然，饱食快饭，虑保求卧。腹为饭坑，肠为酒囊，是则物也。"⑤ 这说的是人只有好道乐学掌握一定的知识，才能有别于物。而只求吃喝安逸就和动物没有差别了。其次，道德是人之为人的重要原因。《孟子·公孙丑》"无恻隐之心，非人也。无羞恶之心，非人也。无辞让之心，非人也。无是非之心，非人也。"没有恻隐、羞恶、辞让、是非四心的人，即没有仁、义、礼、智的"四端"，这样的人就沦为了禽类。在区分了人与禽类的基础上，肯定了人的价值。

因此，人作为万物之灵而具有和其他万物所不同的"内在之性"。这里需要强调的是，这种性可谓之"天命之谓性"，是在人生之前就已经存在的性，是人得天道之性，北宋程颐称之为"极本穷源之性"。这种性是

---

① 《1844 年经济学哲学手稿》，人民出版社 2002 年版，第 83 页。
② 《荀子》，安小兰译注，中华书局 2007 年版，第 28 页。
③ 《1844 年经济学哲学手稿》，人民出版社 2002 年版，第 57 页。
④ 《荀子》，安小兰译注，中华书局 2007 年版，第 29 页。
⑤ 《论衡校释》，黄晖撰，中华书局 1990 年版，第 19 页，

根本的，在前提性意义上是绝对的善。但人并不是生来就是完满的，人受后天之气的影响，使得人并不能一一成为"参透天理之极，而通万物之灵"的圣人。这就是人所受的"气禀"影响的结果，在这个问题上，中国古代传统哲学中有很多思想家在人性问题上展开了讨论，既有董仲舒、王充、李翱等人对人之本性问题的所规划出的性三品的学说，又有程颐、周敦颐、朱熹等关于性二元论的划分。这些论断无一例外地将人性分化开来，性三品中有中人之下、中人、中人之上三性，性二元论中也有"天命之谓性"与"生之谓性"的划分。

那么作为"生之谓性"的中人之性如何能达到圣人之性？这就需要在后天去习得、去体证。董仲舒与王充强调后天的学习和环境对人性是有影响作用的。"夫中人之性，在所习焉。习善而为善，习恶而为恶"①，而二程也提出"存天理，灭人欲"，破后天之人所受的外欲之困，依身证"道"，主张用体证的方式，通习天理，存人之本性，这就具备了成为圣人的必要性，而作为万物之灵的人皆有这种成为圣人的基础，而托俗入圣，仍需后天的修养功夫。

第三部分是作为中国传统人学终极归宿的理想人格与道德境界，这也是中国传统人学的终极价值所在。

人道合于天道的天人关系论，是儒家人学中一切问题的出发点。儒家的理想人格亦根源于此。张岱年先生曾指出："中国大部分哲学家认为天是人的根本，又是人的理想；自然的规律，亦即当然的准衡。而天人之间的联系者，多数哲学家认为即是性，人性受于天，而人的理想即在于尽性：性即本根，亦即道德原则，而道德原则乃出于本根。"儒家的理想人格既是天人关系的中枢，又是天人合一的化身，具体体现在圣人之道上，圣人之道就是"天道"与"人道"的中介。"圣王合一"是儒家理想社会治理模式，反映在理想人格模式上就是"内圣外王"。孔子虽然没有明确的"内圣外王"的表述，但他讲求的"博施于民而能济众"以及"修己治人"，实为"内圣外王"的另一种表述。孟子更是把"圣人"视为"人伦之至"。只有达圣人之境才能"参天地之化育"而"通万物之灵"。这里又谈及圣人之境，这是一个道德境界的问题，谈及境界，我们所直接面

---

① 王充：《论衡·本性篇》，时代文艺出版社 2008 年版，第 14 页。

对的便是人对个体人生觉解的程度，人觉解程度因不同的个体而存高低之分，因此，宇宙人生对于人的意义就会有所不同，这也就构成了属人的不同精神境界。这种境界说是建立在人对宇宙人生的觉解之上的，这种对宇宙人生、对于人的意义的自觉了解是构成某种境界的关键。冯友兰先生也曾指出："宇宙人生对于人所有底某种不同底意义，即构成人所有底某种境界。"① 因此以人性为基奠可将人的境界划分为下民自然之境、中民功利道德之境、圣人之境。

处于下民自然之境的人，其行为是顺才或顺习的，顺其自然之性而生活，如"凿井而饮，耕田而食，不知不识，顺帝之则"，这种境界的人对于他的行为的性质和意义都没有明确的了解，但这个境界中的人还是对行为本身有一定的认识，知道他自身的行为是怎么一回事，这就是他所以是人而高于别的动物之处，但人生的意义对于这种境界中的人是一片混沌，自然之境中的人是处于自然必然性的支配之下的，其一切的行为都是自发的，而不是自觉的。在这种意义上可以说此境界中的人是没有意识的人，这样的人虽然也有自己的人生，但人生对他并不具有意义，即使有意义，也是知识论上的意义，而无道德论上的意义。自然之境中的人，只是不着不察地做事，这种境界不是人所应有的，但却是人所必先有的。

处于中民功利道德之境的人是在自然之境之上的，这个境界中的人的行为是"为利"的。"所谓'为利'是为自己的利。"这里的"利"，包括我们通常说的"名"和"利"两个方面。"求名于朝，求利于市"都是为了满足自己的需要、求自己的乐，乐即一种满足感。但是此境界中的"为利"的人又与动物有所区别，动物是出于本能的"为利"行为，而此境界的人是出于自觉明晰计划的为自己的利。此境界中的人的行为虽然是为自己的利，但也可以给他人带来利益，在自身获得利益的同时也在某种程度上将利益带来的有利影响给予了别人。同时也会在一些以全民之共同利益获取的基础上行道德之行，以求共谋社会之利。这个境界中的人认识到自己与他人、个人与社会不仅不是对立的，而且个人只有在与他人的关系中、在社会的全中始能存在、发展、完善。意识到人只能作为社会"大全"中的一个"分"，这也是中民道德性的侧面展示。

圣人之境是体证天道本体、得万物之理的最高之境。此境界中的人能

---

① 冯友兰：《新原人》，生活·读书·新知三联书店 2007 年版，第 2 页。

够实现人生最高的追求，找到"安身立命"之本。他们对宇宙人生有极高明的洞悉，将自身融合于宇宙之中，"人存于圣人之境，一切皆为宇宙为宗，他们对生死的见解，既无所谓生，也无所谓死；他们认为在社会之上，尚有一个更高的全体——宇宙。所以他们所做的事，便是为宇宙服务。"在此境界中的人的行为是"事天"的，在了解社会之大全的同时，应具有了解宇宙之大全的能力。此境界中的人已经超越了自然与社会的界限，达到了真正意义上的天人之合，此种境界的人即为圣人，其行为是超道德的，其自身已经超越了社会的道德框架，真正地同大同的道德价值体系相融合。这也是人追求的理想人格。此境界中的"我"，不再是一个经验的"我"的存在，在圣人之境中日趋抽化成一个超验"大我"，而天地境界中的"天"即为一个"大全"，一个绝对不可言说的众理之全，而人最终的归宿即是"大我"与"大全"的合一，从而真正达到有我与无我的统一、有知和无知的统一、有为与无为的统一、自然与天地的统一、高明和中庸的统一，能够意识到宇宙并自觉地"事天"，在"事天"中体证天之"正理"，为通天人之际而明内圣外王之道，树立"为天地立心，为生民立命，为往圣继绝学，为万世开太平"的理想人格。这也是中国传统人学的终极追求。

综上，在中国传统文化范畴中，与万物相较，人有其最为尊贵之处；与天相较，则可以天人合德，人凭其内在心性便能上达于天。既然每一个人都有其为人尊贵之处，则人的生命之无上价值，便不言自明。这与西方颇为不同，大致说来，西方哲学的人本身在对象性的意义上等同于自然，即把人客观化为一种认知的对象。而人一旦化为客观的认知对象，就不免要用各种分析的方法来认识。"这种分析方法一方面虽然加深了我们对'人'的了解，但另一方面也不免把完整的'人'切成无数不相连贯的碎片。"在中国文化特别是儒家哲学中，最主要的客体是人的生命本身。这种文化"以生命为它的对象，主要的用心在于如何来调节我们的生命，来运转我们的生命、安顿我们的生命。"在中国的传统的文化思想中，处处展现生命哲学的内涵，"生生之谓易"，将天地的变化都集中在生命一点，生命则为宇宙之中心。在中国传统文化中，"人"以一个有理性、情感、意志、欲望的生命整体来展现，与宇宙汇通，与天地万物融为一体，彰显出"人"的地位，与此同时，在社会之中，人与人和谐相处，从而成就以"仁"为核心的人伦秩序。所以，同西方文化相比，中国传统文化中的

"人"凸显出"德"、"情"范畴，德、情深化于人生命之中。中国传统的文化要求追问人自身需向内而非向外，唯有从这个角度来看待"人学"，对人的追问才能得到最终的解答，这也体证着中国传统文化"内在超越之路"的精神历程。

形而上学与当代
哲学变革

形而上学发展史上的三次翻转

——海德格尔形而上学之思的启迪

复旦大学哲学院　俞吾金

　　随着现代生活和科学技术的发展，作为哲学之核心的形而上学正趋于衰微，就像黑格尔在《逻辑学》第一版序言中所说的："科学和常识这样携手协作，导致了形而上学的崩溃，于是便出现了一个很奇特的景象，即：一个有文化的民族竟没有形而上学——就像一座庙，其他各方面都装饰得富丽堂皇，却没有至圣的神那样。"① 在当今学术界，人们受实证主义思维方式的影响，关注更多的是具体哲学问题的研究，少有人提及"形而上学"，即使提到它，也多半是在批评、否定的意义上。而少数致力于探索形而上学问题的人，或者满足于以分析的方法列举这个研究领域内的主要问题，或者满足于以编年史的方式来叙述形而上学发展史。这些研究往往缺乏对形而上学的本质、意义和发展规律的深入探索，人们却把这类缺乏真正形而上学之思的文字理解为形而上学研究方面的经典之作。②

　　然而，无论人们是出于克服现代性焦虑的目的而重建民族精神，还是为了站在思想的制高点上来重振哲学，都无法回避形而上学问题。正如康德所指出的："人类精神一劳永逸地放弃形而上学研究，这是一种因噎废

---

① 黑格尔：《逻辑学》（上），杨一之译，商务印书馆1981年版，第2页。

② 比如，人们常常把麦克尔·路克斯（Michael Loux）的《当代形而上学导论》（*Metaphysics: A Contemporary Introduction*，1998，2002，2006）理解为一本经典性的教材（哈佛教学用书），但全书竟然没有提到黑格尔和海德格尔的名字及相关的著作，仿佛这两位对形而上学问题的研究有着巨大影响的哲学家从来就没有存在过似的！需要指出的是，尽管英美分析哲学家对形而上学有自己独特的、批判性的理解，但在叙述形而上学发展史的时候却没有理由撇开黑格尔、海德格尔这样有影响的大陆哲学家。

食的办法，这种办法是不能采取的。"① 而在我们看来，要对形而上学问题
作出创造性的反思，海德格尔的思想不无启迪意义。海德格尔曾经指出：
"形而上学这个名称被用来称谓所有哲学的起规定作用的中心和内核。"②
正是基于这一理解，海德格尔一生都致力于对形而上学的反思，并对其本
质、意义和历史发展规律作出了别开生面的阐释。

在深入研究海德格尔形而上学理论的基础上，我们发现，西方形而上
学发展史是由三次大的"翻转"或"颠倒"（Umkehr/reversal）构成的，
而现代性的秘密则深藏于这些"翻转"之中。事实上，正是通过对这些
"翻转"的理解和阐释，摆脱现代性焦虑的出路才向我们开启出来，而哲
学之思也重新找回了自己的尊严和制高点，不至于在实证主义的琐碎的思
维中埋葬了自己。

形而上学发展史上的第一次翻转

形而上学发展史上的第一次翻转表现为以柏拉图主义为代表的"在场
形而上学"（metaphysics of presence）向以笛卡尔、康德和黑格尔为代表的
"主体性形而上学"（metaphysics of subjectivity）的翻转。

众所周知，亚里士多德的一部著作名为《形而上学》。在希腊文中，
"形而上学"写作 τα μετ'α τα φυσικ'α，其中 μετ'α 具有"超出"的含
义。③ 但 τα μετ'α τα φυσικ'α 这个词并不是亚里士多德创制的。实际上，
亚里士多德把研究"存在者之为存在者"（being qua being）的学问称之为
"第一哲学"（the first philosophy）。沙哈肯（W. S. Sahakian）在《哲学史
纲要》一书中指出："安德罗尼柯（Andronicus）把第一哲学描述为来自物
理学之后或超越物理学的一组原理（在希腊文中写作 ta meta ta physika），
并把它们归属于亚里士多德文库中被放在物理学后面的那些著作。"④

尽管 τα μετ'α τα φυσικ'α 这个词是安德罗尼柯创制出来，并用来指称

① 康德：《未来形而上学导论》，庞景仁译，商务印书馆1982年版，第163页。

② 海德格尔：《形而上学导论》，熊伟等译，商务印书馆1996年版，第19页。

③ M. Heidegger, Die Grundbegriffe Der Metaphysik, Frankfurt an Main: Vittorio Klosterman, 1983, s. 58；参见海德格尔《路标》，孙周兴译，商务印书馆2000年版，第137页。

④ W. S. Sahakian, *Outline-History of Philosophy*, New York: Barnes and Noble, INC., 1969, pp. 65—66. 其中的 ta meta ta physika 乃是 τα μετ'α τα φυσικ'α 的拉丁化表述。

亚里士多德放在物理学后面的那些著作的，但这并不等于说，形而上学的历史是从亚里士多德开始的。海德格尔在《尼采》一书中指出："形而上学发端于柏拉图的思想。柏拉图把存在者之为存在者，亦即存在者之存在，把握为理念。"① 作为柏拉图的学生，亚里士多德在被他称为"第一哲学"的《形而上学》一书中探讨的主题正是"存在者之为存在者"，而在海德格尔看来，这个主题实际上是由柏拉图所奠定的。"因此，从形而上学的奠基者角度出发，我们也可以说：一切西方哲学都是柏拉图主义。形而上学、唯心主义、柏拉图主义本质上意指着同一个东西。即使在对立思潮和颠倒发挥作用的地方，它们也还是决定性的。在西方历史上，柏拉图成为哲学家的典范。尼采不光把他自己的哲学称为柏拉图主义的颠倒，无论在哪里，尼采思想都曾经是、而且一直是一种与柏拉图的对话，一种独一无二的、常常分裂性的对话。"②

在海德格尔看来，柏拉图不仅是形而上学的奠基者，而且其哲学——柏拉图主义也是从柏拉图到尼采的形而上学的主导性形式。尽管像尼采这样的哲学家试图颠倒柏拉图主义，但即使在这样的颠倒发生作用的地方，柏拉图主义的影响仍然是决定性的。海德格尔甚至认为，"柏拉图主义在西方哲学中无可争辩的统治地位最后还表现在：甚至柏拉图之前的哲学（按我们的解释，它还不是形而上学，也就是说，还不是一种展开了的形而上学），人们也是从柏拉图出发给予解说的，并且把它称为前苏格拉底哲学。"③ 在这里海德格尔极其深刻地揭示了柏拉图主义的"日全食式的"影响，即不但人们对后柏拉图哲学的理解和阐释已被柏拉图主义所渗透，而且他们对前柏拉图哲学的理解和阐释也已被柏拉图主义所渗透了。

在这里，需要进一步追问的是：作为形而上学主导形式的柏拉图主义究竟是一种什么样的形而上学？在《哲学的终结和思的任务》一文中，海德格尔告诉我们："一切形而上学（包括它的反对者实证主义）都说着柏拉图的语言。形而上学思想的基本语词，也即形而上学对存在者之存在的表达的基本词语，就是 ειδος 即 ιδεα（相）：是存在者作为这样一个存在者在其中显示自身的那个外观（Aussehen）。而外观乃是一种在场方式。"④

① 海德格尔：《尼采》（下卷），孙周兴译，商务印书馆2002年版，第904页。
② 同上书，第852页。
③ 同上书，第852—853页。
④ 孙周兴选编：《海德格尔选集》（下），上海三联书店1996年版，第1254页。

海德格尔这里说的 ειδος 也就是"形式"（form），ιδεα 或"相"也就是
"理念"（idea），这是两个内涵相同的概念。显然，海德格尔把柏拉图的
形而上学判定为在场形而上学。

那么，究竟什么是"在场形而上学"呢？海德格尔并没有给它下定
义，我们只能从他相关的论述中来把握它的含义。海德格尔从其现象学的
视角出发，把人的意识中显现出来的、现成存在着的东西或"外观"理解
为"在场"（Anwesenheit/presence），并把以在场及在场形式作为自己研究
对象的哲学理论视为在场形而上学。①

海德格尔认为，在柏拉图那里，"在场"具有两种不同的形式：一种
形式是作为"存在者"在场，这里的"存在者"是指具体的事物，如一幢
房子、一匹马、一块石头、一个人、一幅画，等等，人们凭自己的感官就
能感受到它们的在场；另一种形式是作为"存在"在场，而"存在"则是
对"存在者"的概括，即抽掉"存在者"的一切特殊性，因而是最普遍之
物。对这样的最普遍之物，人们只能通过自己的思维去理解并把握它们的
在场。这种最普遍之物也就是柏拉图所说的"理念"。为此，海德格尔评
论道："通过把存在解释为最普遍之物，并没有对存在本身说出什么，而
只是言说了形而上学是如何思考存在概念的。形而上学对存在概念的思考
是如此奇怪地漫不经心，也就是说，它是根据日常意见和普遍化的视界和
方式来进行这种思考的。这一事实十分明显地证明了：形而上学是多么明
确地远离于任何一种对存在与存在者之区分的沉思，尽管它处处都用到这
个区分。"② 在海德格尔看来，柏拉图对存在本身并没有说出什么实质性的
意见，柏拉图主义作为在场形而上学，注意的只是"存在"和"存在者"
在在场形式上的差异。

---

① 必须指出，尽管海德格尔反复地论述了传统形而上学与"在场"的关系，在他那里，"在
场形而上学"的概念几乎是呼之欲出了，但他并没有直接提出这个概念。这个概念是德里达通过
对海德格尔著作的解读而提出来的。德里达认为，传统形而上学"也许就是将存在当作在场这个
词的全部意义所作的那种规定"（参见德里达《书写与差异》（下册），张宁译，生活·读书·新
知三联书店 2001 年版，第 504 页）。在他看来，虽然海德格尔批判了在场形而上学，但也未最终
摆脱这种形而上学，而"人们正是通过符号的概念才动摇了在场形而上学"（参见《书写与差异》
（下册），第 506 页）。正如凯尔纳和贝斯特所指出的："德里达把这种对待语言和知识的基础主义
方法称为'在场的形而上学'（metaphysics of presence）（Derrida, 1976），据说它能够保证主体可
以无中介地接近现实。"（参见道格拉斯·凯尔纳、斯蒂文·贝斯特《后现代理论》，张志斌译，
中央编译出版社 2001 年版，第 27 页）

② 海德格尔：《尼采》（下卷），第 843 页。

众所周知，柏拉图认为，"存在"，即理念作为最普遍之物，乃是始源性的、永恒的，它们是一切个别事物的原本，而作为个别事物的"存在者"只是理念的"摹本"，至于表现个别事物的艺术品则是"摹本的摹本"。正如海德格尔所说的，"柏拉图把在场性规定为相（ιδεα）"①，即理念。也就是说，在柏拉图眼中，唯有理念，即"存在"的在场形式是始源性的、永恒的和真实的，② 而作为个别事物，即理念的"摹本"的"在者"的在场形式则是不可靠的，因为它们是变动不居的，因而也是非始源性的、虚幻的。至于作为"摹本的摹本"的艺术作品，其在场形式则是从属于通常的"存在者"的，并比通常的"存在者"更虚幻，也更不可靠。因此，海德格尔指出："对柏拉图的形而上学来说，在存在者之在场状态的不同方式，因而也就是存在的不同方式的等级秩序中，艺术是远远低于真理的。"③ 在《理想国》中，艺术家，尤其是诗人甚至成了被驱逐的对象。

从海德格尔上面的论述中，我们可以引申出以下结论：

第一，柏拉图主义本质上是在场形而上学，这种形而上学的目光是向外的，它关注的是世界万物在人的意识中的显现或在场。在这种形而上学中，作为存在者的"人"的特异性还没有被主题化，人被视为与其他存在者，如房子、马、石头、艺术品同样的东西。

第二，乍看起来，这种以柏拉图主义为标志的在场形而上学似乎意识到了"存在"与"存在者"之间的差异，并把在场的始源性形式理解为"存在"，即"理念"，但由于它没有意识到，在所有的"存在者"中，唯有"人"这一特异的"存在者"才能担当起询问存在的意义的使命，所以，存在的意义无法通过这种在场的形而上学而彰显出来。在海德格尔看来，这种在场形而上学必定会被新的形而上学理论所取代。

如前所述，在以柏拉图主义为代表的在场形而上学中，既然理念是始源性的、最真实的在场形式，"那么，对于柏拉图来说，理念之本质以及存在之本质的最终根据在哪里呢？答曰：在一个创造者的安排中。"④ 在这

---

① 孙周兴选编：《海德格尔选集》（下），第1256页。
② 海德格尔说："在柏拉图主义看来，真实之物，即真实存在者，就是超感性之物，即理念。"参见海德格尔《尼采》（上卷），孙周兴译，商务印书馆2002年版，第169页。
③ 海德格尔：《尼采》（上卷），第207页。
④ 同上书，第203页。

里，海德格尔实际上指出了柏拉图主义的历史命运。果然，在漫长的中世纪社会中，它转化为以论证上帝的存在为主旨的理性神学，而上帝这一完美的"创造者"则成了最根本的在场的形式。在以文艺复兴运动为开端的现代社会中，无论是原始的柏拉图主义的在场形而上学，还是被神学化的在场形而上学，都遭到了一种新的形而上学理论，即主体性形而上学理论的批判和冲击。

尽管主体性形而上学也是在柏拉图主义的传统中孕育并发展起来的，但它的运思方式却体现出对在场形而上学的颠覆。如果说，在场形而上学把"人"这一特异的存在者与其他存在者一视同仁，那么，主体性形而上学却意味着人的主体意识的觉醒，人把自己作为主体置于作为存在者整体的世界之中心。于是，世界万物在人的意识中的显现方式被翻转过来了。对于在场形而上学来说，人是整个世界图景中的一个普通的，甚至是微不足道的因素；而对于主体性形而上学来说，人是整个世界图景的基础和中心。正如海德格尔所指出的："西方历史现在已经进入我们所谓现代这个时代的完成过程中。这个时代是由下面这样一个事实来规定的：人成为存在者的尺度和中心。人是一切存在者的基础，以现代说法，就是一切对象化和可表象性的基础，即 Subjectum ［一般主体]。"①

那么，究竟谁是这种主体性形而上学的始作俑者呢？在海德格尔看来，这个始作俑者就是法国哲学家笛卡尔。他这样写道："在现代哲学的开端处有笛卡尔的定律：ego cogito，ergo sum，我思故我在。关于事物和存在者整体的一切意识都被归结于人类主体的自身意识（作为不可动摇的全部确信的基础）。在后继时代里，现实的现实性被规定为客体性，即通过主体并且为了主体而被把握为被抛向它对面、与之对峙的东西。"② 显然，海德格尔认为，笛卡尔提出的"我思故我在"这一著名的命题乃是主体性形而上学得以确立的标志。而在后笛卡尔时代中，德国哲学家康德、黑格尔则把这种主体性形而上学进一步推向高潮。康德关于"哥白尼革命"的

---

① 海德格尔：《尼采》（下卷），第699页。在该书的另一处，海德格尔这样写道："与中世纪、基督教时代相比，现代这个新时代的新特征在于：人自发地靠自身的能力设法使自己对他在存在者整体中间的人之存在感到确信和可靠。"参见该书第765页。
② 海德格尔：《尼采》（下卷），第761—762页。在该书的另一处，海德格尔说得更为明确："对于现代形而上学的奠基工作来说，笛卡尔的形而上学乃是决定性的开端。它的使命是：为人的解放——使人进入新自由（作为自身确信的自身立法）之中的解放——奠定形而上学的基础。笛卡尔在一种真正的哲学意义上预先思考了这个基础。"参见该书第778页。

比喻，关于"先验统觉"的观念，关于知性为自然立法、理性为自由立法的论述，黑格尔关于"一切问题的关键在于：真实的东西不仅应该被理解并表述为实体，而且应该被理解并表述为主体"① 的见解，都是主体性形而上学核心观念的经典性表达。

主体性形而上学的本质是把"人"这一特异的存在者视为一切形而上学真理的规定者。正如海德格尔所说的："作为主体性形而上学，现代形而上学——我们的思想也处于它的魔力中——不假思索地认为，真理的本质和存在解释是由作为真正主体的人来规定的。"② 毋庸讳言，随着主体性形而上学的确立，形而上学实际上已经转化为人类学。"所以，在今天，有一种思想是人人都熟悉的，那就是'人类学的'思想。这种思想要求：世界要根据人的形象来解释，形而上学要由'人类学'来取代。在这样一个要求中，人们已经对人与存在者之为存在者的关系作出了一个特殊的决断。"③ 我们发现，以笛卡尔、康德、黑格尔为代表的现代形而上学，即主体性形而上学与以柏拉图主义为代表的在场形而上学的翻转关系主要表现在以下三个方面：

第一，在场形而上学主张外向型的思维方式，即思维向外探索作为存在或存在者整体的在场形式；而主体性形而上学则主张内向型的思维方式，即思维向内把"自我"和"我思"凸显并提取出来，作为反思的对象。

第二，在场形而上学用一视同仁的目光考察并思索一切存在者，而主体性形而上学则把"人"这种特异的存在者（作为主体性）与其他存在者（作为客体性）区分开来，并把这种主体性理解和解释为一切形而上学真理的出发点和规定者。

第三，在场形而上学探索的焦点是作为最普遍之物的理念，而理念之最终的根据则是"创造者"，在中世纪的语境中这一创造者转化为上帝这一最根本的在场形式；而主体性形而上学探索的焦点则是作为主体的人在现代形而上学中的基础的、核心的地位和作用。诚如海德格尔所说的："在现代历史范围内并且作为现代人的历史，人往往总是尝试从自身而来

---

① G. W. F. Hegel, Werke 3, Frankfurt an Main: Suhrkamp Verlag, 1986, s. 23.
② 海德格尔：《尼采》（下卷），第824页。
③ 同上书，第762页。

把自身当作中心和尺度带入一种统治地位之中，也就是说，推动对这样一种统治地位的确保。"① 也正是在这个意义上，海德格尔把主体性形而上学理解为人类学。

　　总之，从以柏拉图主义为代表的外向型的形而上学翻转为以笛卡尔、康德和黑格尔为代表的内向型的主体性形而上学，乃是形而上学发展史上的第一次翻转。这次翻转的一个决定性的结果是：在存在者范围内人成为主体，而世界则成了人的图像。② 现代形而上学和现代性的本质必须从这个基点出发才能获得理解。

形而上学发展史上的第二次翻转

　　如前所述，在海德格尔看来，现代形而上学也就是主体性形而上学，而形而上学发展史上的第二次翻转是在主体性形而上学的大框架内发生的，即从"理性形而上学"（metaphysics of reason）向"意志形而上学"（metaphysics of will）翻转。

　　在主体性形而上学中，"主体性"（Subjektivitaet/subjectivity）作为人的特性乃是一个十分复杂的概念。从一方面看，16、17 世纪的哲学家通常把人理解为灵魂（或心灵）/身体的共存体；从另一方面看，更多的现代哲学家和当代哲学家则倾向于把人理解为理性/非理性（本能、情感、意志和欲望）的共存体。这就启示我们，主体性形而上学仍然是一个抽象概念，光凭这个概念还无法判断它要突出主体性中的哪个或哪些要素。海德格尔指出："西方形而上学并没有简单地在任何时代都一律把人规定为理性动物。现代的形而上学开端首先开启了那个角色的展开过程的历史，也就是那个使理性赢得其全部形而上学地位的角色的历史性展开过程。"③ 或者说，在现代形而上学得以确立并发展的早期，主体性形而上学的主导性表现形式是理性形而上学，而"理性的形而上学本质就在于：以表象性思

---

　　① 海德格尔：《尼采》（下卷），第 777 页。
　　② 海德格尔在《技术之追问》一文中说："对于现代之本质具有决定性意义的两大进程——亦即世界成为图像和人成为主体——的相互交叉，同时也照亮了初看起来近乎荒谬的现代历史的基本进程。"参见《海德格尔选集》（下），第 902 页。
　　③ 海德格尔：《尼采》（下卷），第 925 页。

维为指导线索，存在者整体得到了筹划，并且被解释为这样一个存在者。"① 按照海德格尔的见解，理性形而上学作为"表象性思维"，首先是在认识论语境中出现的。

让我们先来考察一下作为现代形而上学，即主体性形而上学肇始人的笛卡尔。尽管笛卡尔本人没有使用过"理性形而上学"这一概念，但在其全部哲学理论中，理性（Vernunft/reason）始终处于基础和核心的位置上：第一，理性既是人区别于动物的根本特征，也是人的一切活动的出发点。在《谈谈方法》中，笛卡尔不仅肯定"禽兽并非只是理性不如人，而是根本没有理性"②，而且在谈到人类的思维活动时强调："总之，不管醒时睡时，我们都只能听信自己理性提供的明证。"③ 第二，理性是获得一切真理性认识的前提。在《哲学原理》中，当笛卡尔谈到物质运动的某些规律时写道："我们是凭理性底光亮，把它们追求到的，并不是凭借感官底偏见。"④ 在《探求真理的指导原则》中，他表示，与经验科学比较起来，"只有算术和几何完完全全是理性演绎而得的结论"⑤，因而其结论是极为明晰也是极易掌握的。显然，笛卡尔把数学知识理解为理性知识的典范。第三，"我思"之"我"实质上就是理性。在《第一哲学沉思录》中，当笛卡尔论述"我思故我在"这一基本命题时，对"我思"之"我"的含义作出了明确的界定："严格来说我只是一个在思维的东西，也就是说，一个精神，一个理智，或者一个理性。"⑥

按照笛卡尔的上述见解，主体性主要体现在理性上，因而主体性形而上学主要体现为理性形而上学。然而，理性本身的问题和界限还没有映入他的眼帘。在笛卡尔之后，康德对形而上学的探索实现了一个漂亮的转身，即不是从理性出发去思考一切，而是转过身来把理性作为自己考察的对象，"这个时代不能再被虚假的知识拖后腿了；它是对理性的一种敦请，要求它重新接过它的所有工作中最困难的工作，即自我认识的工作，并任命一个法庭，……而这个法庭就是纯粹理性的批判本身。"⑦ 康德批判地总

① 海德格尔：《尼采》（下卷），第 924 页。
② 笛卡尔：《谈谈方法》，王太庆译，商务印书馆 2000 年版，第 46 页。
③ 同上书，第 33 页。
④ 笛卡尔：《哲学原理》，关琪桐译，商务印书馆 1958 年版，第 73 页。
⑤ 笛卡尔：《探求真理的指导原则》，管震湖译，商务印书馆 1995 年版，第 6 页。
⑥ 笛卡尔：《第一哲学沉思录》，庞景仁译，商务印书馆 1986 年版，第 26 页。
⑦ 康德：《纯粹理性批判》，李秋零译，中国人民大学出版社 2004 年版，AXI。

结了唯理论和经验论的哲学思想，对笛卡尔开创的理性形而上学作出了以下三方面的实质性的推进。

第一，形而上学本身就是理性的产物。在《纯粹理性批判》第一版序言中，康德提到形而上学这一研究领域时写道："人类理性在其知识的某一门类中有如下特殊的命运：它为种种问题所烦扰，却无法摆脱这些问题，因为它们是由理性自身的本性向它提出的，但它也无法回答它们，因为它们超越了人类理性的一切能力。"① 在康德看来，人类理性在其本性的驱使下，创造出了一个接一个形而上学体系，但这些体系之间又充满了矛盾和争吵，而"这些无休无止的争吵的战场，就叫做形而上学"②。要改变形而上学研究的这种现状，就不得不对其来源"理性"作一个批判性的考察。

第二，理性形而上学具有两种不同的类型：一是"作为自然禀赋的形而上学"，二是"作为科学的形而上学"。在康德看来，传统形而上学理论几乎无例外地从属于"作为自然禀赋的形而上学"。这种形而上学的本质特征是：理性在其本性的驱迫下，把仅仅适用于经验范围的知性范畴运用到超经验的对象——自在之物上，从而陷入了误谬推理、二律背反或理想的困境中。"形而上学就是如此，它像泡沫一样漂浮在表面上，一掬取出来就破灭了。但是在表面上立即又出来一个新的泡沫。"③

康德认为，"作为自然禀赋的形而上学"乃是理性自发劳作的结果，充满了错误与混乱，必须加以摈弃。而应该加以倡导的则是作为科学的形而上学，"为了使作为科学的形而上学能够做出不是虚假的说教，而是真知灼见，是令人信服的东西起见，理性批判本身就必须把先天概念所包含的全部内容、这些概念按照不同源泉（感性、理智、理性）的类别连同一张完整的概念表，以及对所有这些概念的分析和这些概念可能产生的一切结果，特别是通过先天概念的演绎而证明出来的先天综合知识的可能性、先天综合知识的使用原则以至使用的界线等等，统统都摆出来，把所有这些都容纳到一个完整的体系里才行。这样，批判，而且只有批判才含有能使形而上学成为科学的、经过充分研究和证实的整个方

---

① 康德：《纯粹理性批判》，AⅦ。在《未来形而上学导论》中，康德说得更加明确："我们的理性，像生了自己珍爱的子女一样，生了形而上学。"参见该书第142页。

② 康德：《纯粹理性批判》，AⅧ。

③ 康德：《未来形而上学导论》，第29页。

案，以至一切办法。"① 显然，康德所说的作为科学的形而上学实际上就是批判的形而上学，而其核心任务则是纯粹理性批判。也就是说，人们绝不能以自发的态度看待并运用理性，而应该认真地探索并反思理性运用的界限。

第三，在作为科学的形而上学中进一步区分出两种不同的表现形式：一是"自然形而上学"，二是"道德形而上学"。② 康德认为，前者是为自然科学奠定基础的，而后者，即道德形而上学，被康德置于更高的位置上。在康德的道德形而上学中，意志是绝对地臣服于理性的："我们身受理性的节制，并且在我们的一切准则之中我们都必须记住屈从这种节制，不要从中掏掉什么，不要以私人妄想减损法则（尽管它是我们自己的理性所给予的）威望，以至于把我们意志的决定根据，虽然合乎法则，仍然置于别处，而不是置于法则本身和对这个法则的敬重之中。"③ 康德甚至把意志称为"实践理性"，并反复强调它高于"思辨理性"。实际上，道德形而上学是他为理性形而上学打造的一种更重要的存在形式。

在康德之后，黑格尔进一步发展了理性形而上学。在耶拿时期，其思想取得的一个突破性的进展就是超越了传统的哲学见解，把（理性）形而上学和逻辑理解为同一个东西。在《法哲学原理》一书中，黑格尔这样写道："理性学，即逻辑。"④ 他批评康德只是从消极的意义上去看待理性，主张理性完全可以认识自在之物，从而把理性形而上学发挥到极致。尽管黑格尔把理性形而上学提升到前所未有的高度，但正如使徒彼得对安那尼亚所说的："看吧！将要抬你出去的人的脚，已经站在门口。"⑤ 因为，理性虽然是作为主体的人的重要标志，但它并不能代表一个整全的人，正如头颅并不能代表全身一样。总之，这种以笛卡尔、康德和黑格尔为代表的理性形而上学必然遭到被颠覆、被翻转的命运。

虽然对身体和欲望的关注在古代哲学中就已见端倪，现代哲学家莱布尼茨、黑格尔也都论述到这类问题，但就理性形而上学的真正的颠覆者和

---

① 康德：《未来形而上学导论》，第160—161页。

② 参见康德《道德形而上学原理》，苗力田译，上海人民出版社1986年版，第36页。

③ 康德：《实践理性批判》，韩水法译，商务印书馆1999年版，第89页。

④ G. W. F. Hegel, Werke 7, Frankfurt am Main: Suhrkamp Verlag, 1986, s. 23.

⑤ 参见《圣经·新约》中的"路加福音"，第九章第59、60节。

翻转者来说，则应首推叔本华和尼采。当然，这一翻转是在主体性形而上学的框架内进行的。正如叔本华所指出的："主体就是这世界的支柱，是一切现象，一切客体一贯的，经常作为前提的条件；原来凡是存在着的，就都是对于主体的存在。"① 然而，在叔本华那里，无论是与主体相对应的"世界"概念，还是作为主体代名词的"人"的概念，都获得了在笛卡尔、康德、黑格尔的语境中所没有的崭新的意义。

叔本华认为，康德所说的自在之物就是意志，意志是世界的本质，而人的身体乃是客体化了的，已成为表象的意志："我首先把意志设定为自在之物，是完全原初之物；其次，我把躯体设定为它的纯粹的可见性，客体化；第三，我把认识设定为纯粹是这个躯体之一部分的功能。"② 由此出发，叔本华颠覆了柏拉图主义所主张的关于认识（理性）第一性、意志（欲望）第二性的主导性观念，对"人"这一主体作出了颠覆性的阐释："对我来讲，人身上永恒的和不可摧毁的，因而也构成了人身上生命原则的，并不是灵魂，如果允许我使用一个化学术语的话，而是灵魂的基本因素，就是意志。所谓的灵魂是已经组成了的：它是意志和理智的结合。这个理智是第二位的，是有机体的后来部分，作为大脑的一种纯粹的功能，是由意志决定的。意志则相反是第一位的，是有机体的先前部分，有机体是由意志决定的。"③ 在这里，叔本华不但把人的认识活动和意志活动区分开来，而且肯定，在灵魂这个组合体中，意志始终是第一性的，而理智（其功能是从事认识活动）则始终是第二性的。"意志并不像人们无例外地认为的那样，是由认识决定的，倒是认识是由意志决定的。"④ 从这种意志与认识（涉及理智或理性）关系的倒置中，理性形而上学被翻转的命运已经被决定了。

然而，叔本华的翻转并不彻底，因为他的哲学的出发点是对生命意志的肯定，但其结论却是对生命意志的否定。叔本华最终拜倒在传统道德观念，尤其是基督教道德观念之下，正如他自己告诉我们的："实际上原罪（意志的肯定）和解脱（意志的否定）之说就是构成基督教的内核的巨大

---

① 叔本华：《作为意志和表象的世界》，石冲白译，商务印书馆 1982 年版，第 28 页。
② 叔本华：《自然界中的意志》，任立等译，商务印书馆 1997 年版，第 35 页。
③ 同上书，第 34 页。
④ 同上书，第 20 页。

真理，而其它的一切大半只是［这内核的］包皮和外壳或附件。"① 在这里，叔本华强调，基督教的解脱说，即对生命意志的否定乃是"构成基督教的内核的巨大真理"，而这一真理正是通过人的理性加以认识和实现的。于是，我们发现，这个理性形而上学的颠覆者，最终又诚惶诚恐地跪倒在理性和理性形而上学的神像前："人的理性，也就是使人解脱人生中注定的痛苦和烦恼；并且使他得以最充分地享有人的尊严。这是人作为一个理性的生物，与动物有别而应有的尊严。"②

尼采在青年时期深受叔本华思想的影响，直到 1876 年左右，他才意识到自己与叔本华的根本差异。如果说，叔本华"耽于道德基督教的理想中"，从而否定生命意志，那么，尼采则"要为生命辩护"③。什么是生命？尼采回答道："生命就是权力意志。"④ 在叔本华看来，生命意志只能消极地维持自己，最后则注定要落入"死亡的掌心中"，因而"人生是在痛苦和无聊之间像钟摆一样的来回摆着"⑤；而在尼采那里，生命的本质是保存和提高自己，赢获支配其他意志的权力。

正是从权力意志这一基本理论出发，尼采超越了叔本华，彻底地翻转了以笛卡尔、康德和黑格尔为代表的理性形而上学。在谈到笛卡尔的时候，尼采以嘲讽的口吻写道："这位理性主义之父（因此革命之祖父），他承认单单理性才有权威：但理性只是一个工具，笛卡尔是肤浅的。"⑥ 为什么尼采判定笛卡尔是肤浅的？因为笛卡尔的理性形而上学把理性作为理解和阐释一切形而上学问题的基础和出发点，却忽略了在作为主体的"人"身上，理性和认识都不是始源性的，而只有意志和欲望才是始源性的。在尼采看来，"不仅我们的理性，而且我们的良心，都服从于我们最强大的欲望，都服从于在我们心中的这个专制君主。"⑦ 当然，尼采并没有满足于重复叔本华已经得出的结论。叔本华追随亚里士多德《论灵魂》中的见解，把"意志"归属于"灵魂"（或"心灵"），尼采则首先把权力意志归属于"身体"。

---

① 叔本华：《作为意志和表象的世界》，第 556 页。
② 同上书，第 141 页。
③ 尼采：《权力意志》（上卷），孙周兴译，商务印书馆 2007 年版，第 405、434 页。
④ 同上书，第 190 页。
⑤ 叔本华：《作为意志和表象的世界》，第 427 页。
⑥ 尼采：《善恶之彼岸》，程志民译，华夏出版社 2000 年版，第 97 页。
⑦ 同上书，第 84 页。

　　在谈到 19 世纪对 18 世纪的进步时，尼采写道："越来越确定地把身体健康问题置于'心灵'问题之前。"① 尼采不光翻转了意志（欲望）和理性（认识）之间的关系，也翻转了心灵（灵魂）与身体（躯体）之间的关系。正如海德格尔所说的："'身体'这个名称表示的是权力意志的那样一个形态，正是在其中，权力意志才能直接为作为'主体'的人所通达，因为它始终是合乎状况的（Zustandlich）。所以，尼采说：'根本点：从身体出发并且用它作为指导线索。'"②

　　由上可知，叔本华通过对意志（欲望）与理性（认识）关系的颠倒，把以笛卡尔、康德、黑格尔为代表的理性形而上学翻转为意志形而上学，而尼采则从权力意志的理论出发，进一步把心灵（灵魂）与身体（躯体）的关系颠倒过来，从而把理性形而上学翻转为权力意志的形而上学。③ 尼采的贡献还不止于此。他深知，无论笛卡尔、康德、黑格尔，还是叔本华，都深受传统道德，尤其是基督教道德的影响。也就是说，理性形而上学在基督教道德中获得了最后的避难所。康德的道德形而上学就是理性形而上学与基督教道德结合的产物。尼采意识到，只有摧毁基督教道德，才能把理性形而上学彻底地翻转过来。然而，他也明白，这是一项多么艰巨的工作："撕破基督教道德的面具是一件非比寻常的事，是一个真正的大变动。认识这件事的人也是一个非常的人，是一个灾祸；他把人类历史剖分为二。人不是活在他之前，就是活在他之后。"④ 尼采对基督教道德的批判是振聋发聩的，他关于"上帝已死"（Gott ist tot）的口号最终颠覆了视基督教道德为最后避难所的理性形而上学，但尼采本人也付出了沉重的代价，即他自己变疯了。具有讽刺意义的是，他写给勃兰兑斯的信的落款竟是"钉在十字架上的人（the crossed man）"。⑤ 也就是说，尼采把自己理解为自己的敌人——上帝了。

　　有趣的是，尼采把自己的哲学理解为一种颠倒的柏拉图主义。这里的"颠倒"主要是指：

---

　　① 尼采：《权力意志》（上卷），第 466 页。

　　② 海德格尔：《尼采》（下卷），第 931 页。为求概念使用上的统一起见，der Wille zur Macht 统一译为"权力意志"，而不是"强力意志"，下文同。

　　③ 参见海德格尔：《尼采》（下卷），第 906 页。

　　④ 尼采：《瞧！这个人：尼采自传》，刘崎译，中国和平出版社 1986 年版，第 115 页。

　　⑤ 乔治·勃兰兑斯：《尼采》，安延明译，工人出版社 1985 年版，第 193 页。

柏拉图视理念世界为唯一真实的世界，感性世界则是虚幻的；而尼采则认为，唯有感性世界是真实的世界，理念世界才是虚幻的。事实上，尼采创立的权力意志的形而上学体现为"双重的颠倒"：一是沿着笛卡尔、康德的思路，把向外的在场形而上学翻转为主体性形而上学；二是在主体性形而上学内部进一步把以笛卡尔、康德为代表的理性形而上学翻转为权力意志的形而上学。海德格尔认为："尼采的形而上学，以及与之相随的'古典虚无主义'的本质基础，现在就可以更清晰地被界定为权力意志的无条件主体性的形而上学……而对尼采来说，主体性之为无条件的，乃是作为身体的主体性，即本能和情绪的主体性，也就是权力意志的主体性。"① 按照海德格尔的看法，在现代形而上学的发展中，只有当哲学家对"主体性"的理解不再停留在单纯理性的层面上，而是涉及作为存在的基本特征的意志和欲望时，"主体性这个名称才表达出存在的全部本质"②。正是在这个意义上，海德格尔强调，尼采哲学作为主体性形而上学的最后形式，乃是现代形而上学的完成。

尼采在主体性形而上学的大框架内颠覆了以笛卡尔、康德和黑格尔为代表的理性形而上学，用权力意志的形而上学取而代之，从而完成了形而上学发展史上的第二次翻转。通过权力意志这个重要的概念，尼采把主体性形而上学的全部内涵发挥到了极致。

形而上学发展史上的第三次翻转

形而上学发展史上的第三次翻转是在海德格尔哲学发展的进程中出现的。我们不妨称之为从"此在形而上学"（metaphysics of being-there）向"世界之四重整体的形而上学"（metaphysics of world-fourfold）的翻转。在阐述这次翻转的具体情形前，先澄清以下两个问题：

其一，海德格尔曾在不同的论著中重申这样的观点："作为现代形而上学的完成，尼采的形而上学同时也是西方的一般形而上学的完成，因

---

① 海德格尔：《尼采》（下卷），第 831 页。

② 同上书，第 1096 页。这样一来，我们便明白了尼采批判笛卡尔的性质，正如海德格尔所说："无论尼采多么鲜明地一再反对为现代形而上学奠基的笛卡尔哲学，他之所以反对，也只是因为笛卡尔还没有完全地、足够坚定地把人设定为 Subjectum［一般主体］。"参见该书第 699 页。

而——在一种得到正确理解的意义上——也就是形而上学本身的终结。"①
也许有人会提出来：既然海德格尔认为尼采已经"终结"了形而上学，怎
么可以在后尼采的语境中来谈论"形而上学发展史上的第三次翻转"呢？
何况，哈贝马斯于1988年出版了《后形而上学思想》，罗蒂于2003年出
版了《后形而上学希望》，这不正是对形而上学终结的呼应吗？其实，这
些呼应者似乎并没有深入领悟海德格尔这一见解的本质含义。在上面这段
论述中，海德格尔提示我们，应该"在一种得到正确理解的意义上"去领
悟形而上学的终结，并在另一处写道："这里要思考的形而上学之终结只
是形而上学以变化了的形式'复活'的开始。"② 这充分表明，海德格尔
所要表达的真正意思是：尼采并没有终结整个形而上学，他终结的只是以
柏拉图主义为标志的传统形而上学，而在尼采之后，形而上学将以一种新
的变化了的形式得以复活。事实上，形而上学在当代的复活就充分体现在
海德格尔的著作中。正是在这个意义上，我们在后尼采语境中探讨"形而
上学发展史上的第三次翻转"。

其二，关于"形而上学发展史上的第三次翻转"并非海德格尔本人的
观点，而是我们在研究形而上学发展史，尤其是海德格尔形而上学观念发
展史中得出的新结论。海德格尔本人并没有对自己的形而上学之思进行总
结性的反思，而我们经过这样的反思则认定，在其形而上学之思中确实存
在着这一翻转，而且其意义十分深远。事实上，前面论述的"第一、二次
翻转"也是我们提出的新见解，海德格尔唯一认可的是尼采对柏拉图主义
的颠倒或翻转。他这样写道："尼采本人早就把他的哲学称为颠倒了的柏
拉图主义。但尼采的这种颠倒并没有消除柏拉图主义的基本立场；相反
地，恰恰因为它仿佛看起来消除了（柏拉图主义）的基本立场，它倒是把
这种基本立场固定起来了。"③ 在海德格尔看来，尽管尼采颠倒或翻转了柏
拉图主义，但并不等于他超越了柏拉图主义。实际上，尼采仍然是从柏拉
图开启的"存在者是什么"这个主导性问题出发去理解并阐释形而上学
的，归根到底尼采没有脱离柏拉图主义的基本立场。海德格尔认为，只有
超越"存在者是什么"的问题，以更始源性的方式发问时，才可能超越柏

---

① 海德格尔：《尼采》（下卷），第824页。
② 同上书，第832页。
③ 海德格尔：《尼采》（上卷），第459页。

拉图主义，并在对形而上学的探究中站到新的立场和新的起点上。如果说，本文前面论述的第一、二次翻转是对从柏拉图主义到尼采的传统形而上学发展史的更细致的描述，那么，第三次翻转则是对当代形而上学发展史的新的概括。由于这次翻转意味着形而上学之思已经被置于一个全新的基础上，因而我们的论述实际上也是契合海德格尔本人的想法的。

众所周知，海德格尔前期的形而上学之思是围绕着"此在形而上学"而展开的。在《康德和形而上学问题》中，海德格尔这样写道："此在形而上学作为形而上学奠基有它自己的真理，这个真理迄今在其本质中还是完全遮蔽着的。"① "此在形而上学"这一概念在海德格尔前期思想中的出现并不是偶然的。众所周知，海德格尔的《康德和形而上学问题》一书是由导论和四章组成的，其中第四章第二节的标题是 The Problem of the Finitude in Man and the Metaphysics of Dasein，译成中文就是"人的有限性问题和此在形而上学"；第三节的标题是 The Metaphysics of Daseinas Fundamental Ontology，译成中文就是"作为基础存在论的此在形而上学"。② 这两个标题表明，在海德格尔前期的形而上学之思中，"此在形而上学"不仅是一个重要的概念，而且它实质上就是海德格尔在《存在与时间》一书中提出的"基础存在论"。在此在形而上学中，"此在"（Dasein/being-there）乃是一个基础性的核心概念。为什么海德格尔要引入这一概念作为其新形而上学理论的出发点？他以下两段重要的论述为我们提供了答案。

其一，"胡塞尔在其术语系统中紧随着康德，也在现成存在的意义上使用 Dasein 这个概念。与之相反，对我们来说，'Dasein'一词并不像对康德那样表明自然物的存在方式，它一般而言并不表明存在方式，而表明某一我们自身所是的存在者，人的此在。我们一向便是此在。此在这一存在者和一切存在者那样具有一种特殊的存在方式。我们在术语学上将此在的存在方式规定为生存（Existenz）……对于康德和经院派而言，生存是自然物的存在方式，对我们而言则相反是此在的存在方式。照此我们例如可以说，物体决不生存，而是现成存在。相反，此在，我们自身，决不现成存在，而是生存。"③ 从这段论述中可以引申出以下两点结论：第一，此

---

① 孙周兴选编：《海德格尔选集》（上），上海三联书店 1996 年版，第 125 页。

② M. Heidegger, *Kant and the Problem of Metaphysics*, trans. James S. Churchill, Bloomington: Indiana University Press, 1962, p. vii.

③ 海德格尔：《现象学之基本问题》，丁耘译，上海译文出版社 2008 年版，第 32—33 页。

在（Dasein）这个术语在康德、胡塞尔等哲学家那里已经被使用，其含义是指"自然物的存在方式"，海德格尔赋予它以新的含义，认为它所指的并不是存在方式，而是指"人"这类存在者；第二，在所有存在者中，只有此在的存在方式是"生存"（Existenz）而其他的存在者（当然包括所有的自然物）的存在方式则是"现成存在"（Vorhandensein）。

其二，"此在把握物，此在以'在—世界—之中—存在'（In-der-Welt-sein）的方式生存，这个此在之生存之基本规定乃是此在一般而言能够把握某物的前提。连字符的写法是为了指出，这个结构乃是统一的。"① 这段论述进一步提示我们，此在在生存中不可能处于无世界的孤独状态中，作为此在之存在方式的生存显现为"在—世界—之中—存在"这样先天的结构。

这两段重要的论述言简意赅地阐明了海德格尔的此在形而上学在其出发点上与柏拉图主义、与从笛卡尔到尼采的主体性形而上学之间的重大差别。

如前所述，柏拉图主义本质上是在场形而上学，而"在场"（An-wesenheit）亦即"现成存在"（Vorhandensein）。也就是说，柏拉图对所有的存在者都一视同仁，没有把"人"这一特殊的存在者作为此在与其他存在者区别开来，而在所有的存在者中，唯有此在在其独具的生存（而不是现成存在）这种存在形式中才有资格询问存在的意义。然而，在在场形而上学中，既然此在与其他存在者之间的差异被磨平了，存在的意义也就必定会被遗忘。正是在这个意义上，海德格尔指出："形而上学就是存在之被遗忘状态，也就是那个给出存在的东西的遮蔽和隐匿的历史。"② 由此可见，海德格尔从所有的存在者中区分出此在，正是为了超越传统形而上学，即柏拉图主义。

同样地，前面的论述已经表明，从笛卡尔到尼采的现代形而上学也就是主体性形而上学，而海德格尔对此在形而上学的讨论正是从摒弃"主体性"这一现代形而上学的基础性的、核心的概念出发的。正如他在1962年4月初给W. J. 理查德森的回信中所说的："要是谁愿意看看这样一个简单的实事内容，即《存在与时间》中，问题是以摒除主体性的范围来立论

① 海德格尔：《现象学之基本问题》，第219页。
② 《海德格尔选集》（上），第706页。

的，任何人类学的提法都不沾染，倒是只从往常对存在问题的高瞻远瞩中由此在的经验来定调子，那他就同时可以看出：《存在与时间》中所问及的'存在'决不能由什么人的主体来设定。"① 为什么海德格尔对现代形而上学作为基础和出发点的"主体性"激烈地加以排拒呢？因为按照他的看法，在形而上学的研究中，"人"、"生命"、"主体性"这类概念都不是始源性的，人们在谈论这些概念时，已经预设了与世界绝缘的（或无世界的）"人"、"生命"、"主体性"之存在，而这样孤零零的存在者完全是虚假的。

在海德格尔看来，作为人之存在的此在的存在方式只能是生存，而生存先天地就是"在—世界—之中—存在"。换言之，生存本质上是与他者、与世界的"共在"（Mitsein）。因而作为"在—世界—之中—存在"的此在才是探究一切形而上学问题的真正的始源性的出发点："此在之生存建制，亦即'在—世界—之中—存在'，乃是作为主体之特别的'送出'出现的；这个'送出'构建了一个我们以确切的方式规定为此在之超越性的现象。"② 也就是说，现代形而上学作为出发点的主体性乃是奠基于此在的生存建制的，正是这种建制中的此在之超越性才使主体性概念得以彰显出来。于是，我们发现，海德格尔的此在形而上学通过对此在的先天的生存建制的阐明，远远地超越了从笛卡尔到尼采的主体性形而上学的肤浅形式。

正是从对此在的生存建制的分析出发，海德格尔区分了此在生存中的本真状态与非本真状态，阐述了"烦"、"畏"、"死"、"良知"、"决断"、"时间性"、"历史性"等问题，从而构筑起此在形而上学体系。然而，海德格尔后期的形而上学之思表明，他不仅超越了前期的此在形而上学，而且将它向外翻转为"世界之四重整体的形而上学"。

海德格尔在给 W. J. 理查德森的回信中承认 1937 年前后自己的思想发生转向，他说："您对'海德格尔Ⅰ'和'海德格尔Ⅱ'之间所作的区分只有在下述条件下才可成立，即应该始终注意到：只有从在海德格尔Ⅰ那里思出来的东西出发才能最切近地通达在海德格尔Ⅱ那里有待于思的东

① 参见《海德格尔选集》（下），第 1276—1277 页。
② 海德格尔：《现象学之基本问题》，第 232 页。

西。但海德格尔Ⅰ又只有包含在海德格尔Ⅱ中，才能成为可能。"① 这段话启示我们，海德格尔一生思考的焦点始终是存在的意义问题，但其后期思考的进路与其前期思考的进路比较起来，存在着一种翻转关系：前期是从此在之存在方式——生存——出发探索存在的意义，后期是从存在出发来探索此在在生存中如何应合于存在。② 需要进一步加以追问的是：为什么在海德格尔的形而上学之思中会出现这一思维进路上的"翻转"？我们认为，这是由以下两方面的原因引起的。

一方面，无论是在《存在与时间》中，还是在作为弗莱堡大学校长就职演说的《德国大学的自我宣言》中，前期海德格尔都寄希望于所谓"本真此在"（即他心目中的德国的精英人物，如希特勒、海德格尔本人等）来改变德国从第一次世界大战以来的猥琐卑微的形象，但随着海德格尔于1934年4月辞去校长职务，他改造德国大学的计划受挫，与纳粹的关系也变得紧张起来。后期海德格尔深刻地领悟到"本真此在"作用的有限性，认识到其只有应合存在本身显示的真理，才能起到一定的作用。

另一方面，尽管前期海德格尔用此在的生存建制来取代主体性，但此在形而上学毕竟是以此在作为基础和出发点的。在《论根据的本质》中，海德格尔本人也提到有人指责他的《存在与时间》有一个"人类中心论的（Anthropozentrische）立场"。③ 尽管他对这种指责持拒斥的态度，但他关于此在生存建制中的"烦"、"畏"、"死"和"向死之存在"的讨论，关于"器具"、"指引"和"因缘整体性"的讨论，关于此在在日常状态中的"闲谈"、"好奇"、"两可"和"沉沦"的讨论等，实际上都是围绕着人的此在而展开的。所以，在某种意义上，也可以把海德格尔前期的形而上学理解为"精致版的权力意志的形而上学"，而这种形而上学理论就其本质而言，仍然没有完全摆脱现代形而上学，即主体性形而上学的阴影。在《世界图像的时代》中，海德格尔意识到，现代性、世界成为图像和人成为主体乃是同一个现代社会发展进程中呈现出来的三个侧面，而这些侧

---

① 《海德格尔选集》（下），第1278页。

② 在《关于人道主义的通信》中，海德格尔强调："率直讲来，思就是存在的思。此处的'的'有双重意义。思是存在的，因为思由存在发生，是属于存在的。思同时是存在的思，因为思属于存在，是听从存在的。"（参见《海德格尔选集》（上），第361页）由此可见，说海德格尔一生都在思考存在问题，并非言过其实。

③ 参见《海德格尔选集》（上），第196页。

面都与现代技术的发展有着密切的关系："在以技术方式组织起来的人的全球性帝国主义中，人的主观主义达到了它的登峰造极的地步，人由此降落到被组织的千篇一律状态的层面上，并在那里设立自身。"① 那么，究竟是人的主体性促进了技术的发展，还是技术促进了人的主体性的发展？在《诗人何为？》中，海德格尔指出："甚至，人变成主体而世界变成客体这回事情也是自行设置着的技术之本质的结果，而不是倒过来的情形。"② 在他看来，随着现代技术的发展，自然已蜕变为人类的单纯的取用对象，人与世界的关系也已蜕变为控制与被控制的关系。

基于上述两方面的原因，海德格尔意识到，其前期的此在形而上学必须改弦易辙，即应该把对此在作用的限制提升为新时代的主题。于是，后期海德格尔翻转了前期形而上学之思的进路，提出了"世界之四重整体的形而上学"理论。海德格尔认为，"世界之四重整体"（Welt-Geviert/world-fourfold）指的是"天"、"地"、"诸神"和"终有一死者"。在《物》中，他对上述四个概念作了简要的解释："大地（die Erde）承受筑造，滋养果实，蕴藏着水流和岩石，庇护着植物和动物……天空（die Himmel）是日月运行，群星闪烁，是周而复始的季节，是昼之光明和隐晦，夜之暗沉和启明，是节日的温寒，是白云的飘忽和天穹的湛蓝深远……诸神（die Goettlichen）是神性之暗示着的使者。从对神性的隐而不显的动作中，神显现而成其本质。神由此与在场者同伍……终有一死者（die Sterblichen）乃是人类……大地和天空、诸神和终有一死者这四方从自身而来统一起来，出于统一的四重整体的统一性而共属一体。四方中的每一方都以它自己的方式映像着其余三方的现身本质。同时，每一方又都以它自己的方式映像自身，进入它在四方的纯一性之内的本己之中。"③ 从这段论述和其他相关的论述中可以引申出以下三点结论：

第一，在前期的此在形而上学中，此在（Dasein，单数形式）乃是世界的基础和核心，而在后期的世界之四重整体的形而上学中，终有一死者（Sterblichen，复数形式）下降为世界之四重整体中的一个要素。海德格尔说："天、地、神、人之纯一性的居有着的映射游戏，我们称之为世界

---

① 《海德格尔选集》（下），第 921 页。
② 参见《海德格尔选集》（上），第 430 页。
③ 《海德格尔选集》（下），第 1178—1179 页。

（Welt）。"① 这就启示我们，在世界整体结构中，人类的主体性受到了严格的限制。人类永远不能破坏这个四重整体，只有这样，才能把这一"居有着的映射游戏"无限地维持下去。

第二，在前期的此在形而上学中，此在负有重大的历史使命，它要唤起自己的"良知"，要下"决断"，要以自己的方式去改变和创造历史，而在后期的世界之四重整体的形而上学中，终有一死者的使命只是以质朴的方式栖居。在海德格尔看来，栖居乃是终有一死者的存在方式，而"保护四重整体——拯救大地，接受天空，期待诸神，伴送终有一死者——这四重保护乃是栖居的朴素本质"②。

第三，在前期的此在形而上学中，海德格尔注重从此在的言谈出发去理解语言现象。他认为："言谈即语言。……语言作为被说出的状态包含有此在之领悟的被解释状态于自身。"③ 而在后期的世界之四重整体的形而上学中，海德格尔主张，探讨语言，不是把语言拉扯到此在这里来，恰恰相反，应该把终有一死者带入到语言的本质中去。"语言之本质属于那使四重世界地带'相互面对'的开辟道路的运动的最本己的东西（das Eigenste）。"④ 这就是说，语言的本质是守护天、地、诸神和终有一死者这一四重整体，使它们永远处于"相互面对"的亲近状态中，而终有一死者的任何言说都必须应合语言的本质，正如海德格尔所说的："人只是由于他应合于语言才说。"⑤

尽管海德格尔没有多谈其形而上学之思的"转向"或"翻转"问题，但这种"转向"或"翻转"确实存在着，而且正如他自己所承认的，"只有从在海德格尔 I 那里思出来的东西出发才能最切近地通达在海德格尔 II 那里有待于思的东西。但海德格尔 I 又只有包含在海德格尔 II 中，才能成为可能。"当然，后期海德格尔也在理论上留下了一个难题：一方面，在他的世界之四重整体的形而上学理论中，诸神（Goettlichen）是以复数的形式出现的；另一方面，在与《明镜周刊》记者的谈话中他又强调，"只

---

① 《海德格尔选集》（下），第 1180 页。

② 同上书，第 1201 页。

③ 海德格尔：《存在与时间》，陈嘉映等译，生活·读书·新知三联书店 1987 年版，第 203—204 页。

④ 《海德格尔选集》（下），第 1118—1119 页。

⑤ 海德格尔：《在通向语言的途中》，孙周兴译，商务印书馆 1997 年版，第 22 页。

有一个上帝能够救渡我们"（Nur noch ein Gott kann unsretten），这里的 ein Gott（一个上帝）则是单数，它与"诸神"（复数）之间究竟是什么关系呢？这个问题还有待于我们做进一步的探索。①

简短的结论

综上所述，我们是在海德格尔形而上学之思的启发下形成关于形而上学发展史上"三次翻转"的想法的。当然，海德格尔谈论的主要是尼采对柏拉图主义的翻转，而我们则通过研究提出了以下三次翻转：首先是以笛卡尔、康德、黑格尔为代表的现代形而上学（主体性形而上学）对柏拉图主义（在场形而上学）的翻转。由于主体性形而上学又可进一步区分为理性形而上学和意志形而上学，所以其次是以叔本华、尼采为代表的意志形而上学对以笛卡尔、康德、黑格尔为代表的理性形而上学的翻转，而这一次翻转是在主体性形而上学的内部进行的。再次是海德格尔后期的世界之四重整体的形而上学对其前期的此在形而上学的翻转。特别是第三次翻转的提出是我们对海德格尔形而上学观念发展史的新探索。总结这三次翻转，我们可以引申出以下四点结论：

其一，尽管第二次翻转是在主体性形而上学的大框架内发生的，但其意义并不逊于第一次翻转。因为第一次翻转仍然是在理性主义传统中发生的，而第二次翻转则通过对理性与意志的传统关系的颠覆，阐明了以非理性方式存在的意志的始源性，从而为我们破解现代性之谜提供了重要的启发。

其二，虽然海德格尔再三声明，他前期提出的此在形而上学与现代形而上学（主体性形而上学）处于完全不同的出发点上，但在某种意义上，正是此在形而上学通过对此在，即"在—世界—之中—存在"的生存建制的清理，为主体性形而上学提供了牢固的思想基础。在这个意义上，海德格尔的此在形而上学作为"精致版的权力意志形而上学"最终仍未摆脱主体性形而上学的阴影。

---

① 孙周兴先生十分慷慨地把他已经译就的《海德格尔全集》第65卷中的第七章"最后之上帝（Der letzte Gott）"的译稿发给我做参考。译稿表明，Der letzte Gott 是"对立于曾在的诸神尤其对立于基督教的上帝"的，但它与海德格尔在上述谈话中提到的 ein Gott 是不是同一个对象呢？在此我们不能轻易地下结论，希望在今后的研究中破解这些概念之间的关系。

　　其三，海德格尔后期提出的世界之四重整体的形而上学似乎是以诗化的"思"超越形而上学。实际上，他超越的乃是从柏拉图到尼采的传统形而上学和他自己前期主张的此在形而上学。要言之，海德格尔后期的"思"仍然从属于形而上学，但它体现的是与传统形而上学不同的新的形而上学之思。乍看起来，世界之四重整体的形而上学仿佛是向柏拉图主义的在场形而上学的复归，其实并非如此。两者的根本差异在于，按照柏拉图主义，所有在场的东西，包括人在内，都是现成存在。由于人与其他存在者之间的差异还没有被主题化，而又唯有人才能询问存在的意义，所以在场形而上学拘执于存在者而遗忘了存在本身。而在后期海德格尔那里，在世界之四重整体中，终有一死者作为存在的近邻，已经意识到自己的有限性，并在栖居中自觉地承担起应合存在之道说、守护四重整体的任务。

　　其四，用"三次翻转"来概括迄今为止形而上学的发展史，并不意味着我们认同所谓"形而上学终结"论，认同哈贝马斯和罗蒂对"后形而上学"概念的轻率的使用。事实上，康德早已告诫我们，"世界上无论什么时候都要有形而上学"①，而黑格尔甚至认为，"作为一个能思维的存在物，人是一个天生的形而上学家（ein geborner Metaphysiker）"②。因此，人既无法摆脱形而上学，也无法终止形而上学之思，而我们对形而上学发展史的研究正是为了更深入地理解形而上学的本质及其今后的发展趋向，从而使我们对人类命运的思考，尤其是对现代性问题的探索始终保持在哲学应有的高度上。

---

① 康德：《未来形而上学导论》，第163页。
② G. W. F. Hegel, Werke 8, Frankfurt an Main: Suhrkamp Verlag, 1986, s. 207.

哲学主题的根本转换与理论空间的重新建构

——在日本一桥大学的演讲

杨 耕

尊敬的岩佐教授、岛崎教授，

各位老师、同学们：

应一桥大学邀请，我和我的同事们来到风景如画的日本，来到历史悠久的一桥大学，感到非常高兴。一桥大学是日本著名高等学府，是日本哲学研究的中心之一，其成果丰硕令人感叹；一桥大学的许多教授参加了《马克思恩格斯全集历史考证版（第二版）》的编辑和研究，其精神执著令人钦佩。所以，能来到一桥大学作学术演讲并和各位同仁进行交流，我感到非常荣幸。我今天演讲的题目是"哲学主题的根本转换与理论空间的重新建构"，主旨是重新思考历史唯物主义的理论主题和理论空间。萨特说过，历史唯物主义是我们这个时代唯一不可超越的哲学。在我看来，历史唯物主义之所以在我们这个时代"不可超越"，就在于历史唯物主义实现了哲学主题的根本转换，并建构了新的理论空间，而这一新的理论主题和理论空间又契合着当代的重大问题，因而具有当代意义。

一 历史唯物主义的理论主题：无产阶级和人类解放

历史唯物主义的创立，无疑是哲学史上的革命变革。在我看来，这一变革的实质就在于，它使哲学的主题发生了根本转换，即从"世界何以可能"转向"人类解放何以可能"，从宇宙本体转向人的生存本体，从认识世界转向改造世界。

要真正理解哲学主题的这一转换，就要把握马克思所面临并生活于其中的那个时代的特点。黑格尔说过，哲学是"思想所集中表现的时代"。马克思把这一观点进一步发挥为"哲学是自己时代精神的精华"。的确如此。由哲学家们所创造的哲学体系，不管其形式如何抽象，也不管它们具有什么样的"个性"，都和哲学家所处的时代密切相关。法国启蒙哲学明快泼辣的个性，德国古典哲学艰涩隐晦的特征，现代存在主义消极悲观的情绪，离开了它们各自的时代，都是无法理解的。对历史唯物主义的理解，同样需要关注它得以产生的时代及其特征。历史唯物主义不是"学院派"，更不是传统哲学主题延伸的产物。历史唯物主义的创立同对时代课题的解答是密切相关、融为一体的。

马克思所面临并生活于其中的时代，是资本主义制度在西欧得到确立和巩固，人类历史从封建主义转向资本主义的时代。同时，这也是从农业文明转向工业文明、自然经济转向商品经济的时代，是从"人的依赖性"转向"以物的依赖性为基础的人的独立性"的时代。问题在于，资产阶级在取得巨大的历史性胜利的同时，也给自己带来了巨大的社会性的问题：生产社会化和生产资料私有制之间存在着无法解决的矛盾，这一矛盾导致人的劳动、人的社会关系和人的世界都异化了，人的生存状态成为一种异化的状态。这是一个"颠倒的世界"。具体地说，在资本主义社会中，"物的世界的增值同人的世界的贬值成正比"[1]，物的异化和人的自我异化是同一个过程的两个方面。按照马克思的观点，在这种异化状态中，资本具有个性，个人却没有个性，人的个性被消解了，人成为一种"单面的人"，国家也不过是"虚幻的共同体"。

可见，19 世纪中叶的西方社会是一个由资本关系所造成的人的生存状态全面异化的社会，揭露并消除这种异化因此成为"为历史服务的哲学的迫切任务"[2]。可是，西方传统哲学包括德国古典哲学无法完成这一"迫切任务"。这是因为，从总体上看，西方传统哲学在"寻求最高原因"的过程中把存在、本体同人的活动分离开来，同人类面临的种种紧迫的生存问题分离开来，从而使存在成为一种抽象的存在，物质成为"抽象的物质"，本体则是同现实的人及其活动无关的抽象的本体。从这种抽象的本体出发

---

① 《马克思恩格斯全集》第 42 卷，人民出版社 1979 年版，第 90 页。
② 《马克思恩格斯选集》第 1 卷，人民出版社 1995 年版，第 2 页。

无法认识现实的人和人的现实。从根本上说，西方传统哲学就是"形而上学"，它向人们展示的是抽象的真与善，它似乎在给人们提供某种希望的同时，又在掩饰现实的苦难，抚慰被压迫的生灵，因而无法消除人的生存的异化状态，将现实的人带出生存的困境。

正因为如此，马克思认为，随着自然科学的独立化并"给自己划定了单独的活动范围"，随着社会实践的发展并凸显出人的生存的异化状态，人们开始把"全部注意力集中到自己身上"，哲学应该从"天上"来到"人间"，关注人的生存状态，关注人的解放。马克思断言："形而上学将永远屈服于现在为思辨本身的活动所完善化并和人道主义相吻合的唯物主义。"① 在我看来，完成这一历史任务的正是马克思本人。不是别人，正是马克思在辩证法、人道主义和唯物主义之间架起了一座由此达彼的桥梁，使三者"吻合"起来。从本质上看，这种"为思辨本身的活动所完善化并和人道主义相吻合的唯物主义"，就是历史唯物主义。

我们应该看到，马克思关怀的不是抽象的一般人的命运。马克思发现，如果不能给工人、劳动者这些占人口绝大多数的、被压迫的人们以真实的利益和自由，人类解放就是空话，甚至沦为一种欺骗。所以，马克思在《论犹太人问题》中就提出"探讨政治解放和人类解放的关系"；在《〈黑格尔法哲学批判〉导言》中又提出超越"政治革命"的"彻底的革命、全人类的解放"的问题，并认为为能够完成这一历史使命、担当"解放者"这一历史使命的，只能是无产阶级。无产阶级本身就是一个需要解放自己的阶级，在他身上"表明人的完全丧失"；同时，无产阶级又是一个"只有通过人的完全回复才能回复自己本身"的阶级，是一个只有解放全人类才能最后解放自己的阶级。按照马克思的观点，在人类解放的过程中，哲学把无产阶级当作自己的物质武器，无产阶级把哲学当作自己的精神武器；如果说无产阶级是人类解放的"心脏"，那么，哲学就是人类解放的"头脑"。"头脑"不清，就不可能确立人类解放的真实目标，不可能理解人类解放的真正内涵。因此，联系到政治经济学研究和人类历史的考察，从哲学上探讨人类解放的内涵、目的和途径，就成为马克思的首要工作。这一工作的成果，就是"为历史服务的哲学"即历史唯物主义的创立。历史唯物主义的根本特征就在于，它以无产阶级和人类解放为理论主

① 《马克思恩格斯全集》第 2 卷，人民出版社 1957 年版，第 159—160 页。

题，解答"人类解放何以可能"。

为了解答"人类解放何以可能"，历史唯物主义又必须探讨人的本质和存在方式或生存本体。按照马克思的观点，人类历史的"第一个前提"就是"有生命的个人"的存在；"有生命的个人"要存在，首先就要进行物质生产活动，解决像吃喝住穿这样一些生存的基本需要的问题。这就是说，物质生产活动是人类生存、人类历史的"第一个前提"，是人类的"第一个历史活动"。从根本上说，人就是在物质生产活动中自我塑造、自我改变、自我发展的。正如马克思在《德意志意识形态》中所说的那样，当人开始生产自己的生活资料的时候，人就开始把自己和动物区别开来。人是什么样的，这同他们的生产是一致的，既和他们生产什么一致，又和他们怎样生产一致。人不仅是自然存在物，而且是社会存在物，人的本质在其现实上是一切社会关系的总和。换句话说，人是自然存在物和社会存在物的统一，而这种统一恰恰是在实践活动中完成的，直接决定人的本质的社会关系也是在实践活动中生成的。因此，人通过实践创造了自己的社会关系和社会存在。正是在这个意义上，马克思认为，人本身的存在就是社会活动。实践不断改变着现存世界，同时，又不断改变着人本身，包括他的肉体组织、社会关系、思维结构和价值观念。环境的改变和人的自我改变的一致，只能被看作是并合理地理解为革命的实践。可见，人是实践中的存在，实践构成了人的存在方式，或者说，构成了人的生存本体。

正因为实践构成了人的存在方式或生存本体，所以，人的生存状态不是凝固不变的，而是处在不断的建构和改变之中。在资本主义社会，劳动这种人的生命活动的异化必然造成人的生存状态的全面异化，人与人的关系体现为物与物的关系，不是人支配物，而是物统治人。历史唯物主义正是通过对现存世界异化状态的批判，揭示出被物的自然属性掩蔽着的人的社会属性，揭示出被物与物的关系掩蔽着的人与人的关系，并力图通过实践使现存世界革命化，消除人的生存的异化状态，从而"确立有个性的个人"。如果说无产阶级和人类解放是历史唯物主义的理论主题，那么，"确立有个性的个人"，实现人的自由而全面发展就是历史唯物主义的最高命题。在历史唯物主义的视野中，实践是现存世界和人的生存的本体，是消除异化和"确立有个性的个人"的现实途径，而每个人的自由而全面发展是人的生存和发展的终极状态。这样，历史唯物主义就实现了对人的现实关怀和终极关怀的统一。这是一种双重关怀，是全部哲学史上对人的生存和价值最激动人心的关怀。

为了从理论上支撑这一观点，我愿简单地回顾一下马克思的思想进程。在《1844年经济学哲学手稿》中，马克思提出，共产主义就是私有财产即人的自我异化的积极扬弃，是通过人并且为了人而对人的本质的真正占有，或者说，人以一种"全面的方式"，作为一个"完整的人"，占有自己的"全面的本质"。在《德意志意识形态》中，马克思提出，要消除这样一种社会现象，这就是人本身的活动对人来说成为一种异己的、同他对立的、压迫他的力量，从而"确立有个性的个人"，使"各个人在自己的联合中并通过这种联合获得自己的自由"。在《共产党宣言》中，马克思又提出，共产主义社会将是一个"联合体"，在那里，每个人的自由发展是一切人的自由发展的条件。在《资本论》中，马克思再次重申，共产主义社会就是要确立人的"自由个性"，实现人的自由而全面发展。可以看出，无论是所谓的"不成熟"时期，还是所谓的"成熟"时期，马克思关注的都是消除人的生存的异化状况，实现无产阶级和人类解放。人类解放是马克思毕生关注的焦点和为之奋斗的目标，构成了历史唯物主义的理论主题。

与唯心主义不同，与"那种排除历史过程的、抽象的自然科学的唯物主义"① 也不同，历史唯物主义不是以一种抽象的、超时空的方式去理解和把握存在、本体问题，而是从实践出发去解读存在的意义，把握人的生存和现存世界的本体。在这个意义上，历史唯物主义是生存论的本体论或实践本体论。这样，历史唯物主义就开辟了"从本体论认识现实的道路"，解答了"人类解放何以可能"这一时代课题。

一种思想或学说具有什么样的价值和意义，关键在于它提出了什么样的问题。提出问题的广度和深度标志着对问题理解的广度和深度，并决定着对问题如何解决的全部思考。历史唯物主义提出的"人类解放何以可能"问题是时代的课题，是人本身的问题，是人类历史的根本问题。无论你是否赞同这一学说，你都不可能回避或超越这一问题的深刻性和根本性。这是历史唯物主义所实现的哲学变革的根本内容和当代意义之所在。萨特提出，"历史唯物主义是我们时代唯一不可超越的哲学"。我赞赏萨特的这一观点，而且我比萨特本人更深刻地理解这一观点。

---

① 《马克思恩格斯全集》第23卷，人民出版社1972年版，第410页。

二 历史唯物主义的理论空间：批判的世界观

我在前面已经阐述，无产阶级和人类解放是历史唯物主义的理论主题，而对人类解放的探讨又必然使历史唯物主义去探讨人的存在方式或生存本体，探讨人类历史运动的一般规律。按照马克思的观点，人类历史的"第一个前提"就是"有生命的个人"的存在，而"有生命的个人"总是在人与自然和人与人的双重关系中存在的。马克思在《德意志意识形态》中指出，生命的生产，无论是通过劳动而达到自己生命的生产，或是通过生育而达到他人生命的生产，表现为双重关系：一方面是自然关系，另一方面是社会关系。这就是说，对人类解放全面而深入的探讨，必然使历史唯物主义去探讨人与自然的关系和人与社会的关系，从而建构一个新的理论空间。在我看来，历史唯物主义对"历史之谜"的解答同对"人之谜"的解答是密切相关、融为一体的。对"有生命的个人"的理解必然渗透、包含着对人与自然和人与社会关系的理解。饮食男女本是一种自然现象，可中国唐代的大诗人杜甫所说的"朱门酒肉臭，路有冻死骨"却是一种社会现象，西方大文学家莎士比亚所描述的"罗密欧与朱丽叶"式的爱情悲剧同样是一种社会现象。人类解放的问题不是一个科学问题，也不仅仅是一个"人学"问题，从根本说，它是一个如何看待和处理人与自然和人与社会的关系，即人与世界的关系问题，是一个世界观问题。反过来说，历史唯物主义就是从人与自然和人与社会的双重关系中去把握人本身，解答"人类解放何以可能"这一问题的。历史唯物主义不是"人学"，更不是人本唯物主义。

我断然拒绝普列汉诺夫的这一观点，这就是马克思的唯物主义和费尔巴哈的唯物主义都属于"最新的唯物主义"，马克思的"唯物主义观点是在费尔巴哈哲学的内在逻辑所指示的同一方向上发展起来的[①]。"在我看来，这是一种无原则的糊涂观念。它表明，普列汉诺夫从根本上混淆了费尔巴哈的唯物主义与马克思的唯物主义之间的本质区别，不理解费尔巴哈的唯物主义是人本唯物主义，而马克思的唯物主义是历史唯物主义。我们

---

① 《普列汉诺夫哲学著作选集》第 3 卷，生活·读书·新知三联书店 1961 年版，第 154—155 页。

应当记住马克思在《德意志意识形态》中所说的话，那就是，当费尔巴哈是一个唯物主义者的时候，历史在他的视野之外；当费尔巴哈去探讨历史的时候，他不是一个唯物主义者。在费尔巴哈哲学中，唯物主义和历史是彼此脱离的。之所以如此，是因为费尔巴哈仅仅把人看作"感性对象"，只是从客体的方面去理解"对象、现实、感性"，不了解实践活动的意义。正是在这个意义上，马克思把费尔巴哈的唯物主义包括在"旧唯物主义"的范畴之中。与费尔巴哈不同，马克思把人看作"感性活动"，并从这种"感性活动"出发去理解人本身以及人与自然和人与社会的关系，从而创立了"新唯物主义"，即历史唯物主义。

从根本上说，整个人类历史不过是人通过人的劳动而诞生的过程，是人的实践活动在时间中的展开。所以，历史唯物主义从物质实践出发考察人类历史，"是描述人们实践活动和实际发展过程的真正的实证科学"①。具体地说，人们为了能够生存和生活，必须进行物质实践，实现人与自然之间的物质变换；为了实现这种变换，人与人之间必须互换其活动，并必然结成一定的社会关系。这就是说，人们的生存实践活动和"实际日常活动"自始至终包含并展现为人与自然的关系和人与社会的关系，或者说，包含着并展现为人与自然的矛盾和人与人的矛盾，而在马克思看来，共产主义就是"人和自然界之间、人和人之间的矛盾的真正解决"。因此，作为"共产主义的唯物主义"，历史唯物主义所关注和所要解决的基本问题，就是人们的生存实践活动、"实际日常生活"所包含和展现出来的人与自然的关系和人与人的关系问题，即人与世界的关系问题。马克思在《神圣家族》中说过，历史不过是追求着自己目的的人的活动而已；在《德意志意识形态》中又指出，人的活动包括两个基本方面，即一方面是人改造自然，另一方面是人改造人。所以"历史唯物主义"概念中的"历史"，是人的活动及其内在矛盾，即人与自然的矛盾和人与人的矛盾得以展开的境域，是人与世界的关系不断以新的形式得以展现的境域；"历史唯物主义"概念中的"唯物主义"，是指人与自然之间的物质变换构成了人的生存和现实世界的基础或本体。不必多说了，从以上的论述已经可以看出，历史唯物主义是一种世界观，而不是像传统观点所理解的那样，仅仅是一种历史观。

---

① 《马克思恩格斯选集》第 1 卷，人民出版社 1995 年版，第 73 页。

从形式上看，历史唯物主义研究的仅仅是人类社会或人类历史，似乎与自然无关。但问题在于，社会是在人与自然之间物质变换的过程中形成和发展起来的，人与自然之间的物质变换构成了社会存在和发展的现实基础；历史则是人的实践活动在时间中的展开，是"自然界对人说来的生成过程"①。"只要有人存在，自然史和人类史就彼此相互制约"②。所以，马克思在《德意志意识形态》中指出，把人与自然界的关系从历史中排除出去，必然使历史虚无化，从而走向唯心主义历史观。马克思的这一见解是正确而深刻的。

马克思在《神圣家族》中说过，实物是为人的存在，是人的实物存在，同时也就是人为他人的存在，是他对他人的关系，是人对人的社会关系。这里的"实物"是指劳动产品。把马克思的这段话转换成通俗的语言来说，那就是，作为物质实践对象化的劳动产品，"实物"与"实物"关系的背后是人与人的关系，是人与人之间活动互换的关系，或者说，"实物"不仅体现着人与自然的关系，而且体现着人与人的关系。有一种观点认为，历史唯物主义的伟大之处就在于，它从人与人关系的背后发现了物与物的关系。我的观点正好相反。在我看来，历史唯物主义的划时代贡献就在于，它从物与物关系的背后发现了"人对人的社会关系"以及人与自然的关系，并从人与自然和人与人这双重关系中追溯出人的实践活动的意义。正是把人与自然之间的实践关系作为历史的基础，历史唯物主义力图通过对人与自然关系的改变来改变人与人的关系，通过对私有制条件下的人对物占有关系的扬弃来改变人与人的关系，从而"推翻那些使人成为受屈辱、被奴役和被蔑视的东西的一切关系"，"把人的世界和人的关系还给人自己"③。

讲到这里，我们碰到一个无法回避的问题，这就是作为一种世界观，历史唯物主义与辩证唯物主义、实践唯物主义是一种什么样的关系？这是我们需要认真对待的问题。

我们应当注意，在实践活动中，人在按"人的方式同物发生关系"的同时，使"物按人的方式同人发生关系"，结果使自然或物以人的方式而

① 《马克思恩格斯全集》第42卷，人民出版社1979年版，第131页。
② 《马克思恩格斯选集》第1卷，人民出版社1995年版，第66页。
③ 《马克思恩格斯全集》第1卷，人民出版社1956年版，第443页。

存在，使人与自然的关系成为一种"为我而存在"的关系。这种"为我而存在"的关系是一种否定性的矛盾关系。人要维持自身的存在，肯定自身，就要对自然界进行否定性的活动，改变自然界的原生形态并在其中注入人的目的，使之成为"人化自然"、"为我之物"。与动物不同，人总是在不断制造与自然的对立关系中去获得与自然的统一关系的，对自然客体的否定正是对主体自身的肯定。这种肯定、否定的辩证法使人与自然处于双向运动中：实践在改造自然界的同时，又改造着人本身；在把自然转化为社会的要素，使自然成为"历史的自然"的同时，又使历史成为"自然的历史"。人与自然之间这种"为我而存在"的否定性的矛盾关系是最深刻、最复杂的矛盾关系。马克思之前的众多哲学大师都没有意识到这种矛盾关系及其基础地位，致使唯物主义自然观与唯物主义历史观"咫尺天涯"，唯物论与辩证法遥遥相对。毛泽东有一句著名诗句："沧海横流，方显出英雄本色。"在我看来，马克思就是这样的"英雄"，思想中的英雄。之所以成为思想中的英雄，就在于他高出一筹，而他高出同时代思想家一筹的地方就在于：通过对人的实践活动及其历史发展全面而深入的剖析，创立了历史唯物主义，科学地解答了人与自然和人与社会的关系，即人与世界的关系问题，从而在实现唯物主义自然观与唯物主义历史观统一的同时，实现了唯物论与辩证法的统一。这就是说，历史唯物主义创立之日，也就是辩证唯物主义形成之时。

我对列宁的这样一种观点持保留态度，这就是，历史唯物主义是把唯物主义"对自然界的认识推广到对人类社会的认识"，而"物质的存在不依赖于感觉。物质是第一性的。感觉、思想、意识是按特殊方式组成的物质的高级产物。这是一般唯物主义的观点，特别是马克思和恩格斯的观点"①。我之所以对这一观点持保留态度，是因为列宁在这里把马克思的唯物主义等同于"一般唯物主义"，并把这种"一般唯物主义"作为历史唯物主义的理论基础，这就忽视了马克思的唯物主义与"一般唯物主义"的根本区别。

我不能同意斯大林的这一观点，这就是，历史唯物主义是辩证唯物主义在社会历史领域中的推广和运用，而辩证唯物主义是一种研究自然界的方法和解释自然界的理论。研读斯大林著作可以看出，在这种所谓的辩证

---

① 《列宁选集》第2卷，人民出版社1972年版，第50页。

唯物主义中，自然是脱离了人的活动的自然，是从历史中抽象出来的自然，实际上就是马克思在批判费尔巴哈时所说的那种"开天辟地以来就已存在的、始终如一的东西"。以这样一种抽象的自然为本体去建构历史唯物主义，必然使实践的本体论意义以及人的主体性被遮蔽，从而悄悄地走向马克思所批判的"抽象物质的或者不如说是唯心主义的方向"。在斯大林那里，唯物主义实际上成为一种"抽象的唯物主义"，历史唯物主义划时代的贡献在相当大的程度上被抹杀了。

无论从历史上看，还是从逻辑上说，历史唯物主义都不是一般唯物主义或所谓的辩证唯物主义在历史领域里的"推广和应用"。在马克思主义哲学体系中，不存在一个独立的、作为理论基础的辩证唯物主义，也不存在一个独立的、具有应用性质的历史唯物主义。相反，那种"排除历史过程"，脱离了历史唯物主义的所谓的辩证唯物主义不是马克思的辩证唯物主义，就其实质而言，它只能是自然唯物主义在现代条件下的"复辟"。正如马克思在《资本论》中所说的，那种排除历史过程的、抽象的自然科学的唯物主义的缺点，每当它的代表越出自己的专业范围时，就在他们的抽象的和唯心主义的观念中立刻显露出来。

在我看来，"辩证唯物主义"和"历史唯物主义"不是两个主义，而是同一个主义，即马克思的唯物主义。马克思的唯物主义就是历史唯物主义，辩证唯物主义不过是历史唯物主义的代名词。全部社会生活在本质上是实践的，而实践活动本身就是一种否定性的辩证法。马克思在《1844年经济学哲学手稿》中指出，黑格尔的否定性辩证法的伟大之处首先在于，它把人的自我产生看作一个过程，把对象化看作失去对象，看作外化和这种外化的扬弃，所以，黑格尔抓住了劳动的本质，把对象性的人、现实的人理解为他自己的劳动结果。作为黑格尔辩证法的扬弃，作为全部社会生活哲学反映的历史唯物主义，本身就蕴涵着否定性的辩证法，本身就是唯物主义与辩证法的统一。辩证法在对现存事物的肯定的理解中同时包含对现存事物的否定的理解，即对现存事物必然灭亡的理解；辩证法对每一种既成的形式都是从不断的运动中，因而也是从它的暂时性方面去理解。所以，辩证法本质上是批判的和革命的。把辩证唯物主义看作是历史唯物主义的代名词，是为了透显历史唯物主义所内含的辩证法维度及其批判性和革命性。

在我看来，"历史唯物主义"与"实践唯物主义"也不是两个主义，而是同一个主义，即马克思的唯物主义。马克思的唯物主义就是历史唯物主义，实践唯物主义不过是历史唯物主义的又一代名词。我刚才已经说过，历史唯物主义内含着辩证法维度及其批判性和革命性，所以，它总是在对现存事物的肯定的理解中同时包含着对现存事物的否定的理解。这种对现存事物的否定的理解实际上就是通过改变现存事物，使现存世界革命化，而"对实践的唯物主义者即共产主义者来说，全部问题都在于使现存世界革命化，实际地反对并改变现存的事物"①。所以，实践唯物主义与历史唯物主义具有内在的、本质的一致性。把实践唯物主义看作是历史唯物主义的又一代名词，是为了透显历史唯物主义所内含的实践原则及其批判性和革命性。

讲到这里，我们也就不难理解马克思的那句名言了，这就是，"我们仅仅知道一门唯一的科学，即历史科学"。以现实的人为思维坐标，以实践为出发点范畴和建构原则，去探讨人与自然和人与社会的关系，即人与世界的关系，使历史唯物主义展现出一个新的理论空间，一个自足而又完整、唯物而又辩证的世界图景。这就是说，历史唯物主义不仅仅是一种历史观，更重要的，是一种世界观。由于历史唯物主义内含着辩证法维度和实践性原则，所以，马克思在《德意志意识形态》中指出，历史唯物主义是"唯物主义世界观"，是一种"真正批判的世界观"。

⋯⋯

在我的演讲即将结束的时候，我想简要概括一下我的演讲的中心内容。这就是，马克思从批判人的生存的异化状态入手，提出了研究劳动如何在历史上发生异化，人类如何扬弃异化而获得解放，每个人如何得到自由而全面发展的问题。这样，问题就转换了，人类解放变成了一个全新的哲学问题。这个问题犹如一条金色的牵引线，引导着马克思创立了一种新唯物主义世界观，即历史唯物主义。

由此，我不由自主地想起了马克思在《青年在选择职业时的考虑》中所说的一段至理名言，这就是，"如果我们选择了最能为人类福利而劳动的职业，那么，重担就不能把我们压倒，因为这是为大家而献身；那么，我们所感到的就不是可怜的、有限的、自私的乐趣，我们的幸福将属于千百万人，我们的事业将默默地、但是永恒发挥作用地存在下去，而面对我

_____

① 《马克思恩格斯选集》第 1 卷，人民出版社 1995 年版，第 75 页。

们的骨灰，高尚的人将洒下热泪。"一个刚刚中学毕业、年仅 17 岁的青年，似乎为自己写下了墓志铭，实际上是为一种新的思想竖起了凯旋门。在我看来，这是一个崇高的选择。这个选择从精神上和方向上决定了马克思的一生。实现人类解放让马克思一生魂牵梦绕，而历史唯物主义的宗旨就是实现无产阶级和人类解放。

哲学观念变革的三个重大议题

吉林大学哲学基础理论研究中心　　贺　来

哲学观念为什么总是不断提出自我变革的要求？这根源于哲学的双重性质。一方面，哲学是一种"解放人"的力量，开启蒙昧、破除教条、消解思想桎梏，从而推动"思想解放"，这是哲学思想的重要功能；但另一方面，一旦人们接受某种哲学思想，哲学就可能占有人而不是人占有这种哲学，正像施蒂纳曾警告过的，哲学思想一旦成为"圣物"，就会成为人大脑中的一个"轮子"，成为控制人的生命、阻碍社会发展的异化力量[1]。哲学思想所具有的这种双重本性，内在地要求哲学进行"自我治疗"与"自我拯救"，通过不断进行"观念变革"，避免陷于教条和僵化的命运，保持哲学思想充分的活力。在此意义上，哲学的观念变革，属于哲学的自我"解毒"性活动。

近三十年来哲学的演变与变迁实质上正是上述哲学双重性质和力量相互较量的过程。一方面，陈旧的、与人和社会发展不相适应的、已变得敌视人的哲学观念试图不断强化其作为人们"脑中之轮"的地位；另一方面，哲学的自我批判与自我超越力量则试图不断地破除前者对人的占有而实现哲学与人的解放。围绕着哲学教科书体系、实践唯物主义、主体性、人的问题、哲学观、市场经济与市民社会问题等 30 年来历次重要哲学论争，我们都可以看到哲学这两种性质和力量的拉锯与冲突。而且，如果拒绝肤浅的进步论立场的话，就不难看到，那些似乎已经被"变革"的陈旧观念并没有真正退出历史舞台，在今天和未来，它们仍然在或将以种种变

---

① 参见施蒂纳《唯一者及其所有物》，商务印书馆 1989 年版，第 80 页。

化了的形式反复出现。这一事实充分说明，哲学观念变革不是一项一劳永逸的工作，而是一种需要哲学不懈奋力承担起来的天命。

本文试图对国内哲学领域三个亟须批判性反思的哲学观念作一简要的清点与分析。这些哲学观念有的长期以来被视为天经地义，有的已被一些敏锐的学者所反省，但没有得到应有的重视与关注。本文把这些问题称为"哲学观念变革的议题"，提出供大家讨论。

议题一：哲学和科学的划界与社会历史领域的"科学思维"

"哲学"与"科学"究竟是什么关系？这一问题曾长时期纠缠和困扰着中国哲学界。有学者经过系统深入的反思，得出了这样的结论："哲学和科学是人类把握世界的两种基本方式，把哲学归结为科学，就是对具有独立存在意义的哲学的否定。"[①] 这是对于科学与哲学关系明晰和中肯的界定。

以这种界定作为理论前提，把它放到更为宽广的视野里，我们所面临的一个重大观念障碍是如何在社会历史领域体现这种哲学与科学的划界，或者说如何在社会历史的哲学理解中超越"科学思维"。可以说，社会历史领域是哲学中的"科学思维"最难驱除、最为顽固的堡垒和避难所。

社会历史领域的"科学思维"所说的"科学"，不仅指"实证科学"或"自然科学"，而且更是指一种理解社会历史及其发展的思维方式与解释原则。这种思维方式和解释原则的本质，按照哈耶克的概括，就是认为社会历史研究的核心目标，是"建立一种包括全人类的普遍历史学，它被理解为一幅遵循着可认知规律的人类必然发展过程的蓝图"[②]。在"解释原则"和"思维方式"的意义上，"科学思维"不仅以实证自然科学的方式表现自身，而且以哲学的方式表现自身，而且后者正是科学思维在社会历史领域最为深刻的表现。[③] 以黑格尔为例，虽然它并非以实证自然科学的方式来解释社会历史，但是，正如哈耶克的定义所规定的那样，他试图"建立一种包括全人类的普遍历史学，它被理解为一幅遵循着可认知规律

---

① 孙正聿：《哲学通论》，辽宁人民出版社 1998 年版，第 132 页。
② 哈耶克：《科学的反革命》，译林出版社 2003 年版，第 250 页。
③ 在哲学史上看，形而上学起源于一种"对象性的思维方式"，即把世界当成一个对象来予以把握，它要追求世界的最高原理与原因，要寻求世界的最终解释。因此，就思维方式与解释原则而言，长期以来在哲学史上"哲学"与"科学"是相互纠缠在一起的。

的人类必然发展过程的蓝图",因而它实质上与自然科学有着一种内在的一致性。在此意义上,哈耶克认为在寻求社会历史的普遍的发展规律并以此为依据来为社会历史描画一个发展的蓝图这一点上,实证主义者孔德与形而上学哲学家黑格尔实质上是完全相通的:"他们两人所追求的规律——孔德称为'自然规律',在黑格尔看来是形而上学原理,但这并没有什么不同。"① 因此,要在社会历史领域对科学与哲学进行划界,实际上就是要变革这种理解社会历史的思维方式与解释原则。

与其他领域相比,在社会历史领域克服科学思维方式与解释原则,有着更为复杂与特殊的意义。这是由社会历史领域所具有的特殊性所决定的。社会历史领域是人的生命及其活动的领域,与其他任何领域相比,人们对社会历史领域的理解与自身存在有着更为直接与现实的关联。社会历史领域的科学思维方式与解释原则之所以根深蒂固,就是因为它与人们心底里最深层的欲望、心理需求甚至实际利益等之间都有着一种深刻的契合性,这使得在社会历史领域里划分"科学"与"哲学"显得十分敏感与困难。

这种深层的契合性,集中体现在两个方面。

第一,追求统一的社会历史秩序以求得确定性,这是人类心灵深处最为深层的渴望之一。杜威曾指出,对"确定性"的追求,是人生在世最基本的欲望之一,而要达到这种"确定性",一个重要的方面就是能发现一种"统一的模式,在其中整个经验,过去、现在和未来,现实的、可能的与未实现的,都被对称地安排在和谐的秩序中"②,处于这样一种确定性的社会历史秩序之中,人们会觉得自己的生活和行动充满明确的方向感和意义感,可以通过诉诸这一确定性秩序,在确定"进步"与"落后"、"先进"与"反动"、"善"与"恶"等时,而获得牢固的根基,否则就会产生被黑暗与混乱包裹起来的恐惧。社会历史领域的科学思维方式与解释原则所要提供的正是这样一种确定性的秩序,它要为社会历史发现规律、提供蓝图、确定方向、预测未来。很显然,这正是与人们对确定性历史秩序的深层渴望正是相契合的。

第二,运用人的理性,克服社会历史发展的"自发性"与"非理性",

---

① 哈耶克:《科学的反革命》,第250页。

② 伯林:《自由论》,译林出版社2003年版,第174页。

自觉地支配和控制社会历史发展过程，这是人们，尤其是现代人又一个最为深层的渴望。社会历史领域的"自发性"与"非理性"，意味着社会历史领域的"无政府主义"，意味着人在社会和历史运动前的无力、无能与被动服从，对于"科学思维"的信奉者来说，这如同乘坐在一辆失控的火车上一样令人恐惧。社会历史领域的科学思维方式与解释原则所要做的就是要为人们自觉地支配和控制社会历史过程提供"科学原理"与"普遍法则"，运用这些"原理"和"法则"，人们就能从"必然性"的统治中解放出来，获得支配与控制社会历史进程的"自由"与"权力"。很清楚，在这里，科学思维方式与解释原则与人们"自觉"支配和控制社会进程的欲望也是内在契合的。

由于这双重原因，社会历史领域的科学思维方式与解释原则，是最难以破除的观念。对于西方哲学中的科学思维方式与解释原则，波普尔、伯林、哈耶克、哈贝马斯、福柯、德里达等西方思想巨擘们已从各方面出发进行了十分深入系统的揭示与批判。在中国，正如胡适所言："自从中国讲变法维新以来，没有一个自命为新人物的人敢公然毁谤'科学'的"[1]，这一点在马克思主义哲学的发展中有着十分突出的表现，早期马克思主义者，如陈独秀、李大钊等人，明确主张以"科学的世界观"来理解社会历史现象，并以这种理解为基础，来推动文化与政治变革。艾思奇、瞿秋白等人进一步把这种观点系统化，后者曾说："社会主义社会里人人都是科学家"，这些"科学家"将通过对自然与社会的科学把握，来实现一个自由和平等的社会[2]。新中国成立以后，在苏联教科书体系的影响下，科学思维方式与解释原则在马克思主义哲学的阐释中长期占据支配地位，哲学被理解为"关于自然界、人类社会和思维发展的一般规律的科学"，以此为依据，社会历史领域的科学思维方式和解释原则必然占据统治地位。近30年来，无论是哲学教科书体系改革与哲学观念变革，还是主体性问题的探讨、人的哲学理解、哲学观的反思，等等，一个重要的目标就是试图改变这种对马克思哲学的科学化理解，彰显马克思哲学的人文内涵。到今天，具有一定哲学教养的人一般都不会再简单地认可"哲学＝科学"的等

---

① 胡适：《科学与人生观序》，载《科学与人生观》（上），上海亚东图书馆1923年版，第2—3页。

② 转引自郭颖颐《中国现代思想中的唯科学主义（1900—1950）》，江苏人民出版社1990年版，第166页。

式，但一旦涉及社会历史领域，科学思维方式和解释原则就会顽强地显示自己巨大的影响力与支配权。

具体而言，在国内哲学界，科学思维方式和解释原则在社会历史领域集中表现在两个方面。

其一，社会的"有机体化"，即在理解社会时把"社会"理解为一个"有机体"。实证主义者，如斯宾塞把社会机体看成由营养系统、循环系统和调节系统等组成的与生物机体一样的存在，形而上学家把社会有机体理解为一个由各"环节的必然性"组成的有机整体。国内不少学者强调，马克思对社会的理解与实证主义者不同，他并非简单地把生物规律搬进社会领域，而是把社会当成一个有机程度更高、自我调控水平更高的、具有自我调节和自我组织功能的最复杂的有机体。然而，"高级的有机体"仍是"有机体"，与生物有机体相比，除了更为高级和复杂之外，在性质上并无根本不同。

其二，历史的"脚本化"，即把人类历史发展理解为一个按照预定"脚本"而展开自身的戏剧，这一"脚本"规定了这出戏剧的情节、人物的演出、中间的过程以及要达到的高潮和结局，严格执行"脚本"的要求，展开"脚本"的"故事"，便能演出威武雄壮的"历史活剧"，并达至终极的完美状态。"历史的脚本化"是"社会有机体化"的逻辑结果，由于社会是一个"有机体"，那么其进化与发展必然经历若干阶段，就像一个人的自然成长要经历不同时期一样。国内不少学者强调，历史发展与自然界不同，它有人的目的的作用，有人的活动的参与，然而不管多么强调这一切，只要坚持历史发展是朝向某种既定的终极目标发展的内在进程，历史发展每一个阶段是这一终极目标的必然环节，所有的矛盾与曲折，最终是为了某种终极的目标的实现，那么，这种社会历史观就没有真正摆脱科学思维方式与解释原则。

社会的"有机体化"与"历史的脚本化"无论在理论上还是实践上都包含着深刻的困境与严重的后果。这一点，现当代哲学许多哲学家已从各个角度进行了深刻的揭示。在中国特有的语境下，这种对社会历史的科学思维方式与解释原则，最深层的困境与后果是它对个人自由及其责任的抹杀。

这并非说这种思维方式与解释原则不讲"个人自由"与"责任"，事实上，它充斥着关于个人自由与责任的话语。但在这种关于社会历史的思维方式与解释原则的支配之下，个人自由与责任终成虚幻。

按照这种思维方式与解释原则，"科学"意味着必然，"自由"被理解为对历史法则和规律的自由。很显然，这种"自由"并非"个人意志"的自由，而是服从必然性的"自由"。正如舍斯托夫指出的，必然性"不听劝说"又"不可战胜"，面对"必然性"，人根本无法主动地支配，而只能被动地顺从，"对它便即只有服从，无论你是否对此感到屈辱还是痛苦；服从它并且从此放弃徒劳无益的斗争"①。更严重的是，由于人面对"必然性"时的无能为力，结果将为少数人以必然性为名剥夺个人自由提供合法性根据，从而带来现实的苦难：既然必然性是至高无上的，真正值得关心的是"社会有机整体"及其发展的必然趋势，那么，个人究竟是得福还是受苦，都是没有历史意义的，至于有多少人被碾在历史车轮之下，是难得予以关心的。因此，社会历史领域的科学思维在根本上是一种与个人的自由相敌对的思维。

不仅如此，它还是一种与人的责任相敌对的思维，这一点康德早已作过极为深刻的阐明。康德认为，在科学领域，"任何东西都不能由自由概念来解释，在这里自然的机械作用必然始终构成向导"②，但在实践领域，人的意志是自由的，正是这种自由性，才确立起对道德法则的敬重，并因此确立起人的尊严和人格，人也才能为自己的行为真正承担起责任，因为在这里，"责任"不是外在强加的，而是以自由为根据的自我立法，"责任"与"自由"乃是内在统一在一起的。但是，倘若失去了这种自由意志，按照自然领域的因果必然性规律来规范实践领域，那么，人也失去了承担责任的可能与必要，因为此时，人实际上被视为"机器"，而作为"机器"，是没有任何理由要求它承担"责任"的。康德对此的论述是极为深刻的，且引录几段："没有这种乃系唯一先天实践的先验自由，任何道德法则，任何依照道德法则的责任都是不可能的。……我们可以把这种过程在其中出现的主体称为物质的自动机，因为在这里机器是由物质推动的"③，"只要自由应当在一个属于感觉世界的存在者身上与自然的机械作用结合在一起，它就仍然面临一种困难。这种困难，纵使到此为止所述的

---

① 舍斯托夫：《雅典和耶路撒冷》，学林出版社2000年版，第23页。
② 康德：《实践理性批判》，商务印书馆1999年版，第30页。
③ 同上书，第106页。

一切都已为人认可，它仍然使自由处于彻底毁灭的威胁之下。……人的行为在那种完全不受他支配的东西里，也就是在一个与他全然有别的、他的此在和他的因果性的决定完完全全以之为依靠的至上存在者那里，有其决定根据。事实上，人的行为，在它属于时间之中的人的规定的时候，不但是作为现象的人的规定，而且是作为物自体的人的规定，那么自由便会是无法拯救的了。人就会是由至上匠师制作和上紧发条的一个木偶或一架沃康松式的自动机"①，正如木偶或自动机是不可能"负责"的一样，失去了"自由"和"人格"的人也就完全失去了担当责任的可能性与必要性。

随着"自由"与"责任"的丧失，表明了社会历史领域的科学思维与人的现实生命相敌对的性质。如果我们承认人的个体生命所具有的根本性价值，那么，我们就会得出这样的结论：社会历史领域的科学思维实质把虚假的价值奉为了真实的价值，而把真实的价值，即个人的自由及其责任当成了虚假的价值。这说明，社会历史领域的科学思维在根本上具有虚无主义的本性。在当代中国社会所面临的虚无主义挑战中，社会历史领域的科学思维难辞其咎。这一点，我们在议题二中将从另一角度作进一步讨论。

议题二：形而上学与意义危机的责任

这里所说的"形而上学"，是指从柏拉图、亚里士多德奠定其基础开始，"途经普罗提诺、笛卡尔、斯宾诺莎和莱布尼茨，一直延续到康德、费希特、谢林和黑格尔"②、在西方哲学史上长期占据主导地位的特定哲学形态，它认为关于"存在"或"本体"的原理和原因，是一切原理和原因中最高的原理和原因，因而以其为研究对象的理论就是"最高智慧"。在漫长的哲学发展史上，形而上学一直居于哲学的核心，被称为"一切科学的女王"③ 和哲学神殿中居于中心的"至上的神"④。但在现当代哲学中，对形而上学的否定与批判，已成为一个基本主题。从不同理论视角、运用不同的理论策略、在不同的理论基地上对形而上学进行质疑与消解，构成越来越分化的现当代哲学少有的思想联系和共同特征之一。

---

① 康德：《实践理性批判》，第 110 页。
② 哈贝马斯：《后形而上学思想》，译林出版社 2001 年版，第 28 页。
③ 康德：《纯粹理性批判》，华中师范大学出版社 2000 年版，第 3 页。
④ 黑格尔：《逻辑学》上卷，商务印书馆 1982 年版，第 2 页。

自 20 世纪 80 年代以来，随着现代西方哲学的传入以及对马克思哲学理解与研究的不断深化，国内学者对于传统形而上学的理论困境也有着越来越自觉与深入的认识。批判其本体论思维方式、批判其知识论、逻各斯中心主义与概念思维的立场和方法、批判其本质主义与先验主义的解释原则、批判其脱离与否定现实生活世界的本性，等等，这都是国内学者从不同角度对传统形而上学的弊病进行分析所获得的一些重大成果。

但在对形而上学的批判性反省过程中，始终伴随着一种不安、忧虑甚至恐惧的情绪。那就是认为形而上学的终结将导致人的意义危机与价值失落。一些学者甚至认为现当代哲学对形而上学的质疑与否定是造成价值相对主义与价值虚无主义的罪魁祸首，常见的疑问是：如果没有形而上学所确立与提供的终极意义，人们将到哪里寻求价值的规范性基础？人们将以什么作为精神依托与归宿？

这就造成了一种十分矛盾的思想局面。一方面，人们在理性上已经越来越自觉到形而上学的理论弊病；另一方面，在情感上人们又担心形而上学终结将导致意义危机与虚无主义。"可爱者"不可信，"可信者"不可爱，围绕着形而上学这一重大课题，这种矛盾显得十分突出和醒目。

那么，对形而上学的否定与批判果真是精神危机与意义失落的根源吗？形而上学真的能够担当起为生命意义立法的重任吗？

在哲学史上，尼采、海德格尔等现当代哲学家们已经深刻地指出，形而上学并非价值信念的皈依与支柱，恰恰相反，它正是造成价值虚无主义的思想根源。尼采认为，形而上学在实质上就是虚无主义，它"谴责整个世界都是假的，并构想出一个位于此世彼岸的世界为真实世界的替身，然而，一旦人们明白了，臆造这个世界仅仅是为了心理上的需要，明白了人根本不应这样做的时候，就形成了虚无主义的最后形式"①。海德格尔更进一步指出："虚无主义的本质领域和发生领域乃是形而上学本身；这里我们总是假定，我们所谓的形而上学并不是指一种学说，或者，根本上不仅仅指哲学的一门专门学科，不如说，我们在形而上学这个名称那里想到的是存在者整体的基本结构，是就存在者整体被区分为感性世界和超感性世界并且感性世界总是为超感性世界所包含和规定而言来考虑的。形而上学是这样一个历史空间，在其中命定要发生的事情是：超感性世界，即观

---

① 尼采：《权力意志》，商务印书馆 1991 年版，第 425 页。

念、上帝、道德法则、理性权威、进步、最大多数人的幸福、文化、文明等，必然丧失其构造力量而成为虚无的"①。因此，形而上学与虚无主义并不是两种不同的东西，而就是同一个东西。试图以形而上学来摆脱虚无主义，等于缘木求鱼，不切要领，海德格尔说得好：那些误以为通过形而上学"摆脱了虚无主义的人们，也许最深刻地推动了虚无主义的展开"②。

把意义危机克服的希望聚焦到形而上学身上，这是一种典型的"观念主义"的思维方式。我们认为，要真正理解现代人的价值处境，必须超出这种思维方式，把生命意义问题放到现代社会和现代人的实际生活状态中进行考察。

对于现代社会之区别于传统社会的特征，经典社会理论家，如迪尔凯姆与韦伯，现代社会理论家，如罗尔斯与哈贝马斯等都作过十分深刻的描述与分析。迪尔凯姆用"集体意识的终结"来描画现代社会区别于传统社会的特质，传统社会人们求助于统一的、普遍性的"集体意识"来寻求精神的寄托与价值的皈依，这种"集体意识"包括宗教、形而上学、普遍性和强制性的道德规范，等等，以此为纽带，整个社会实现一种"机械团结"，但随着社会分工所造成的社会分化，传统社会向现代社会的转型，这种依靠"集体意识"来实现社会整合的方式已全然失去了有效性，"集体意识"对于现代社会中越来越分化的"个体"已全然失去了往日的规范性与支配力，再试图依靠形而上学等"集体意识"来作为人们普遍性的意义归宿和精神皈依，等于无视现代社会的巨大变迁。韦伯对此的分析更为深刻与具体。他曾指出：在传统社会人们的精神世界中，"包含着'世界'作为一个'宇宙秩序'的重要的宗教构想，要求这个宇宙必须是一个在某种程度上安排得'有意义的'整体，它的各种现象要用这个要求来衡量和评价"③，按照这种世界观，世界内在地充满着"价值"和"意义"，世界上各种事件的安排都在一个"伟大的存在之链"中，其内在的目的和理由都可以在某种神圣的秩序里发现和确定自己的位置，每一事物适应其本性，发挥其功能，即能使整个世界产生一种和谐的内在秩序，在此情境下，人们诉诸形而上学等确立自己的价值信念与精神皈依有着其深刻的文

---

① 《海德格尔选集》下卷，上海三联书店1996年版，第774—775页。
② 同上书，第773页。
③ 韦伯：《经济与社会》，商务印书馆1997年版，第508页。

化背景与社会生活基础。但是，现代社会意味着上述目的论宇宙观的瓦解，在他看来，世界的理性化以及由这种理性化所导致的"世界的祛魅"，决定性地使现代社会成为一个再没有先知、也没有"神"的世界，因而不可能再有人来告诉人应如何生活，"你侍奉这个神，如果你决定赞成这一立场，你必得罪所有其它的神"①，价值的"多神化"与"诸神的争斗"是现代人所必须接受的"时代命运"，它"以不可抗拒的力量决定着降生于这一机制之中的每一个人的生活，……也许这种决定性作用会一直持续到人类烧光最后一吨煤的时刻"②，在此情境下，如果为了减轻"祛魅"世界"信仰失落"的焦虑，去服膺那些自命"先知"者所兜售的声称可克服现世一切缺陷和罪恶的"价值乌托邦"，那等于在一个本无先知的世界上人为地制造出虚假的偶像，这实质上不过是逃避时代命运的自我安慰，其结果有可能对人的生存造成更大的灾难。

与迪尔凯姆和韦伯相比，罗尔斯和哈贝马斯对于形而上学与现代人之间特殊的价值处境之间关系的探讨更为自觉和更具针对性。罗尔斯在《政治自由主义》中，对现代社会区别于传统的特点作了明确的概括，他认为现代社会具有首要意义的"第一个事实"是："在现代民主社会里发现的合乎理性的完备性宗教学说、哲学学说和道德学说的多样性，不是一种可以很快消失的纯历史状态，它是民主社会公共文化的一个永久特征。在得到自由制度的基本权利和自由之保障的政治条件和社会条件下，如果还没有获得这种多样性的话，也将会产生各种相互冲突、互不和谐的——而更多的又是合乎理性的——完备性学说的多样性，并将长期存在"③，这就是"理性多元论"的事实。这一事实意味着，对于世界与人性的本质、道德的至善、历史的终极目的等问题，在现代社会里存在着不可还原的"多样性"和"异质性"，试图通过形而上学，为它们提供一种普遍性和客观性的、对所有人都具有规范性的终极答案，除了通过强制性的手段来要求人们接受，没有任何可行性。哈贝马斯虽然与罗尔斯在基本观点上颇多分歧，但他同样指出：真正使形而上学思维方式"成了问题的是外界向形而上学发起攻击，并具有社会原因的历史发展过程"④。这一历史发展过程包

---

① 韦伯：《学术与政治》，生活·读书·新知三联书店 1998 年版，第 40—41 页。

② 韦伯：《新教伦理与资本主义精神》，生活·读书·新知三联书店 1987 年版，第 142 页。

③ 罗尔斯：《政治自由主义》，译林出版社 2000 年版，第 37 页。

④ 哈贝马斯：《后形而上学思想》，译林出版社 2001 年版，第 32 页。

括 17、18 世纪新型程序合理性的兴起，它提出了一种新的论证要求，从而动摇了形而上学的认识特权，包括 19 世纪出现的历史解释科学，它们反映了越来越复杂的现代社会中新的时间经验和偶在经验，由此形成了对形而上学加以"解先验化"的潮流，包括 19 世纪以来对交往方式和生活方式的物化和功能化的批判，以及科学技术的客观主义自我理解的批判，促进了对把一切都用主客体关系加以概念化的哲学基础的批判。最后，随着人们对理论依赖于前理论的实践基础的自觉，理论对于实践的经典优先地位被颠覆了，我们实际上已进入了一个"后形而上学"的时代。在此时代，形而上学理论失去了其规定生活世界的规范力，所有这些，在根本上动摇了形而上学的地位，使得它在现代社会失去了对人们的规范性与约束力。哈贝马斯对此说道："哲学研究的基本状态已经发生变化。……我们在后形而上学思想面前已经无可选择。"①

以上探讨表明：在"集体意识"终结（迪尔凯姆）、世界祛魅与价值多神化（韦伯）、理性多元论成为不可逆转的事实（罗尔斯）、后形而上学时代（哈贝马斯）来临的语境下，寄望于某种哲学的形而上学学说来为人们的生命意义确立规范性基础，必然意味着：第一，这等于是让哲学的形而上学学说承担一项根本无法承担的重负，现代社会与现代社会人们实际的生存状态使得任何一种形而上学哲学学说都已经失去了普遍的价值规范性与约束力，企求通过形而上学哲学学说来达到这一目的，等于让现代社会回到未分化的、同质性状态，这显然是不可能的；第二，这等于让罗尔斯所说的"压迫性的事实"成为可能，那就是不顾现代社会和现代社会人们生存特性，依靠强制性的力量来人为地取消和抹杀"完备性学说"的多样性，并从中选取某一特殊的完备性学说作为人们共同的、普遍性的价值信念和精神归宿，这一点，对于现代人来说，显然也是无法接受的。

把克服当代人意义危机的希望寄托在形而上学的哲学学说上面，这是一种放弃个人生命担当、放弃个人生存与实践责任的观念②。直面现代社会人们特定的处境，生命意义的问题只能靠个人自己来寻求和确立，生存

---

① 哈贝马斯：《后形而上学思想》，第 28 页。

② 这并非说在现代社会人们不可以进行形而上学研究，也并不否定对形而上学进行重新思考甚至重建所具有的意义。这里要强调的是，任何形而上学，作为一种完备性学说，都不可能成为普遍性的意义源泉对生命个体具有规范性。

价值的问题只能通过每个人的生存实践来领会和阐发，把生命意义和生存价值的自我理解交给外在于自身的话语权威，等于让个体生命委身于外在权威，由此所形成的价值信念将必然成为与生命个体脱节的形式化的外在规范。

生命意义和生命价值只能依靠每一个人自己去寻求答案而不能寄望于某种超个人的外在的权威，这是现代人必然面对和接受的天命。随着世界的祛魅与理性多元论成为不可逆转的事实，生活的意义和价值这一安顿每一个人精神生活的重大问题，已不可推卸地落到每一个人自己身上，再没有绝对的神，也没有先知来为价值提供客观基础，也无从找到一个普遍性的终极权威，来指导异质性的人该应当如何生活，每个人是自己终极价值的"当事人"，必须自主地为自己寻觅和选择自己的生活目标和方向，这是现代社会带给每一个现代人的一个沉重的责任。

强调人生意义与价值信念问题归根到底属于个人自我的人生觉解和自我抉择，这并不排斥在此过程中，个人要与他人交往，要在社会生活共同体中接受他人思想、行为的影响，相反，这对于个人形成自己对生命的理解具有重要的意义。但这一切都无法代替每个人对自己的生命安顿负起终极的责任。在生活过程中，每个人立足于自己的人生经验，形成和拥有其对于生命意义和价值的自我理解，通过这种自我理解，为自己的思想、行动和生命提供根据，"每一个人都随身携带着一组语词，……我们利用这些字词，来表达对朋友的赞美，对敌人的谴责，陈述我们的长期规划、最深层的自我怀疑和最高的期望……我称这些语词是一个人的'终极语汇'（final vocabulary）"①，这一"终极词汇"构成了每一生命个体的"生活前见"，构成了每一个人理解、判断和处理生活事件的基本出发点，因而也就构成了其安身立命之所。这实质上也同时承认，指导个人生活的价值信念产生于每一个人的生活实践，价值信念并不是高悬于其生活实践之外的抽象的不变的东西，在现实生活中，每一个人都有能力去形成自己对于目的、意义和价值的自我理解，他不需要由外在的形而上学学说来为他定义和规定他存在于这个世界的理由。认为只有形而上学学说才能为每一生命个体规定生命的意义，所蕴涵的前提是，个人缺乏理解和形成好坏善恶的能力，它必须等待某种外在的权威来启发和"指导"，使之知道人生的目

---

① 罗蒂：《偶然、反讽与团结》，商务印书馆 2003 年版，第 73 页。

的和意义，否则个人就只能在懵懵懂懂中度过毫无意义和价值的生活，就如哲学家所说的，只能"像猪一样在泥里打滚"或"只需张开口来接受烤松鸡"。这种观念等于把生命个体贬为"不知好歹"的"白痴"，它表面上欲提升人的尊严，但实质恰恰是每个人尊严的丧失。

从上述分析我们可以看到，对形而上学的质疑与批判并非当代人意义危机的真实根源，当代人的生命价值和意义也不能仰仗形而上学学说来解决。因此，我们必须变革并抛弃那种把形而上学与当代人价值危机的责任捆绑在一起的观念。只有变革了这一观念，我们才能为深入评估形而上学的理论遗产，重新理解当代意义危机的实质和哲学的当代任务等问题，准备一个可靠的基本前提，因而具有十分重大的理论意义。

议题三："终极统一性"的迷恋与"有限意识"的生成

长期以来，在我们的哲学观念中，有一个根深蒂固的、似乎无须反思的信念，那就是把"终极统一性"视为哲学追求的一个重要内容与根本目标。这种信念体现在诸多方面，例如"真善美"的统一、必然与自由的统一、事实与价值的统一、思维与存在的统一、理论与实践的统一、个人与社会的统一，等等。与差异、异质性、分化、矛盾等相比，"统一性"似乎总是更值得追求的东西，因为统一意味着"和谐"、意味着"大团圆"的喜庆结局、意味着"圆融无碍"的美妙境界。

应承认，这种对终极统一性的追求，正如前面所说的对确定性秩序的追求一样，根源于人心中一种十分深刻的形而上学渴求。在这种渴求的支配下，它相信："一定存在某种能够让这些散片（指生活中种种无常的'现象'，引者注）集合到一起的方式。从原则上说，全知全能的存在、无所不在的存在，无论他是神还是无所不在的尘世之中的造物——无论你们所希望设想的哪一种方式，都能够把所有这些碎片集中起来、使之融合成为某种连贯的模式。无论是谁，只要这样做就会知道这个世界究竟像什么，各种事物是什么，它们曾经是什么，它们将会成为什么样子，支配它们的法则是什么，人是什么，人与事物的关系是什么，以及随之出现的，人需要什么，人欲求什么，以及怎样才能获得其所需要的东西。"[1] 具体来说，第一，相信各种问题都能找到一个终极的解答；第二，所有这些解

① Isaiah Berlin, *The Roots of Romanticism*, Princeton University Press, 1999, p. 23.

答都可以通过公共和普遍的方式而被发现；第三，所有这些解答之间彼此兼容和协调，它们可以内在统一起来，形成终极的真理。

很显然，支撑着这种信念的正是传统形而上学的思维方式与理论逻辑。罗蒂曾十分中肯地指出："这种认为所有各种东西总有一天会被看作是相互适合、能够结合成为一体的观念，是柏拉图留给正统的一神论神学的遗产。它就是海德格尔所谓'本体论—神学传统'所具有的凭证。"①"正统的一神论神学"、"本体论—神学传统"，所指向的正是支撑着这种信念的形而上学思维方式与理论逻辑。正是在此意义上，20世纪以来的西方哲学家在批判形而上学思维方式与理论逻辑的同时，也一并把批判的锋芒对准了这种"统一性"信念。这一点，只要看看阿道尔诺对"形而上学西洋镜"与"同一性逻辑"的捆绑性批判、哈贝马斯的"后形而上学思想"与对"独白式"统一性思想批判的相互呼应、列维纳斯对传统形而上学"统一性"与"整体性"观念的反省与对"他者"维度的吁求，等等，就可以得出明确的结论。

但是，在此问题上，人们却长期处于一种自相矛盾的尴尬状况。一方面，国内不少学者借助于现当代哲学的理论资源与学术成果，对于传统形而上学思维方式与理论逻辑进行了深入反省，对其所包含的理论弊端也不乏深刻的批判性检讨。但另一方面，对于上述与形而上学思维方式与理论逻辑同声共气的"统一性"信念却持一种不加反省的态度，甚至还迷恋于对这种统一性的追求之中，似乎它与形而上学思维方式与理论逻辑是完全不相干的两回事情。这是一种颇为奇特和费解的理论现象。

事实上，从哲学史上看，康德早就对这种"统一性"观念的虚幻性与独断性进行了深刻的反省。在他看来，必然与自由、科学与道德、真与善、理论与实践等是无法在一个终极的原则上"内在地统一"起来的。康德批判这种"终极统一性"为"独断论"，认为这种独断论的统治在根本上是"专横"的②。在他看来，终极统一性的独断论根源于理性批判的缺失。建立"理性法庭"，通过对理性的来源、范围与限度的厘清和审定，驳回理性专横的僭妄，克服这种终极统一性观念，是"批判哲学"的一个

---

① 罗蒂：《普遍主义的崇高、浪漫主义的深度、实用主义的狡诈》，《第欧根尼》2005年第1期。

② 康德：《纯粹理性批判》，第4页。

重要使命。在康德看来，科学与道德、自然与自由、理论与实践等各有其不同的立法原则，每一个立法原则在其领域都有其适应性，但一旦越过其边界就会陷入困境。因此，每一个立法原则都具有"有限性"。

康德的这种"边界意识"与"有限意识"在黑格尔那里被视为"二元论"，他认为康德放弃了"理性的无条件性"，而事实上，"理性之能为无条件的，只能由于理性不是为外来的异己的内容所决定，而是自己决定自己的，因此，在它的内容中即是在它自己本身内"①。以"无条件的理性"为根据，黑格尔要把被康德"分裂"的各原则统摄为理性辩证运动的各个环节，建立起"具体的精神的统一体"②。这一"具体的精神的统一性"就是"绝对"，"绝对"意味着"无对"，在"辩证运动"中，它消融与同化了一切矛盾和对立，实现了必然与自由、思维与存在、科学与道德、理性与现实、真与善、理论与实践等的终极和解与统一。国内哲学界深受黑格尔的影响，把从康德向黑格尔的哲学发展视为一个螺旋式上升的"必然的合乎逻辑的进程"，因此，站在黑格尔的立场，纷纷批评康德的"不可知论"与"二元论"，就成为国内哲学界一种占据主导地位的声音。而与此形成鲜明对照的是，在现当代西方哲学界，黑格尔那作为绝对统一性的"绝对"作为传统形而上学的最重要的表现而遭到一致讨伐，现代西方哲学与康德一样，根本不承认"现象"背后那个作为绝对统一性的"本体"的存在，哪怕在黑格尔那里，这种本体与现象的关系不是知性的"僵死对立"而是"辩证的转化"关系。相反，康德对传统形而上学及其统一性观念的拒斥却恰恰成为现当代西方哲学众多流派的源头活水，受到特别的重视。施太格缪勒的说法颇有代表性："把现今的哲学和以往的哲学联系起来的许多历史线索当中，对康德哲学的关系具有特别重要的意义。康德对于有关实在的知识的说明和他对于理性形而上学的批判，形成了认识论和形而上学历史上的转折点。"③

破除"绝对统一性"观念的迷恋，确立"有限性意识"，其根本目的

---

① 黑格尔：《小逻辑》，商务印书馆1987年版，第142页。
② 同上书，第8页。
③ 施太格缪勒：《当代哲学主流》上卷，商务印书馆1986年版，第16页。国内外哲学界在此问题上所呈现出的鲜明对照，其原因颇为复杂。重新反思从康德到黑格尔的哲学史、重新认识"合乎逻辑的进程"这种"分析目的论"式的论证、重新评价康德、黑格尔的历史定位，涉及对哲学史和哲学中许多重大观念的重新理解。这是国内哲学界所面临的重大课题之一。

是为个人自由选择留出空间，为宽容、民主的生活样式和人生态度提供辩护。这一点，英国哲学家伯林作为现当代西方哲学中继承和发挥康德对"绝对统一性"批判精神的杰出代表进行了充分的表述，值得引起国内哲学界的高度重视。

伯林在思想史和哲学史上以一种前所未有的清晰有力的方式，表明了这一点：人类的各种价值之间存在着难以完全彻底和解的不兼容性和冲突性，人类追求的各种"好"、各种"善"之间并非一个有机的统一体，而是充满矛盾性和不可通约性。伯林这样批判孔多塞似的启蒙理想："启蒙运动的一些思想家的那种抽象的完美社会的理念，不过是企图把一些本来属于不同的思想方式、行为方式和生活方式因而与其不可分离又不能随意缝合在一起的不相容的品质、特点、理想、天赋、才能和价值硬给焊接在一起的结果；这种理念必然是绝对荒谬的。其荒谬性在于，比如说，使阿基米得成为杰出人物的东西，与使苏格拉底或米开朗基罗或斯宾诺莎或莫扎特或释迦牟尼成为值得赞赏的人物的东西，其间是有巨大的冲突的，因为这些东西只适用于各自的文化，也只有在这种文化中一定人物的成就才能得到理解和评价。这个事实击碎了启蒙运动思想家们的梦想。'善'与'善'之间、'真'与'善'之间、'真'与'美'之间、'善'与'美'之间，等等，并非'有机的'和谐统一，而往往存在着难以克服的冲突和矛盾，人们为了促进'平等'和'民主'，往往不得不'以牺牲个人自由作为代价'，为了'成就艺术'而'牺牲平等'，为了'促成仁慈'而'牺牲公正'，为了'促成自发性'而'牺牲效率'，为了'幸福、忠诚与纯洁'而'牺牲真理与知识'。"[①] 真、善、美，自由、平等，真理、知识，幸福、忠诚与纯洁，等等，所有这些都是人类追求和理想中的美好价值，然而，它们却难以共存于同一个价值空间中，面临价值冲突的两难境地，这是人生活的常态，也是人永远不可能摆脱的生命实情。

这就是"个人自由选择"可能性和必要性的根据。既然人所追求的各种价值不可能统一为一个最终的整体，那么人的一个不可克服的命运便是"选择"和"舍弃"，在各种相互冲突的"价值"中、在不相容的诸种"理想事物"中选择生命个体所欲的价值，舍弃和牺牲虽然所欲却不可兼

---

① 伯林：《自由论》，第47页。

得的价值，人的"目的是相互冲撞的，人不可能拥有一切事物……于是，选择的需要，为着一些终极价值而牺牲另一些终极价值的需要，就成为人类困境的永久特征"①。如果所有的价值最终可以归结为一个统一的整体，那么，所有的人就都应该以这一统一的整体作为追求目的，这也就等于否认了自由选择的可能性与必要性。

与个人自由选择相伴随的是个人的责任。在价值的相互冲突的前提下，"选择"和"舍弃"是不可分的，而舍弃也就意味着"风险"与"代价"，"既然没有一种解决方案是保证不会错的，那么，也就没有一种部署是终定的"②，因此，每个人必须为自己的自由选择承担起责任。"终极统一状态"实际上建立在人最终可以无须选择、无须舍弃、无须付出代价这一前提的基础上，因而也就是责任意识的消解。

与个人自由选择与责任意义内在相关的是民主与宽容的生活方式与生活态度的生成。既然诸种终极价值存在着不可通约的冲突，那么也就不存在终极的标准来裁判每一个人的自由选择，在诸种相互冲突的价值中选择属于自己的"善"和"好"，就成为每一个人不受强制的基本自由（这即是伯林著名的"消极自由"概念）。反之，不顾"价值冲突"和"诸神相争"的生活本性，强制性地要求人们追求诸种价值的统一，必然会否定人们在诸善中选择的自由，从而导致个人自由的丧失，由此造成的悖论是：向往完美的"终极状态"其初衷本来是追求自由解放，可结果却导致了人的自由的窒息和种种奴役现象的产生，"开始时作为自由学说的东西结果成了权威的学说，常常成为压迫的学说，成为专制主义的有益武器"③，即是这种悖论的集中体现。

可以清楚地看出，破除"终极统一性"的观念，确立"有限意识"，其后所承诺的是一种全新的生活样式与生存品格。伯林说得好："认识到一个人的信念的相对有效性，却又能毫不妥协地坚持他们，正是文明人区别于野蛮人的地方。"④ 拒斥"终极统一性"的诱惑，在价值之多中认真选择并服膺其中之一，并同时尊重别人所选择的价值，这是文明人之区别于野蛮人的基本标志。理解了这一点，也就能自觉地领会到变革"终极统

① 伯林：《自由论》，第49页。
② 同上书，第103页。
③ 同上书，第42页。
④ 同上书，第246页。

一性"观念所具有的重要意义。

　　以上，我们对三个哲学议题及其观念变革进行了分析和探讨。这三者并不是相互独立与彼此分离的，而是有着内在的思想上的联系。议题一重在揭示和批判社会历史领域科学思维方式与解释原则对个人自由与责任的抹杀及其虚无主义本性，议题二重在辨析形而上学与现代人的意义危机的责任二者的关系，强调只有确立个人生命的自由与责任，才有可能为克服意义危机提供前提，议题三则通过对"终极统一性观念"的批判性反省，试图为个人的自由与责任开辟空间。

后形而上学与形而上学的觉解

（书脊）

吉林大学哲学基础理论研究中心　王庆丰

哲学的后形而上学转向是 20 世纪西方哲学范式的根本转变。由于后形而上学的思想家们对传统形而上学采取了拒斥和批判的态度，因此其思想影响和文化形象给人主要是拒斥、批判、解构、反叛和摧毁的消极印象，这似乎是西方古典思想中既有的怀疑主义、相对主义和虚无主义在当代的复活。这种负面的消极形象造成了对后形而上学最严重的误解。虽然后形而上学思想是对传统形而上学的拒斥、解构和批判，但因此就认为整个后形而上学思想都是相对主义、非理性主义和虚无主义，缺乏建构性和确定性，这的确有失偏颇。其实即使最极端的后形而上学思想家（例如德里达、罗蒂和利奥塔等）也不承认自己是相对主义者和非理性主义者。这一奇特的文化现象促使我们去重新思考和追问后形而上学的理论本性。

厘清和界定"后形而上学"的理论本性，是当代哲学发展的理论自觉。这一追问的关键就在于澄清"后形而上学"与"形而上学本身"以及"传统形而上学"三者之间的关系。在三者的关联中，也即在形而上学的历险当中去思考后形而上学的理论本性，这样才能真正地去把握后形而上学的理论旨趣和思想目标。

一　后形而上学之"后"与"形而上学"

后形而上学的"后"字与后现代的"后"字有着类似的意义，"'后'字意味着纯粹的接替，意味着一连串历时性的阶段，每个阶段都可以清楚地确定。'后'字意味着一种类似转换的东西：从以前的方向转到一个新方向"①。"后"字意味着新的思想方向和理论视域的开启。后形而上学并不意味着形而上学本身的终结，而仅仅意味着形而上学自身的一种转向。西方后形而上学思想明确地反对柏拉图主义的形而上学，即传统形而上学，并力求在柏拉图主义的根基处开启新的方向。因此，"后形而上学"并非"形而上学之后"，而是"传统形而上学之后"，哲学的终结也并非指"哲学本身的终结"，而是"传统哲学的终结"，因此在更准确的意义上后形而上学是"后传统形而上学"或者"后柏拉图主义"。

因此，如果我们在"转向"的意义上去理解"哲学的终结"，那么哲学的终结就不是形而上学本身的终结。对此海德格尔曾经作过深刻的分析，"关于哲学之终结的谈论意味着什么？我们太容易在消极的意义上把某物的终结了解为单纯的中止，理解为没有继续发展，甚或理解为颓败和无能。相反地，关于哲学之终结的谈论却意味着形而上学的完成"。紧接着海德格尔又指出："'终结'一词的古老意义与'位置'相同：'从此一终结到彼一终结'，意思即是从此一位置到彼一位置。哲学之终结是这样一个位置，在那里哲学历史之整体把自身聚集到它的最极端的可能性中去了。作为完成的终结意味着这种聚集。"② 可见，海德格尔已经在"转向"的意义上去理解哲学的终结。按照海德格尔的理解，哲学之终结实际上是位置之转换，这是由于旧哲学已经发展到了一种最极端的可能性，就必须被一种全新的哲学所代替。所以说哲学的终结仅仅是传统形而上学的完成，是形而上学自身的一种转向，而不是形而上学本身的终结。

其实，当我们用"后形而上学"而不是用其他来称呼我们这个时代的哲学，这本身就表明了"后形而上学"在本质上还是一种形而上学。"后形而上学"这一术语的关键字（词根）并不是作为前缀的"后"，而是"形而上学"。"后形而上学"之"形而上学"决定着后形而上学的理论本性。形而上学是哲学的核心，或者在某种意义上讲，形而上学就是哲学本身。

众所周知，亚里士多德最著名的代表作被称之为《形而上学》，实际上亚里士多德并没有使用过这一概念，而是将其称作"第一哲学"、"智

---

① ［法］利奥塔：《后现代性与公正游戏——利奥塔访谈、书信录》，上海人民出版社 1997 年版，第 143 页。

② ［德］海德格尔：《面向思的事情》，商务印书馆 1999 年版，第 69 页。

慧"或"神学",等等。"形而上学"这一概念的创制来源于安德罗尼柯。安德罗尼柯在整理完亚里士多德关于自然科学的手稿之后,整理他有关第一哲学的手稿,名之为"ta meta ta phusika",即"物理学之后诸卷",后来被人们简化为 metaphusike。这里的前缀"meta-"具有双重含义,不仅具有"在……之后"的意思,亦有"元……"、"超越……"的意思,这和亚里士多德的"第一哲学"意思相近,于是"形而上学"与"第一哲学"在某种意义上便成了同义词。

后世的哲学家们几乎都把"形而上学"看作哲学的核心部门,在相当长的时期内将其看作是所有学科甚至人类所有知识的基础和根据。康德首先把形而上学同人本身联系了起来。康德指出:"形而上学即使不是现实地作为科学,但却是现实地作为自然倾向而存在。因为人类理性并非单纯由博学的虚荣心所推动,而是由自己的需要所驱动而不停顿地前进到这样一些问题,这些问题不是通过理性的经验运用、也不是通过由此借来的原则所能回答的,因此在一切人类中,只要他们的理性扩展到了思辨的地步,则任何时代都现实地存在过、并还将永远存在某种形而上学。"① 康德把形而上学看作是人之"自然倾向",并明确指出,"人类精神一劳永逸地放弃形而上学研究,这是一种因噎废食的办法,这种办法是不能采取的。"② 在此基础上,康德把形而上学区分为两种不同的类型:"作为自然禀赋的形而上学"与"作为科学的形而上学"。作为"自然禀赋的形而上学"是理性自发劳作的结果。即理性在其本性的驱迫下,把仅仅适用于经验范围的知性范畴运用到超经验的对象——自在之物上,从而陷入二律背反的先验幻相。因此这种形而上学充满了错误和混乱,必须加以摒弃。康德主张一种"作为科学的形而上学",而这种形而上学只有通过"理性批判"才成为可能。"批判,而且只有批判才含有能使形而上学成为科学的、经过充分研究和证实的整个方案,以至一切办法。"③ 可见,康德的"作为科学的形而上学"实际上就是批判的形而上学,而其核心任务则是纯粹理性批判。也就是说,人们绝不能以自发的态度看待并运用理性,而应该认真地探索并反思理性运用的界限。黑格尔激烈地批判了康德的这一观点,

---

① ［德］康德:《纯粹理性批判》,人民出版社 2004 年版,第 16 页。
② ［德］康德:《未来形而上学导论》,庞景仁译,商务印书馆 1982 年版,第 163 页。
③ 同上书,第 160—161 页。

认为这种"将认识视为一种工具和媒介物的观念"是"无用的观念和书法"。指出康德实际上是把认识的工具当作了认识的对象，主张理性完全可以认识自在之物。可见，黑格尔也没有突破意识哲学的认识论范式，相反只是加强了这一趋向，把理性形而上学推向了极致。

因此，无论康德还是黑格尔都仅仅是把"形而上学"同人的"理性"联系起来，而没有看到其同人的"存在方式"之间的内在性关联。在此意义上，海德格尔更进一步。海德格尔把形而上学看作是"人的本性"。海德格尔的这一论断在形而上学发展史上具有决定性的意义，他不仅宣告了形而上学终结的不可能，而且为形而上学的发展开辟了新的方向。海德格尔认为，"超越存在者之上的活动发生在此在的本质中。此超越活动就是形而上学本身。由此可见形而上学属于'人的本性'。形而上学既不是学院哲学的一个部门，也不是任意心血来潮的一块园地。形而上学是此在内心的基本现象。形而上学就是此在本身。"形而上学作为人的本性，是人类摆脱不了的宿命，"只消我们生存，我们就总是已经处于形而上学中的"①。在海德格尔看来，形而上学的问题是消解不了的，形而上学本身是拒斥不掉的，对存在的追问永远激荡着作为此在的我们。因此，海德格尔明确地指出，"形而上学这个名称被用来称谓所有哲学的起规定作用的中心和内核"②。正是基于对形而上学的这一理解，海德格尔明确了哲学的理论旨趣："哲学——我们这样称呼它——就是把形而上学带动起来，在形而上学中哲学才尽性，并尽其明确的任务。"③

海德格尔关于形而上学的论述可谓抓住了事情的根本。这是因为形而上学的产生是与人类独特的生存方式联系在一起的。"人类的实践活动不仅具有现实性，而且具有理想性，不仅具有有限性，而且具有无限的指向性。基于人类实践本性的理论思维，总是渴求在最深刻的层次上或最彻底的意义上把握世界、解释世界和确认人在世界中的地位和价值。理论思维的这种渴求，是一种指向终极性的渴求，或者说，是一种终极性的关怀。理论思维的这种终极性的渴求或关怀的理论表征，构成了贯穿古今的哲学本体论。"④ 人类存在方式的理想性、无限性所表达的正是人类的形而上学

---

① ［德］海德格尔：《海德格尔选集》（上卷），上海三联书店 1996 年版，第 152 页。
② ［德］海德格尔：《形而上学导论》，商务印书馆 1996 年版，第 19 页。
③ ［德］海德格尔：《海德格尔选集》（上卷），上海三联书店 1996 年版，第 152—153 页。
④ 孙正聿：《哲学通论》，辽宁人民出版社 1998 年版，第 228 页。

的维度，而对这一维度理论化、系统化的思考就是形而上学。因此，"形而上学是永恒的思想事业，人类不能停止思想"①。

中国近代哲学家张东荪在科学和哲学相区分的意义上对这一理论态度表达得更为直接。张东荪认为，"如果所谓离形而上学的哲学是一种知识，则这个知识决不能不属于科学系统之内"，"所以离形而上学的哲学当然是可能的（即可以成立的），因为它只是科学之一种。但这种科学却决不能取形而上学而代之"。② 可见形而上学是哲学的标志，如果所谓的"离形而上学"或者非形而上学的哲学可以成立的话，只能是一种科学，而不是哲学，绝不能替代形而上学，形而上学是哲学区别于科学的本质特征。所以，海德格尔才会告诫我们"哲学绝不能以科学观念的尺度来衡量"③。

二　后形而上学的"存在论"论题

既然哲学的本质和核心就是形而上学，那么无论传统形而上学，还是后形而上学在其理论本性上都是形而上学，但是两者之间的区别又是什么呢？如果我们说后形而上学思想是新的思想居所的寻求，是新的思想方向、新的视域的开启，那么这种哲学的新方向是什么呢？

传统形而上学与后形而上学有诸多差别，但其最根本的差别还是存在论意义上的差别。海德格尔把哲学的这种变化称之为"思想的移居"。但是，海德格尔只是很简略地把这种思想的移居理解为从"意识"到"存在"的转化，这一思想居所变革的真实意义只有在存在论的高度上才能得到澄清。相对于传统形而上学的存在论而言，后形而上学时代的存在论论题究竟发生了何种变化。

海德格尔在《现象学的基本问题》一书中提出了"存在论分说"，即essentia［拉：本质］与 existentia［拉：实存］④ 的区分。"存在论分说"与海德格尔的"存在论差异"并不重合，"它属于存在论差异环节的方面，也就是说，无论实在性还是实有性都不是存在者，它们两者正好造就了存

---

① 孙利天：《后形而上学思想的确定性》，《社会科学战线》2011 年第 1 期。

② 张东荪：《思想与社会》，辽宁教育出版社 1998 年版，第 81 页。

③ ［德］海德格尔：《海德格尔选集》（上卷），上海三联书店 1996 年版，第 152 页。

④ 关于 existentia（英文为：existence）有实存、实有、存在等多种译法，本书采用实存的译法。

在结构。实在性与实有性之间的区别在存在之本质性的建制中更切近地分
说了存在"。① "存在论分说"是以"存在论差异"为前提的，存在论分说
所讨论的"本质和实存"都属于存在的层面而非存在者的层面，是对存在
本身的分说。海德格尔指出，自亚里士多德以来，本质与实存的区别这个
事实就已为人所熟知，且被当作不言自明的东西接受下来。但是如何规定
这两者之间的区别，古代哲学并没有提出这个问题。本质和实存之间的区
别和关联这个问题首先是在中世纪兴起的。托马斯·阿奎那、邓斯·司各
脱和苏阿雷斯相继对这个问题作了分析。新旧托马斯主义都主张本质与实
存之间的差异是一种实在的差异。司各脱把本质与实存的差异视为一种模
态的差异或形态的差异。苏阿雷斯及其追随者则认为本质与实存的差异是
一种概念的差异。海德格尔提示我们，我们不可安于也不必安于对"es-
sentia"和"existentia"的流俗领悟，而必须显现其本源的可能性。这一区
分隐含着海德格尔所谓的"思想居所的革命"，扩而大之，它表征了形而
上学的新方向。因此海德格尔指出，"对什么—存在与如此—存在的区分
不仅包含着形而上学思想的一个教本。它指示着存在历史中的一个
事件。"②

海德格尔认为，"essentia"（本质）回答的是"什么存在"这个问题，
什么是一个存在者，即存在者何以存在的根据？"existentia"（实存）说的
是一个存在者的如此存在，即它存在这一如此。这个区分命名的是两个不
同的存在，其中昭示出在某种差异中的存在。但是，"essentia［本质］与
existentia［实存］的区分的起源，尤其是如此这般被区分的存在的起源，
依然保持着遮蔽，用希腊的说法，就是依然被遗忘了。"③ 这一区分表面上
看来是"什么存在"与"如此存在"的问题，其实这两个"不同的存在"
实际上蕴涵着两种不同的致思取向。以"本质"为主题的存在论是为科学
世界以及逻辑世界准备的，因此"本质存在论"是关于"自然世界"的存
在论，研究存在以及何物存在，存在者之为存在的根据。这种存在论并不
适合解释人的存在方式，其所追求的"物之理"的问题在生活世界中并不
重要。这是因为：在生活中，人存在，这不是困惑；人如何存在，人应当

① ［德］海德格尔：《现象学之基本问题》，上海译文出版社2008年版，第95—96页。
② ［德］海德格尔：《尼采》（下卷），商务印书馆，第1037页。
③ 同上书，第1036页。

如何存在，这才是问题。根据雅斯贝尔斯的看法，哲学对"人是什么"的追问，其实是对"人应当成为什么"的追问。由于人是存在先于本质，所以在生活世界中，人不是一个预先完成的概念，而是一个可选择、可创造的概念。人的存在即生活，人选择生活就是选择存在方式，选择存在方式就是在创造自身，人的本质是生成性的。"人是世界上最奇异的存在。人创造了人自己，人创造了人的世界；人永远创造着自己，人永远创造着人的世界；人永远是未完成的存在，人的世界永远是未完成的世界。"① 人能够创造一个仅仅属于人的世界，这个属人世界就是"生活世界"。"实存存在论"就是关于人的"生活世界"的存在论。如果说"本质存在论"寻求"物之理"的话，那么"实存存在论"澄明的则是"事之理"。两种存在论对应的是两个世界：物的世界（world of things）与事的世界（world of facts）。"本质"昭示的是对"物"的追问，而"实存"则是对"人"的追问。

然而，"哲学的首要问题是事而不是物，哲学不能'向物而思'（to the things）而只能'因事而思'（from the facts）。如果说科学是关于物的世界的解释，那么哲学是关于事的世界的思想。"② 简而言之，"寻求'本质'需要科学的研究方式，反思'存在'则需要哲学的研究方式"③。传统形而上学寻求"物之理"，因此把成为"科学"作为哲学的目标，在这个意义上传统哲学都是"本质主义"。后形而上学追求"事之理"，关于"存在"的追问是无论如何也成不了科学的。这是因为作为本质"物之理"是单一的，而作为"实存"的"事之理"则是多元的、差异的。这一存在论论题的区别集中体现在胡塞尔现象学与海德格尔现象学的理论旨趣上。胡塞尔将哲学称之为"第一哲学"，而海德格尔将哲学称之为"形而上学"，其所隐含的就是这两条道路的分野。在马里翁看来，胡塞尔与海德格尔现象学的差异可以表现为这样一个问题："回到实事本身是回到其客观性呢还是回到其存在?"④ 胡塞尔认为，现象学是作为一种"认识论批判"而存在的，其目的就是通过现象学还原达到对事物的本质性认识，

① 孙正聿：《哲学通论》，辽宁人民出版社 1998 年版，第 77 页。
② 赵汀阳：《每个人的政治》，社会科学文献出版社 2010 年版，第 163 页。
③ 孙正聿：《哲学通论》，辽宁人民出版社 1998 年版，第 371 页。
④ ［法］马里翁：《还原与给予：胡塞尔、海德格尔与现象学研究》，上海译文出版社 2009 年版，第 3 页。

因此胡塞尔对客观性有一种难以抑制的"祝圣行为"。"对海德格尔来说，唯有首先明确地对胡塞尔所追求的客观性理性进行批判，存在才能成为现象学的枢纽。"① 海德格尔的现象学论题相对于胡塞尔的现象学已经发生了本质性的转变。"现象学的目标与客观性并不一致——这恰恰说出了海德格尔的出发点。"② 从"客观性"到"存在"所表征的正是存在论论题从"本质"到"实存"的转变。罗蒂在《协同性还是客观性?》一文中也表达了类似的意思，罗蒂指出：善于思索的人类有两种主要描述世界的方式，第一种描绘方式说明了人类追求协同性的愿望，第二种描绘方式则说明了人类追求客观性的愿望。③ 站在罗蒂的立场上，哲学的后形而上学转向就从客观性转向协同性。后形而上学对"存在"（事之理）的追求，必然导致多元、差异、非同一性成为时代的思想特征，最后所凸显的必然是人类社会的"协同性"问题。

但是，必须指出的是，作为存在论论题的"本质"和"实存"并不是简单的、线形的取代关系，两者并行不悖，且相互缠绕。传统哲学对"本源"、"始基"、"本质"的寻求，并不是单单想满足人类对世界的好奇心，更是为了寻求一种人类的安身立命之本。例如古代自然哲学对宇宙秩序的探寻是为了确立城邦的秩序，胡塞尔追求一种先验现象学是为了对其伦理学进行奠基。正如卡西尔所指出的，在古希腊思想中，我们总是可以发现一个原始的人类学与一个原始的宇宙学比肩而立。问题的关键在于我们不能用本质存在论规定实存存在论，不能用本质存在论的追问方式去追问和规定"存在"。"本质"和"实存"是人类本体论追求的两个永恒主题。

三　实体本体论与本体论追求④

存在论论题决定了存在论的理论形态，"本质存在论"决定传统形而上学的存在论必然是一种实体本体论，而"实存存在论"则意味着后形而

---

① ［法］马里翁：《还原与给予：胡塞尔、海德格尔与现象学研究》，上海译文出版社 2009年版，第 3 页。

② 同上。

③ ［美］罗蒂：《哲学和自然之境》，商务印书馆 2003 年版，第 437 页。

④ 存在论和本体论指的都是"ontology"，由于用语习惯的不同，国内学界分译为两者，本书在不加区分的意义上使用这两个术语。

上学时代的存在论仅仅是一种本体论追求。

西方传统哲学被称之为"逻各斯中心主义",在内在意识中寻求思想的普遍性、必然性和客观性的逻辑。这一传统从柏拉图一直延续到黑格尔,这成为了整个西方传统哲学最高的目标。哲学用强大的理论概念阐明了我们生活于其中的世界的存在基础,说明了我们的生命和生活的终极价值和意义。哲学的这种终极关怀是终极存在、终极解释和终极价值的统一。传统的、柏拉图主义的、以认识论为中心的哲学就是对绝对真理这一最高目标的追求。因此,所谓的实体本体论哲学,"在这里也可以说就是从某种超对象的绝对实在去理解对象的一种理论认识方式"①。

这种实体本体论哲学,有三个根本性的思想前提:其一,就其思想本质来说,是把存在的本质同存在的现象割裂开来、对立起来,认为经验观察到的现象并非存在本身,存在本身是那种隐藏在经验现象背后的超验或先验的存在。在这个意义上,实体本体论可谓是一种"颠倒的世界观";其二,就其思想原则来说,是把主观和客观、主体和客体对立起来,把哲学所追求和承诺的"本体"视为某种超出人类或高于人类的本质、与人类的历史状况无关的自我存在的实体,力图剥除全部主观性,归还存在的本来面目。因而传统形而上学只能从"意识"当中寻求思想的客观性,从而成为一种意识哲学或主体性形而上学;其三,就其追求目标来说,是把绝对与相对分割开来,企图从某种直觉中所把握到的最高确定性即作为支配世界的最普遍的原则或原理(如理念世界)出发,使人类经验中的各种各样的事物得到最彻底的统一性解释,从而为人类提供一种终极的永恒真理。由于传统形而上学追求的本体变成了一个超越时空的永恒的绝对,这就致使传统形而上学成为了一种绝对的绝对主义。

但是,在后现代哲学家看来,这种实体本体论所追求的绝对真理并不具有真理的意义。罗蒂指出,"根据它所要追求的这种方法,我们可以不再需要对话和思考,而只要勾画出事物的存在方式。其想法是要以一种尽可能像视知觉的方式对令人感兴趣的、重要的事情获得一个信念",也就是说传统形而上学对绝对真理的寻求只需要按照机械的程序将其描述出

---

① 高清海:《高清海哲学文存》第 1 卷,吉林人民出版社 1996 年版,第 141 页。

来。"人们只是由于服从机械的程序而达到了真实的信念。"① 那么这种信念的真实性就受到了"质疑"。

因此，后形而上学思想家们对此展开了激烈的批判。德里达通过"解构主义"的阅读策略，揭示出任何经典文本内在都具有意义的矛盾和分裂，炸毁了意义的统一性，指出传统哲学所谓"本体"只是一种替补的踪迹，先验在其本性上其实是一种"差异"。德里达将自己的解构主义思想称之为一种"非哲学思想"。罗蒂宣称一种"后哲学文化"的到来，"'后哲学'指的是克服人们以为人生最重要的东西就是建立与某种非人类的东西（某种像上帝，或柏拉图的善的形式，或黑格尔的绝对精神，或实证主义的物理实在本身，或康德的道德律这样的东西）联系的信念"②。因此后哲学文化就是放弃绝对真理的幻想，在这样的后哲学文化中，各种身份的人才能平等相待、和睦相处，没有谁自认为握有真理的裁判权，各种知识的地位也互相平行、互不评判，没有哪一种知识拥有绝对的话语权。哈贝马斯认为"后形而上学"是当代哲学的主题，哲学的后形而上学转向也就是从意识哲学范式转向交往哲学范式，即把内在意识中的纯粹思想，转变为多种话语方式和交往实践中的具体思想，从而也就使绝对的理性、抽象的理性转变为具体实践中具有确定性和有效性的具体理性。简而言之，就是理性情景化。无论是德里达的"非哲学思想"、罗蒂的"后哲学文化"，还是哈贝马斯的"后形而上学思想"，尽管其思想形态呈现出多样性的差异，但是他们在批判和拒斥传统形而上学、否认绝对的真理这一点上取得了惊人的一致。换言之，他们都行进在海德格尔思的视域而非柏拉图主义的道路上。

后形而上学思想家对传统形而上学的批判瓦解了"实体本体论"所寻求到的"终极实在"。后形而上学必须在拒斥传统形而上学的前提下仍旧葆有形而上学追求。"本体论追求"这一术语所表征的正是在对实体本体论消解的同时，依旧保持着哲学的形上诉求。实体本体论企图捕获绝对真理，从而"一劳永逸"地解决所有的哲学问题。"本体论追求"宣告了这种"一劳永逸"的终结。因此，"本体论作为一种追本溯源式的意向性追求，作为一种对人和世界及其相互关系的终极关怀，它的可

---

① ［美］罗蒂：《后哲学文化》，上海译文出版社 2004 年版，第 238 页。

② 同上书，作者序，第 8 页。

能达到的目标，并不是它所追求的'本'或'源'；它的真实的意义，也不在于它是否能够达到它所指向的终极存在、终极解释和终极价值"在这个意义上，传统形而上学的实体本体论是"不知其不可而为之"，而后形而上学的本体论追求是"知其不可而为之"。本体论追求所看重的并不是追寻到的"本体"，而是追求这一过程本身。因此，"本体论追求的合理性在于，人类总是悬设某种基于现实而又超越现实的理性目标，否定自己的现实存在，把现实变成更加理想的现实；本体论追求的真实意义就在于，它启发人类在理想与现实、终极的指向性与历史的确定性之间，既保持一种'必要的张力'，又不断打破这种'微妙的平衡'，从而使人类在自己的全部活动中保持生机勃勃的求真意识、向善意识和审美意识，永远敞开自我批判和自我超越的空间。"① 如果在本体论追求的意义上去理解"实体本体论"，实体本体论是一种"实体性"追求，侧重点是实体；本体论追求是一种"意向性"追求，侧重的是"追求"。本体论追求的重大价值就在于敞开了人类思想的视域，使彻底的反思成为可能。

把后形而上学时代的存在论定义为本体论追求其合理性的根据和意义就在于：它否认真理—规律—客观性的极端方式，瓦解了作为"普遍理性"的同一性哲学，从而将人从"形而上学的恐怖"所造成的"本质主义"的肆虐中解放出来。"本体论追求"使人类永远葆有了对美好可能生活的向往和追求。

四　超验形而上学与内在形而上学

为了更好地厘清和界定后形而上学的性质，为此我们有必要引入两个概念："超验形而上学"和"内在形而上学"。对形而上学的这种划分主要依据是康德在《纯粹理性批判》中的相关论述："我们把那些其应用完全限于可能经验界限内的原理命为'内在的'，另外把那些宣称超越这些界限的原理命之为'超验的'。"② 我们认为传统形而上学是"超验形而上学"，因为传统形而上学就是对超越于经验的原理的寻求，而后形而上学

---

① 孙正聿：《哲学通论》，辽宁人民出版社 1998 年版，第 231 页。
② ［德］康德：《纯粹理性批判》，人民出版社 2004 年版，第 260 页，本文引用时略有改动。

在本质上如果是一种形而上学的话，那它只能是区别于"超验形而上学"的"内在形而上学"。哲学的后形而上学转向我们完全可以概括为从"超验形而上学"到"内在形而上学"。

哈贝马斯认为当代哲学在拒斥形而上学之后出现了形而上学的复兴。哈贝马斯指出："如今，从这股否定主义的死灰中，又复燃起要求更新形而上学的火焰；（革命后的形而上学）要么宣称自己从康德那里惊醒，要么干脆步康德先验辩证法的后尘。"① 在否定传统形而上学的硝烟散尽之后，从哈贝马斯的论述中我们可以肯定"革命后的形而上学"有两条道路，要么宣称自己从康德那里惊醒，就是不再寻求一种超验的形而上学，要么就只能步康德先验辩证法的后尘，继续成为一种先验幻相，堕入传统形而上学的窠臼。

"内在形而上学"已经完全不同于"超验形而上学"。传统形而上学作为一种"超验形而上学"追求逻辑先在的、永恒的、超历史的绝对真理，这些真理是超越"可能经验界限"之外的原理。这种形而上学必将陷入康德所谓的"先验幻相"。而后形而上学作为一种"内在形而上学"，它所追求的是一种"完全限定于可能经验界限内的原理"，这种原理已经不再是绝对真理。所谓"经验界限内"的原理就是生活世界的原理。这种"原理"在某种意义上不是作为真理而是作为"道理"而存在的。"物之理"可以作为绝对的真理，而"事之理"只能是相对的绝对。后形而上学作为一种内在形而上学就意味着向生活世界的回归。这种形而上学才是一种真正的"形而上学"。

内在形而上学的运思方法与传统形而上学的运思方法亦有着本质的不同。按照海德格尔的看法，从柏拉图以来的西方形而上学特别是自笛卡尔以来的现代西方哲学，是思维规定存在、宰制存在的主体形而上学，其思维方式是控制论的思维方式，其实践后果就是技术"座架"对人类世界的统治，海德格尔将这一时代称之为"世界图像的时代"。这种思维方式的特质就是用思维规定对象、裁剪对象，使其具有某种整齐的逻辑形式或可以精确测量的使用价值。这是因为传统哲学认为，我思维的规定就是存在的规定，历史必须与逻辑相一致。"作为哲学的形而上学，它的根本特征是以思维（概念）规定感性（事物），在概念中确认哲学所追求的'最高

---

① ［德］哈贝马斯：《后形而上学思想》，译林出版社 2001 年版，第 27 页。

原因的基本原理'。"① 海德格尔指出，思维规定的思成就了西方特有的哲学，这种哲学由现代科学技术所完成，至今它已经或应该终结了。与思维规定的思相对应的就是非规定性的思，只有非规定性的思才能负担起人类的历史命运，引领人类走出世界的午夜。

那么这种"非规定性的思"是什么？就是体验。"体验是非规定性的思，从而也是非统治、非宰制存在的思，它倾听着、感受着、领悟着，在主客体统一性中经历着生命过程和周遭世界的变化。体验着的人当然在生活、在行动，但他已经没有理性主体的轻狂和傲慢，却具有自然赠予的厚重和丰富。"② 由于这种后形而上学的形上之思是非规定性的思，它就不再具有客观知识的理论形态，因而它也不再有学科帝国主义的话语霸权，不再有操作、控制的工具理性功能。这种形上之思是对生活体验的自然延展，它只能内在于个体的体验世界之中，哲学已成为纯粹的个人的精神事务。

但是，如果把"非规定性的思"定义为"体验"时，就会出现两个问题：第一，这种"非规定性的思"和"理性"是什么关系，是否要摆脱理性的纠缠，而完全堕入一种非理性之中。第二，如果非规定性的思完全是一种内在的体验，这是否意味着内在形而上学单单是一种审美体验，会不会有一种导向神秘主义的危险。第三，这种不具有普遍性和必然性的体验形而上学作为哲学是否具有合法性，是否丧失了哲学的本质特征，在审美体验的意义上，哲学莫不如被文学和艺术所取代。

哲学作为一种理论形态的人类自我意识，其本性必然是一种理性形而上学。在对理性主义的反驳中形成了一个悖论性问题，我们可以将其称之为"理性主义哲学的思想陷阱"。在哲学史上，"非理性主义"或"反理性主义"（包括怀疑主义、生命哲学、意志哲学等）不断地对理性主义哲学发起冲击。但是，理性主义哲学把这些非理性因素看做由理性所主导、统摄、支配的心理因素，进而在理性的反思中使其逻辑化、理性化，从而使哲学成为理性的知识系统。并且人们经常对非理性主义哲学和反理性主义哲学提出一种机智的反驳，即它必须是用理性反对理性，从而它也仍然是理性主义的。"理性主义的陷阱"迫使我们认真去思考"理性"与"形而上学"

---

① 孙正聿：《辩证法：黑格尔、马克思与后形而上学》，《中国社会科学》2008 年第 3 期。

② 孙利天：《让马克思主义哲学说中国话》，武汉大学出版社 2010 年版，第 285 页。

的内在关联。其实即使在意志哲学的顶峰——尼采、叔本华——那里，理性仍旧处于基础性的地位。叔本华就认为："人的理性，也就是使人解脱人生中注定的痛苦和烦恼；并且使他得以最充分地享有人的尊严。这是人作为一个理性的生物，与动物有别而应有的尊严。"① 理性主义的悖论并非一个陷阱，而是表明了形而上学的理性本质。形而上学作为一种"学问"必然是理论化和系统化的。若非如此，内在形而上学必将成为一种内心的审美体验，成为一种对以内在体验为核心的体验与意象的统一即内在的形上境界的追求。如果我们这样去理解内在形而上学的话，内在形而上学仅仅成了个人的一种内心的审美体验，这种内在形而上学便成了个人心灵的慰藉品，从而具有了传统形而上学的神秘特征。崇高仅仅成为个人自己的事情，崇高被私人化了。

这就需要我们去重新理解作为后形而上学运思方式的"体验"，形而上学的体验必然和理性是联系在一起的，这就决定了哲学的和日常生活的体验的本质性的不同。日常生活的体验仅仅是一种内在的心理感受，而哲学的体验是对存在的领会，是对时代精神的表征。因此我们必须把哲学的体验与日常生活中的生活体验区别开来，哲学的体验是对日常生活体验的拓展、深化和超越。哲学体验之所以可能，是因为哲学不再是对"本质"的直观，而是对"实存"的领会，这种对存在的领会必然是一种体验。但是这绝不意味着"内在形而上学"会堕入一种"审美形而上学"。在海德格尔看来，对存在的领会依然需要通过"诠释学"将其表达出来，也就是必须使之理论化和系统化。传统形而上学的规定性的思是一种绝对的规定性，非规定性的思绝不意味着是一种没有规定性的思，而是一种相对的规定性。因为，在后形而上学语境中，古老的永恒真理的哲学思想逐渐为历史的、时代的真理信念所替代。

因此，后形而上学就其本性来讲，是对形而上学自身的一种觉解：传统形而上学是一种无限的理性，而后形而上学是一种有限的理性；传统形而上学是认为形而上学是对绝对的绝对的认识和把握，而在后形而上学看来，形而上学所把握到的绝对只是一种相对的绝对；传统形而上学总要求自己成为一种关于绝对真理的科学，而后形而上学放弃了哲学成为科学的幻想，真正地恢复到哲学的爱智本性和形上本性。因此，后形而上学就是

————————

① 叔本华：《作为意志和表象的世界》，商务印书馆 1982 年版，第 556 页。

区别于柏拉图主义的一种新的形而上学。后形而上学以一种谦虚的、有限的理性信念，对传统形而上学的普遍性、同一性暴力保持着高度的警觉，恢复哲学的爱智本性，释放自由思想的活力，在理性多元论的现代社会中重新确立思想的根基和人类生活的规范。

形而上学的发生现象学基础

黑龙江大学哲学院　　王昊宁

　　形而上学是人类在认识过程中的终极追求，它的一个显著特征就是给所有学科一个统一的解释。这就要求形而上学的对象是最基本的、构造性的元素，这样，各个学科的命题才能都化解为这些元素，也即得到统一的解释。

　　形而上学发端于亚里士多德。在亚里士多德那里，形而上学与本体论是一致的。因此，到了近代哲学那里，当本体论要接受认识论的奠基时，形而上学就不可避免地也要接受这种奠基。这种情况到了康德那里发生了变化。因为在康德看来，形而上学的对象本来就不是"知识"的对象，而是"信仰"的对象。康德由此否定了知识形态的形而上学而建立道德形而上学。

　　但是，耐人寻味的是，当康德对各个学科进行统一的解释时，他所使用的并不是道德形而上学，这一点在他的《自然科学的形而上学基础》里可以非常直观地为我们所感受到。《自然科学的形而上学基础》是按照"界说、说明、公理、定理"这种方式来写的，这显然是从一种知识形态的形而上学出发以演绎的方式对各个学科做出解释。而且，康德指出了："使一个一般自然的形而上学系统、尤其是有形自然的形而上学系统臻于完善的图形，就是范畴表。"①

　　如果说知识形态的形而上学能够满足各级乃至最高的理论需求，从而为各级理论所需求，那么认识论对康德在《自然科学的形而上学基础》里

---

　　① 康德：《自然科学的形而上学基础》，邓晓芒译，上海人民出版社2003年版，第13页。

所说的形而上学即知识形态的形而上学也有所需求吗？道德形而上学不需要认识论奠基，但知识形态的形而上学却是需要的。而如果说认识论是知识形态的形而上学的奠基，那么认识论就不应该对这种形而上学有所需求。事实上，康德的认识论对他在《自然科学的形而上学基础》里所说的形而上学即知识形态的形而上学是有所需求的。这种需求表现在：认识活动是从外感官开始的，而"外感官只有通过运动才被激动起来"，因此"一个应当成为外感官对象的某物，其基本的规定必定会是运动"①，这便确立了动态的物质观。也就是说，认识活动必须以动态的物质观为奠基。而"物质"概念是通过四种知性概念的功能来实现的。② 而知性概念即范畴又构成了形而上学系统。③ 因此，认识活动是以形而上学为奠基的，是对其有所需求的。

但是，问题是，认识活动所依赖的这种形而上学恰好是需要经过认识批判的——否则便是独断的形而上学。

于是，在认识论和形而上学之间便出现了循环论证。那么，怎么才能打破这种循环论证呢？

通过上面的分析我们可以看出，认识论之所以需要依赖于形而上学，是因为它需要由形而上学提供出的有关激动起意识活动的物质的学说。如果没有形而上学提供出的有关激动起意识活动的物质的学说，那么认识论将无法解释意识活动是如何发动起来的。所以，认识论之所以需要依赖于形而上学，实际上是因为形而上学提供出了"发生"这一使意识活动得以可能，从而使认识论得以可能的先决条件。

因此，要想打破认识论和形而上学之间的循环论证，要想使认识论摆脱对形而上学的依赖，就要在认识论当中嵌入"发生"的因素，从而使认识论摆脱对提供出有关激动起意识活动的物质的学说的形而上学的依赖，并由此在认识论与形而上学之间形成认识论对形而上学的单向的奠基关系。

第一个在认识论当中嵌入"发生"因素的是费希特。王玖兴先生在费希特的《全部知识学的基础》中译本导言里写道："知识学探讨的是知识

---

① 康德：《自然科学的形而上学基础》，邓晓芒译，上海人民出版社2003年版，第14页。

② 参见康德《自然科学的形而上学基础》，邓晓芒译，上海人民出版社2003年版，第13页。

③ 同上。

的一般的发生的问题，是要弄清楚知识是怎样发生的，知识成立需要什么先决条件，知识有哪些基本要素，它们是怎么来的，它们彼此之间有什么关联等等。"① "知识学实际上是一部意识发生史。"② 通过把"发生"的因素嵌入到认识论当中，费希特使得意识活动从在康德那里的"半自动"状态转变成了"自动"状态，也就是说，意识活动自己激动起自己，用费希特自己的话说就是："自我设定自己，而且凭着这个由自己所作的单纯设定，它是（或，它存在着）。"③

谢林更是直截了当地否定了感觉对外物的依赖，从而否定了认识论对形而上学的依赖。在谢林看来，"认识的所有实在性的根据就是有限制状态的不依赖于直观的根据"④。也就是说，实在性的根源是在"自我"这里。自我是无限的活动，这种无限活动能限定自身。它是怎么限定自身的呢？是通过给自己设立对立面。那么，它又是怎么给自己设立对立面的呢？是通过否定自身。因此，我们所感觉的和我们对立的东西，也即我们通常所说的对象，实际上不是别的什么，而就是"活动的否定"。"除了活动的否定之外，没有什么东西是能和自我对立的。"⑤ "如果说我们在感觉，那我们也决不是感觉客体；感觉根本没有给我们提供一个客体的概念，感觉完全是概念（行动）的对立面，因而是活动的否定。"⑥

所以，"我们绝不是把客观世界视为在我们之外存在的现成事物，而是仅仅视为我们固有的自由活动的内在受限制状态。"⑦ "存在（客观性）所表示的永远只是直观活动或者创造活动的一种被限制状态。"⑧

谢林的认识论是在"发生"环节上摆脱了形而上学奠基的认识论之典范。谢林的观点和费希特的观点共同表明了这样一件事情：先验的认识论必须具有"发生学"形态，并且如果说先验认识论是形而上学之基础，那么发生认识论就是形而上学的基础的基础。这一点，为后来的胡塞尔所关注。

---

① 费希特：《全部知识学的基础》，王玖兴译，商务印书馆1986年版，第5页。
② 同上书，第6页。
③ 同上书，第11页。
④ 谢林：《先验唯心论体系》，梁志学、石泉译，商务印书馆1976年版，第72页。
⑤ 同上书，第69页。
⑥ 同上。
⑦ 同上书，第45页。
⑧ 同上书，第72页。

按照利科的看法，胡塞尔的现象学经历了三个发展阶段：描述现象学阶段、先验现象学阶段、发生现象学阶段。但是实际上"发生"的思想在《逻辑研究》当中就有所体现。因此，我们更愿意认为"描述"、"先验"、"发生"不是一个逐一替代的过程，也不是截然分开的，毋宁说它们是胡塞尔的现象学思想在不同时间段上的最强音。因此，虽然"发生"的思想在《逻辑研究》当中就有所体现，但直到《经验与判断》，它才得到了最大程度的重视。而在这两部著作之间，胡塞尔的思想在总体上体现出一种先验的趋向，也就是所谓的"先验现象学阶段"。

胡塞尔的"先验转向"与意向性这一概念有着密切的关系。意向性是意向活动与意向对象之间的关系。是什么关系呢？是依据的关系，即意识要依据于原初的被给予方式。这实际上就是宣布了这样一件事情：在意识当中预先具有某种形式，它向意识暗示出活动的方向。这样一来，胡塞尔的现象学自然就成了"先验的"现象学。

在胡塞尔那里，"先验"有两层意思，第一层意思是指对"自然观点"的改造——先验现象学不像自然观点那样认为世界是现成的，而是认为世界是先验自我构造的。显然，在"先验"的第一层意思里面已经包含有"发生"的意味。但是，先验现象学所涉及的"发生"主要是主动的发生，也就是在认识意志引导下的发生，这一点与"先验"的第二层意思有关。"先验"的第二层意思是指"动机"。胡塞尔在《危机》里是这样来描述这种动机的："这是一种追索一切知识形成的最终源泉的动机；这是一种认知者对自己进行反省，对自己的认知生活进行反省的动机———一切对于认知者有效的科学结构是有目的地发生在这种认知生活当中的，是作为获得性的东西储存在认知生活中，是在这种生活中被自由地使用和继续被这样使用的。"① 在这段话当中，我们应该注意"知识"、"对自己进行反省"以及"有目的"等这几个地方——所谓"知识"，就是在认识意志引导下形成的主谓判断；所谓"对自己进行反省"，就是以自己为对象、自己决定自己，因而也属于意志活动；而所谓"有目的"则更是意志的体现。所以，"先验"的第二层意思表明了"先验"是一个在认识意志覆盖下的领域，因而先验现象学所讲的发生是在认识意志引导下的发生，即主

---

① 胡塞尔：《欧洲科学危机和超验现象学》，张庆熊译，上海译文出版社 2005 年版，第 136 页。

动的发生。

我们前面说过，胡塞尔的"先验转向"与意向性这一概念有着密切的关系。要想实现先验转向，首先就需要执行先验还原。先验还原之后所剩余的是先验自我。先验自我不是别的什么，而就是进行意向活动的主体。所以，对于先验自我来说，对象都是意向对象，即"构造"出来的对象。因此可以说，先验转向是转向了发生的领域。相应地，先验现象学所涉及的自然也就是发生的领域。但问题是，先验现象学涉及了发生的全部领域了吗？根据我们上面的分析，先验现象学所涉及的只是在认识意志引导下的发生，即主动的发生。因此，先验现象学并没有涉及发生的全部领域——它没有触及那尚未受到认识意志引导的发生，即被动的发生，而这同时也就决定了后来的所谓发生现象学所主要涉及的乃是被动的发生。

关于被动的发生与主动的发生之间的关系，历来是众说纷纭。实际上，胡塞尔本人对此已有明确的说明。在《笛卡尔式的沉思》里，胡塞尔指出："这种主动性的任何构造都必须把某种预先给予的被动性作为最低阶段设定为前提。"① 这说明主动的发生是以被动的发生为奠基的。而胡塞尔又接着指出："但是在这里，我们马上就遇到了对不断更新的综合的一种被动形成过程的本质合规律性，这种形成过程部分地先在于一切主动性，部分地又包括了一切主动性本身；遇到了作为在一种固有的习性中保留下来的构成物（Gebilde）的多种统觉的被动发生，这些保留下来的构成物在中心性的自我看来，当它们实际形成起来、发出刺激、并给活动提供动机时，就像是已被赋形的预先被给予性。"② 胡塞尔在此所表明的是：以往的主动的发生并未逝去，而是以"发出刺激"、"提供动机"等形式在下一个主动的发生进行之前活动着，即作为被动的发生活动着。因此，被动的发生不是别的什么，而就是已往的主动的发生。从这个意义上讲，被动的发生又是以主动的发生为奠基的。因此，实际上，被动的发生与主动的发生是相互奠基的。

主动的发生是以被动的发生为奠基的，这种奠基表现在：对于主动的发生来说，被动的发生就是预先被给予的。这样一来，刺激起意识活动的就是被动的发生，而不是什么外在的物质了，那么自然也就不需要那能提

---

① 胡塞尔：《笛卡尔式的沉思》，张廷国译，中国城市出版社 2002 年版，第 107 页。

② 同上书，第 108 页。

供出关于刺激起意识活动的物质的学说的形而上学了。所以，先验现象学只有扩展为发生现象学，即把发生的领域扩展到了被动的发生，才能摆脱对形而上学的依赖。不仅如此，发生现象学还为形而上学提供出对象。从这个意义上讲，发生现象学是形而上学的基础。

那么，发生现象学是怎么为形而上学提供出对象的呢？这还要从被动的发生说起。

既然被动的发生不是别的什么，而就是已往的主动的发生，那么在被动的发生当中实际上已经寓居着某种意志了——就是那包含在已往的主动的发生中的意志。这决定了被动的发生总是要将当下的对象引到为包含在已往的主动的发生中的意志所趋向的某个对象上去，这种活动就是"联想"。所以，被动的发生是以联想为开端的。

胡塞尔把联想分为同质性联想和异质性联想，前者的作用在于形成一个统一的背景，而后者的作用则在于从这个统一的背景中凸显出一个对象来。在联想之后起作用的是"情绪"。情绪的作用在于使我们去趋向、去追随那个在异质性联想当中凸显出来的东西。而当我们开始趋向、开始追随时，我们就在进行"关注"了。

在关注之后所进行的是观察性知觉。胡塞尔把观察性知觉分三个阶段，第一阶段是"素朴的把握"。素朴的把握所把握的是一个整体的对象。观察性知觉的第二个阶段是"摆明性的观察"。在摆明性的观察中，我们的目光从原来在素朴的把握中作为整体的对象上过渡到它的各个规定上去，比如从一个作为整体对象的 S 过渡到它的某个规定 P。而当我们的目光从 S 过渡到 P 时，并不是仅仅停留在 P 上，而是仍然往回指向着 S，并且是通过 P 指向着 S，这样就在 P 与 S 之间产生了某种综合，这就是观察性知觉的第三个阶段"说明性的综合"。这种综合所产生的是"范畴"——"范畴所表达的是在隐蔽地实行的思想综合之中的类型"[1]。

另外，胡塞尔把范畴还定义为"纯粹逻辑的基本概念"[2]。"通过这些概念，一般对象的逻辑本质在全部公理中被确定，或者说，这些概念表达了对象本身的、任何一种东西（只要它一般地能够是某种东西）的无条件

---

[1]　胡塞尔：《第一哲学》上卷，王炳文译，商务印书馆 2006 年版，第 527 页。

[2]　胡塞尔：《纯粹现象学通论》，李幼蒸译，商务印书馆 1992 年版，第 63 页。

必然的和构成的规定性。"①

所以，范畴就是关于一个对象的无条件的，因此也可以说是纯形式的规定性。胡塞尔因此把范畴也叫做"单纯形式概念"②，它"围绕在某物或对象的空泛观念周围并通过形式本体论的公理而与这个某物或对象相联结"③。

形式本体论将所有的质料普遍性置于自己的统治之下，因此，当范畴"通过形式本体论的公理而与这个某物或对象相联结"时，它所规定的不仅仅是某个特定的对象而是所有可能的对象。例如量这个范畴就是以量这种特征来规定所有可能的对象，这样一来，所有可能的对象便可以以量的特征向我们显现出来。因此，所有可能的对象无不是因范畴而具体可能的。正是从这个意义上讲，范畴是形上之物。而范畴是在观察性知觉当中产生的，观察性知觉属于被动的发生。所以，只有从以被动的发生为对象的发生现象学出发，才能说明范畴的来源。并且，被动的发生没有受到认识意志的引导，因此其所产生的一切都不是我们主观所欲而是"绝对被给予的"。所以从发生现象学出发，不仅能说明范畴的来源，而且能保证它是"绝对被给予的"而非主观独断或臆想的，这样，形而上学才具有合理性和有效性。因此，发生现象学是形而上学的基础。

---

① 胡塞尔：《纯粹现象学通论》，李幼蒸译，商务印书馆1992年版，第63页。
② 胡塞尔：《逻辑研究》第二卷第一部分，倪梁康译，上海译文出版社1998年版，第265页。
③ 同上书，第266页。

中西哲学范式比较

论中西哲学的隐喻范式

——道和相的比照

黑龙江大学哲学与公共管理学院　马天俊

　　"范式"具有反思性而不具有前瞻性，它通过库恩在探讨科学史问题时的杰出运用而日益显赫起来，对哲学研究发生广泛的暗示作用。就内容而言，"范式"是对显示出一定假设和程序的某一类科学研究活动及其成果的总结和命名，科学研究的发展和变革乃是范式的积累和转换。在这个意义上，"范式"之议乃是回顾性的，因而是反思性的。也就是说，当一类具有相当深度和广度的科学成就及其潜力已然摆在人们眼前，范式才会逐渐被发觉，当另一类具有取代性的科学成就及其潜力已然摆在人们眼前，范式的转换才会被发觉。因而本文用"范式"探讨哲学问题，乃是对哲学一定的历史成就的讨论，而不是对哲学发展的前瞻甚至规划。

　　为能讨论问题，"哲学"概念也必须多少形式化一点，也就是泛化一点。因为，世界观到处都有，哲学却是哲学的诞生地古希腊所特有的文化样式，就像几何学是古希腊特有的文化样式一样。在这个意义上，哲学只有一种范式，即古希腊的范式。只有在有所泛化的意义上，哲学才有多种范式，才有所谓中国哲学，才可能有所谓中西哲学的彼此映照。

一　爱智之言始于隐喻

　　哲学是超越之学，但总要始于某种感动或直观。哲学显然不能论证一切，在其开端处必定是某种平易之事，无须乎论证。哲学便是对此平易之事的超越性论说，论证——如果需要的话——是在平易之事之后展开的。

哲学从何种平易之事开始，并不是一律的。没有一种关于哲学的法则规定哲学必须从什么开始。我们所谓"平易之事"其实也只是个形式化的说法，平易之事为类甚多，哪类平易之事堪为哲学之始，没有必然性。在这个问题上，难以满足的求知欲也不得不满足于古远起源处的晦暗。笼统地说，哲学之始具有文化差异性，这一实情并不晦暗。

既然如此，哲学之为超越性论说，原则上便有多种法门，不同法门引向不同的超越样式，形成不同的哲学范式。在话语层面上，不同的哲学范式，关键的不同不在于论证与否，而在于把何种平易之事选为超越性的启发点。这第一步的确定不是推理的，而是隐喻的。隐喻是直说的，不是论证的，它为一切论证或发挥提供指引性的出发点。

"道"为中国古代哲学所乐道，"相"（Idea）为西方古代哲学所乐道。"道"本是平易的，就是人所行的路，但隐喻之后"道"就不平易了，隐喻之道是中国哲学最主要的成就和遗产之一，是中国哲学范式的一个核心。"相"也本是平易的，就是人所见物的形相，但隐喻之后"相"就不平易了，隐喻之相是西方哲学最主要的成就和遗产，是西方哲学范式的一个核心。

二 所观之相与所行之道

西方哲学的第一次自觉乃是对观看的自觉，观看成为哲学的本务。毕达哥拉斯自称为哲学家（philosopher 爱智慧者），其解释便是个比喻，哲学家是生活这个大赛会中既不求名也不求利而只图观看的观众。这种观看超于名利之上，趋于神性，趋于智慧。西方古代哲学的集大成者亚里士多德称哲学为唯一自由之学术的时候，其要旨之一也是平常生活所需满足之后人会有纯粹的求知，其引线便是一无所求也无所作为的观看。这种观看是神性的，哲学亦可名为神学。

哲学作为活动是超越性的观看，其实际内容也是观看。柏拉图哲学是西方哲学的第一等成就，其核心即是隐喻化的"相"（Idea）。按古希腊的语言，"相"原是动词的"观看"，又引申为所观看东西的样子，如轮之"圆"、柱之"直"。柏拉图的哲学工作是对"相"进行系统化的隐喻。用以观看的眼睛只是引线，真正的观看需要心灵之眼。眼前诸物的形相只是引线，真正的形相另成一个世界。这个只有心灵之眼才能通达的"另一个世界"无限完善于眉下二目所见之凡俗世界。柏拉图成功地造就了两个世界，但在解说两个世界关系的时候却往往捉襟见肘。另一个世界令人心醉，但两个世界的关系却令人心碎。问题的关键在于相论哲学的隐喻之根是"相"，是一种特化了的或者说异化了的观看。

中国哲学与此恰成对照，它不始于"相"的隐喻，而始于"道"的隐喻。"相"可以隔岸观火，可以坐而论之，其高超可羡，其实行颇难。"道"则是人所行，以此为引线，人道也好，天道也好，王道也好，霸道也好，自身都是行动的整体。其中也有感受，也有观审，也有思量，也有言谈，但它们都不能独立。

"道"本平易，即有一定方向的路，譬如"周道如砥，其直如矢。君子所履，小人所视"（《诗·小雅·大东》）。"道"、"行"、"术"含义相通，意思都是道路。以此为隐喻的引线，"道"论哲学不管如何玄妙，都是日常含义的创造性发挥，正所谓"有物混成，先天地生，寂兮寥兮，独立不改，周行而不殆，可以为天下母。吾不知其名，字之曰道，强为之名曰大。大曰逝，逝曰远，远曰反"（《老子》章二五）。道虽然"先天地生"，但其作为还是周"行"、"逝"、"远"、"反"（返），这些词在《说文》中同属辵（辶）部，说的都是行路，"逝"和"反"相对，也就是往和返，亦即周行。这些话开显著"道"论最深刻的哲理，即天道好还。本此奥妙，"圣人处无为之事，行不言之教，万物作焉而不辞，生而不有，为而不恃，功成而弗居。夫唯弗居，是以不去"（《老子》章二）。一部《老子》，"道"、"德"（得）连讲，取"道"为喻，超升至宇宙论或形上学的境界，但"行"乃是其主旨，相比之下，观审、沉思、言说都是行的相关项，并无独立意义。

三 理论化与实践化

观相的哲学易于形成理论，理论（theory）本来也是"看"（希腊词根 theasthai，即 look on, contemplate），是注视或沉思（contemplate）。在理论面前，生活世界成为知识的对象，理论是关于并高于生活世界的知识系统。在这个意义上，理论是向神性超升的途径，它并不注定要返回平常的生活世界。实际上，柏拉图的相论哲学正因为具有完美的超越性而把生活世界抛在了后面；苏格拉底和柏拉图都有强烈的救世冲动，但他们的成就却与意向南辕北辙，苏格拉底以身殉道，柏拉图则最终不得不安于学院的理论世界，留给世人一套影响力罕有其匹的哲学理论，不得不满足于向现实提出崇高的要求，或者向现实提供一种美妙的诱惑。其后亚里士多德就明确地把实践智能与知识、与哲学区分开来了，这是分裂之后无奈的各安其位。对于伦理政治等实践领域来说，不存在可以在知识或哲学名下去追求的普遍必然性，伦理政治不是知识的王国，而是实践智慧的领地。在这个意义上，所谓"伦理哲学"或"政治哲学"均是不良用语，亚里士多德并不用这样的词语讨论伦理政治问题。约略而言，西方哲学长期的根本焦虑之一就是理论与实践的分裂。问题的关键在于，基于纯粹观相的哲学在起始处就已经把杂芜多变的生活放逐了，后面再想良好地找回来，谈何容易。亚里士多德在其《形而上学》开篇申明哲学始于生活所需满足之后，哲学是只为自身存在的自由学术，这番意思与其说是鼓励生活优裕的人从事哲学，不如说是告诫人们，假若平常生活所需出现了问题，不要去找哲学，哲学不管这等事。当然，亚里士多德的告诫并不总是有效，西方哲学还是要经常操心于实践问题，但它既然不能不是观相的，不能不是理论的，那么实践问题要纳入哲学领域，就不得不事先理论化，结果原本的实践问题就变形了，甚至消失了。反过来说，要想真正重视和应对实践问题，哲学本身就必须破除。简言之，"观"解决不了"行"的问题，这是"相"论范式固有的局限。

相比之下，"道"论则没有这种焦虑和局限，因为"道"从来没有离开过"行"，它本身就是"行"。"道"论与"相"论不同，它基于另一种隐喻，成为另一种范式。"道"论哲学并不解答"相"论哲学的问题，其关键不在于它不能解答这样的问题，而在于这样的问题在它这里根本就不出现。范式不可通约，因此中国哲学既不能补充也不能改善西方哲学。

以"道"为喻的哲学，主旨在于高明的"行"，对纯粹的"观相"或理论化不感兴趣，甚至保持着某种深刻的警惕，正所谓"道可道，非常道"（《老子》章一）。如果司马迁的记述可信，《老子》五千言，也是强迫的结果。老子修道德，殊不欲多言。"道"论葆有生活世界的整体性，未尝造成那种带来重新弥合难题的分裂。它的超越性不是通过分裂来实现的，而是采取不即不离的方式，这是一种高明的同时也是高难度的"行为艺术"。

由于"道"论哲学不倾向于理论化，实践问题也就不需要单独提出来。"道"论处理的本来就是实践问题，在这个意义上，"道"论哲学根本不是那种着迷于概念（相）同一和差异并据以进行一套套推理的哲学理论。当然，由于范式不同，衡以相论，"道"论简直就是非哲学。这是范式的题中应有之义，本不奇怪，衡以伽利略的物理学，亚里士多德的物理学根本就不是物理学，反之亦然。因此，就像人们惯于看到的那样，"道"论哲学的理论性的确不强。在"道"论哲学中，一切尖锐的理论性问题都在一种"聪明"中滑过去了，个别的理论性认真偶尔闪现，但不会成为主流，相反，实践取向才是主流。单纯的穷究事理总是很快被"学以致用"替换掉了。在中国哲学中，"理论"问题从来都是"道路"问题，是实践取向的问题。反过来讲，如果理论问题毕竟是要认真处理的，那么，"道"论的哲学范式就必须破除。

四　世界与境界，或真理与高明

"相"论造成不同的世界，"道"论则造成不同的境界。"相"论主于观看，首要的追求是心目无障，也就是超越遮蔽，超越意见的真理。一般说来，真理意味着另一个世界，另一个世界昭示着真理。"道"论主于行为，首要的追求是善行无辙迹，也就是超越做作，顺其自然的高明。一般说来，高明意味着境界，境界显示着高明。

愚蠢的追问往往是，究竟真理要紧，还是高明要紧？或者，真理与高明能否得兼？

这种追问之所以愚蠢，就在于它把来自不同范式、由不同范式所规定的指标超语境地并列在一起，捏造一种选择的紧张感，或者，显现出一种无原则的贪婪。

在与禽兽为伍的意义上，中国人也是禽兽，西方人也是禽兽，都是灵长目动物，并无区别。但在文明意义上，中国人和西方人各是一类，这取决于文化的偶然和历史，或者说取决于文化的创造和规定。在哲学上，"道"论范式推崇高明，"相"论范式推崇真理。一个人如果养成于前者之中，往往追求高明，真理次之，或者真理与否在所不计。一个人如果养成于后者之中，往往追求真理，高明次之，或者高明与否在所不计。这就是范式的力量。人生可追求的价值，出自范式。无范式的人生价值，只是一个空洞的短语。

当然，范式是形成的，范式就不是一成不变的，其力量也就不是无限的。在这个意义上，扬弃中西哲学范式的新范式是可能的，是可以期待的，也是可以尝试的。不过，无论如何，低估范式的力量去创新则是幼稚的。也许我们可以用一个简单的标准来测度是否不再幼稚：有朝一日，我们是否能怀着对得起人类历史的自信来宣布，"道"、"相"、"哲学"之类的语汇，都已不合适也不必要拿来说事了？

从李约瑟难题看中西科学及哲学之精神

吉林大学哲学社会学院　　翟奎凤

一　李约瑟难题及其历史意义

在现代中西文化交流史上，李约瑟是一位耀眼的明星，一卷卷《中国科学技术史》如一座座不朽的丰碑横跨在中西文化互动融合的桥梁上。是他在国人言必称希腊、科学唯西洋，在对传统科技文明的虚无和对西方科技文明的一片迷思中展现出中国古代科学技术的辉煌，同时也在一定程度上冲击了西方文明中心论的偏见。然而，中国的科技既然在古代就领先于西方，为什么没有从中发展出近代科学？或者说为什么近代科学革命发生在西方而不是发生在中国？因此，李约瑟反复追问到：

中国的科学为什么持续停留在经验阶段，并且只有原始型的或中古型的理论？如果事情确实是这样，那么在科学技术发明的许多重要方面，中国人又怎样成功地走在那些创造出著名"希腊奇迹"的传奇式人物前面，和拥有古代西方世界全部文化财富的阿拉伯人并驾齐躯，并在 3 到 13 世纪之间保持一个西方所望尘莫及的科学知识水平？中国在理论和几何学方法体系方面所存在的弱点，又为什么并没有妨碍各种科学发现和技术发明的涌现？中国的这些发明和发现远远超过同时代的欧洲，特别是 15 世纪之前更是如此（关于这一点可以毫不费力地加以证明）。欧洲在 16 世纪以后就诞生出现代科学，这种科学已被证明是形成近代世界秩序的基本因素之一，而中国文明却未能在亚洲产生出与此相似的近代科学，其阻碍因素是什么？另一方面，又是什么因素使得科学在中国早期社会中比在希腊或欧洲中古社会更容易得到应用？最后，为什么中国在科学理论方面虽然比较落后，但却能产生出有机的自然观？这种自然观虽然在不同的学派那里有不同形式的解释，但它和近代科学经过机械唯物论统治三个世纪之后所被迫采纳的自然观非常相似。①

这些问题是李约瑟先生在研究中国古代科学技术时始终不解的困惑，后来的研究者称之为"李约瑟难题"，并努力对这一难题进行了种种探讨和求索，如有学者归因于儒家人伦道德的限制、封建统治专制的阻碍、中国语言文字对科学思维方式的制约，还有说是中国自然环境的封闭性及科举制度的弊端，等等，也有人认为李约瑟难题是个伪问题。李约瑟难题没有一定的标准答案，这一难题至今仍吸引着很多学者不断去深入思考中西思想文化的不同，这也促使我们不断去反思传统中国文化的长处和不足。

李约瑟对中国传统文化的贡献不仅在于他向世界展现了中国古代科技文明的辉煌，更在于他对这一辉煌背后的思索，在于他的问题意识。李约瑟难题不仅深化着我们对古代中国科技文明，乃至整个中国古代思想文化的认识与反思，也深化着我们对西方科技文明与思想文化的认识与反思。李约瑟难题的背后不单是中西科技文明的比较，更是牵涉中西文化思想与思维方式的比较，而这种比较不应是庸俗的长短高下、你优我劣的夸斗，应该是在反参互照的对比反思中见取彼此的真精神，以此共同促进人类文化与文明向着更理想的维度去发展。

二　西方科学之精神及传统中国的缺失

西方科学和哲学是统一的，西方科学最初便是作为哲学的一部分而存在，后来才慢慢分化独立发展出来，但科学的每一次飞跃无不是与其在哲学本体论、认识论及方法论上的思想突破密切相连。西方科学发展的历史表明，西方近代科学模式的进路与其哲学的理路一脉相承。西方的自然科学开始成为一种独立的形式，是在亚里士多德的百科全书式的哲学体系中

---

① 李约瑟：《中国科学技术史》第一卷（总论）第一章序言，科学出版社·上海古籍出版社1990年版，第1—2页。

形成的。亚里士多德把形式化的存在认为是主体可以经验到的实在，培根的经验论进一步发展了这一思想，这就为西方科学的产生和发展奠定了基础。经过文艺复兴，科学完全从哲学中独立出来。笛卡尔的二元论哲学使主体独立出来，他从对存在和知识的怀疑出发，建立了主体性存在和客体性存在的二元分割的理性主义哲学。从而，主体对科学的独立赋予了明确的意义：科学代表客体的自在规律。笛卡尔证明了主体的可靠性。但是，对于主体性和客体性存在形式的同一性，即理性能否确切地达到与实在的统一却成为哲学要解决的问题。对此，培根用实践的客观性，即以认识实践中的经验原则加以解决。笛卡尔的唯理论和培根的经验论为西方近代科学的兴起奠定了理论基石。数学几何学和形式逻辑是西方自然科学在近代能够突飞猛进的必要条件，而这些知识早在古希腊哲学阶段就已形成。爱因斯坦说："西方科学的发展是以两个伟大成就为基础，那就是希腊哲学家发明的形式逻辑体系（在欧几里德几何中），以及（文艺复兴时期）发现通过系统的实验可以找出因果关系。"①

以此反观传统中国文化，不得不承认我们没有二元论的哲学基础，没有数学几何学与形式逻辑的知识体系，也没有系统的经验实证以发现因果关系的理念，所以，传统中国没有西方意义上的科学。李约瑟所写的《中国古代科学技术史》从严格意义上讲只能说是中国古代技术史而不能说是科学史。科学和技术有着很大的不同，很多学者也都在不断明确这一点，鞠曦先生也敏锐地指出："显而易见，李约瑟是站在技术的角度上来论证中国科学的。技术不是科学，科学是企图从本质上把握世界（主观存在和客观存在）的认识论、方法论和本体论的统一，而技术则表现为实用性的东西。西方自然科学的成就主要是作为认识论和方法论出现的，显然，中国的古代科学没做到这一点。"② 以传统中国的数学文化为例，中国古代虽然数学也很发达，不但具有成熟的理论和适用性，而且具有高度的技术表现性，"但是这并不能证明中国的数学也是一种和西方数学具有同样本质的科学形式。就西方的理论化系统而言，只有证明为公理化的数学演绎系统才是理性不断建构自身体系的知识源泉"③。例如，中国古代数学中的齐

---

① 《爱因斯坦文集》第一卷，许良英、范岱年编译，上海商务印书馆1976年版，第574页。
② 鞠曦：《中国之科学精神》，四川人民出版社2000年版，第92—93页。
③ 同上书，第124页。

周术、开方术、割元术、方程术、天元术、四圆术、大衍求一术、调日法、招差法、更相减换术、增乘开方术、正负开方术等算法都表现为实践工程中的应用，以解决技术上的问题为目标，其并不能证明自身形式的合理性，不但不能为公理化的科学提供一种坚实有力的基础，而且由于实用性的发展，更多表现出在计算方法上的成熟性。在西方文化中，数理形式化的演绎系统是科学理性的基础。可以说，在西方如果没有数学的公理化演绎系统，自然科学的发展与成熟就是不可能的。数学成为演绎形式的工具，不但使科学向前推进，同时也使自己得到发展。显然，中国古代数学没有走上这一步，因此中国文化不能产生与西方相同的近代科学就成为一种历史和逻辑的必然。

三　中国科学之精神及李约瑟的误区

传统中国不具有西方意义上的科学形式，但这并不意味着中国古代有技术而无科学。中国古代不但有技术而且有科学，我们有自己的科学，有和我们的生命哲学思想相统一的生命科学。科学从本质意义上来讲是普世的，是没有中西南北之分的，同样的自然科学规律在不同的民族是同样起作用的。但是不同的民族是不是可以有不同的科学样态呢？有不同的科学形式和科学发展的特殊性呢？从认识论上来讲这是很有可能的，我们认为在现实性上也的确如此，在人类文化的历史发展中有两种不同的科学样态和科学形式，即西方的自然科学和中国的生命科学，二者无论是在本体论、认识论还是方法论上都表现出几乎完全异质的两种科学样态。无论在逻辑形式还是知识构造的方式上，中国和西方的科学都表现出不同的本质。古代中国的科学理性并不具有和西方科学理性在形式上的统一性，我们不能用西方的自然科学来判释中国的生命科学，它们应该是互补而并行不悖的两种文化与文明。

中国生命科学以中医和道家的丹道养生等生命科学为代表。诚如西方科学和西方哲学是密切相连的，中国的古代科学和中国古典的哲学思想更是一体的。中医强烈地表征着中国古代生命科学乃至中国整个古典文化的特色。中医的"精气说"、"元气论"、"气化论"及"经络气血"、"奇经八脉"等学说不但在理论上是完全自洽的而且在实践中也是非常有效的，但所有这些都是西医的理论所根本无法解释的。中医理论上的自洽与实践上的有效性表明，中医也是科学。中国古典生命最集中的表现在道家与道教的学说理论体系中。在先秦道家以《老子》和《庄子》为代表的古典生命哲学体系中，其道在无为，主要是以哲学的外在形式从思想上承诺着怎样超脱解蔽而趋于生命存在之道的澄明之境，其特点是虚静无为、自然清新。近古道教以《周易参同契》和《钟吕传道集》等为代表的生命科学体系，以科学的外在形式通过"安炉立鼎"、"练精化气"、"练气化神"，最后"炼神还虚"、"练虚合道"，这是丹道修真之道，其道在有为。

李约瑟很推崇中国道家，但是他并不能从本质上认识到道家所承诺的生命科学才是中国科学的主体形式。李约瑟只是认为道家对中国的科学技术有重要的贡献，例如他以西方自然科学为参照来评价道家的"炼丹术"对化学的贡献。可是，道家的"炼丹术"并不是化学，而是承诺道家生命科学的外在形式，因为道家对炼丹术的研究与探索是以生命存在方式的转化与提升为价值目标的，所以其理论形式和范畴是不能与西方的化学科学形式简单地等而论之的。"炼精化气"是中国道家内丹生命科学与中医养生科学的重要原理，中国道家与中医对此都有很详备的论述，但是，由于李约瑟是以西方科学的认知参照系来理解"炼精化气"，他就不能真正理解"炼精化气"的内蕴，于是对这一原理的误解与曲解也就是自然而然的了，他说：

> 另一种方法是"还精"，这包括一种有趣的技术，在其他许多民族中用来作为避孕的一种手段，至今还散见于欧洲的居民中间，这是在射精时刻，压迫阴囊和肛门之间的会阴，从而使精液转入膀胱，随后由这里和尿一起排出体外，但道家并不知情，他们以为这样能使精液上升，并使身体上部精力焕发——于是就有所谓"还精补脑"之说。[①]

李约瑟这里把"炼精化气"理解为"精子上行"，他不能真正理解"炼精化气"的实景，反以为道家"并不知情"，可见李约瑟对中国道家

---

① 李约瑟：《中国科学技术史》第二卷《科学思想史》，科学出版社·上海古籍出版社1990年版，第164页。

养生、生命科学的误解之深，这说明李约瑟并不了解中医学的基本知识和表现为道学形式的中国生命科学。在中国的生命科学中，"炼精化气"属于丹道功的小周天阶段，是指"把体内三宝'精气神'通过意守丹田而化为先天之元气，'意守'称为'火候'，意守丹田称为'采药'，药有大小，火有老嫩，得药之后（即采得元气），以意领气经会阴入督脉而通'后三关'，经百会下行任脉而通'前三关'，再回归丹田，从而完成循身体的一次周行过程，因此而有'小周天'之谓，小周天也称子午周天。丹经中有'前三关，后三关，跳起来一担担'之谓，这是对小周天功法的比喻"①。

同样，李约瑟把《周易参同契》看作只是化学药物合成的一部最早经典，而没有看作道家生命科学的经典。可见，李约瑟对道家、道教感兴趣的多是其"形下"器用之术，如炼丹术之类，李约瑟认为这是科学。其实，烧铅炼汞只是道教家外丹的副产品，而中国道教的发展演化史表明，曾经一度盛行于魏晋南北朝的外丹烧炼在实践中出现了很多问题，唐宋时期内丹生命科学迅速崛起并很快取代了外丹而成为中国道家道教生命科学的主导。但是，李约瑟否定了内丹丹道之学的科学性，这就进一步证明了李约瑟是以西方哲学和科学的精神与形式来审视中国科学的，凡是符合西方科学的精神与形式的就是科学，否则是非科学，这是典型的科学符合论的思想。我们看到从中国有无宗教，到有无哲学，再到有无科学的无休止性的争论，无不是以是否符合西方的文化精神与学科形式为标准而陷入传统文化研究难以自拔的暗区与误区。

李约瑟不能真正理解中国生命科学根本不同于西方科学的实质与精神，这是李约瑟的局限性所在，也是李约瑟难题的根本症结所在。

四　李约瑟难题的出路及中西科学精神的互补

近代科学革命没在中国兴起，中国近代科学落后于西方，这是历史的必然，因为我们没有数理逻辑的传统，没有实验实证的理念，而这一切又可以归根于相互联系的三点：一是在哲学本体论上，中国"形上"生命科学对"形下"器用自然科学精神的拒斥；二是在科学认识论上，

① 鞠曦：《中国之科学精神》，四川人民出版社 2000 年版，第 210 页。

主客一元、天人合一的生命科学思维方式对主客二分的自然科学思维方式的排斥；三是在科学方法论上，生命科学内求法对自然科学外求法的轻视。

中国生命哲学与科学的根在"道"。"形而上者谓之道，形而下者谓之器"（《易传·系辞上》），可以说"道"的"形而上"性是中国生命哲学和科学的精神所在。与此相比，我们可以用"器"的"形而下"性来概括西方科学与哲学的精神所在。当然，这里说的"形而上"是就其在传统文化中的本原意义上来说的，它和我们今天用来翻译、指称源自于亚里士多德的西方哲学中的形而上学有着根本区别的。西方哲学中的形而上学是一种思辨、思构的抽象精神王国，它是常和辩证法相对立的孤立静止的虚构精神之存在；而我们的形而上之道是辩证的、普遍联系的、生生不息的宇宙大化。"道"的"形而上"是心与物本在的澄明与融合。中华民族的思想文化之根在"道"，"道"的实存与思想为所有中国传统思想文化形式提供了本体论的支持。"道"是宇宙的本根与本体，"道"生化滋养着万物、存在体现于万物，"道"是宇宙本源与本体的统一；"道"是客观的，是物质的，也是主观的、心性的，道是本体论与认识论的统一。道，虚静无为，无形无象，无声无臭，其生生不息的体性要求主体在体察道、涵养道的方法上要"致虚极，守静笃"（《老子》），要"恬淡虚无"（《黄帝内经·上古天真大论》）、"虚一而静"（《荀子·解蔽》），这又是认识论与方法论甚至与修养论的统一。

传统中国生命科学之道在本体论上的"形而上"性是我们没能产生近代意义上的自然科学的根本阻力。因为，只有从"器"的角度来认知世界，进而就可以用主体心之思对客体存在进行逻辑形式化的规律把握，才能利用、改变自然。而我们从"道"的形上角度认知世界，思辨逻辑形式化的规律把握与道的虚灵体性是矛盾的，抽象的逻辑之思会遮蔽道的本然澄明之境。所以，传统中国的生命哲学与科学对类似于西方自然科学的形下器用之学是极力排斥的。从孔子的"君子不器"（《论语·为政》），到老子的"民多利器，国家滋昏；人多伎巧，奇物滋起"，无不表明儒道两家对技术科学、对生产实践及对物质文明的不屑与鄙夷。鞠曦先生认为："应当看到，先秦的儒道之学对形而下学的拒斥，客观上导致中国的形而下科学不可能像西方科学那样向形下性的穷理的深度上发展，因此，不可能在中国古文化中发展出那种形下性的科学技术。墨学中绝就说明了这一点，墨学中绝正是拒斥形而下学的必然结果。"①《庄子·天地篇》有一段拒斥形而下科学精神的精彩表白："为圃者忿然作色而笑曰：'吾闻之吾师，有机械者必有机事，有机事者必有机心。机心存于胸中则纯白不备。纯白不备则神生不定，神生不定者，道之所不载也。吾非不知，羞而不为也。"这段话的具体情景是这样的：有一天子贡到南方的楚国游玩，在返回晋国的途中，路过汉阳，看见一老翁在菜园里，打通了一条隧道到井中，抱着瓮汲水来灌溉，用力很大但收效很小。子贡就说："这里有一种机械，一天可以灌溉百亩菜圃，用力小而功效大，先生为什么不用呢？"老翁抬头看了看子贡，说："那是什么样子的呢？"子贡说："那是用木头做成的机械，后面重，前边轻，提水如同抽引，水来得很快，就像汤从锅里溢出来一样，它名叫桔槔。"于是老翁就很生气地说了上面教训子贡的话，结果子贡是"瞒然惭，俯而不对"。有学者认为在传统文化中道家道教是最具西方自然科学的精神的，如果不是在汉武帝时被"罢黜"出社会主流意识形态之外，中国有可能产生近代意义上的自然科学。但从道家所欣赏的"老人家"对"机械"、"机事"与"机心"的"吾非不知，羞为之也"和子贡的"瞒然惭，俯而不对"中我们看不出这一可能。

可是，"中国在理论和几何学方法体系方面所存在的弱点，又为什么并没有妨碍各种科学发现和技术发明的涌现？"这是李约瑟问题的另一层面。这也可以从我们"虚一而静"、"天人合一"的灵性思维方式中得到解释。管子说："专于意，一于心，耳目端，知远之证。能专乎，能一乎，能勿卜筮而知吉凶乎？能止乎，能已乎，能勿问于人而自得之于己乎？故曰：思之思之，不得，鬼神教之。非鬼神之力也，其精气之极也。"（《管子·心术下》）任何真正的科学创新的过程都不可能是单纯的从逻辑到逻辑的简单推理，这里面有个逻辑的中断，有个非理性的飞跃和灵感的闪现，可以看作是潜意识的自组织的过程，如凯库勒苯环分子式的发现就是科学灵感思维的一个典型例子而广为流传。显然，中国古代"虚一而静"的思维方式非常接近于灵性思维，"知止而后有定，定而后能静，静而后能安，安而后能虑，虑而后能得"（《大学》），所以传统中国的技术发明创造遥遥领先于世界和我们民族的"虚一而静"、"止定静""安虑得"的思维方式是密不可分的。任何思维方式都有其两面性，这一几乎完全不借

---

① 鞠曦：《中国之科学精神》，四川人民出版社 2000 年版，第 250—251 页。

助于几何学与数理逻辑辅助的灵性思维方式也和我们的哲学一样是得意忘言，也是往往只可意会而不可言传，要靠个体去领悟，这就极不利于知识的传承与积累，一切常常都要从头开始，这也是中国自然科技在近代没落的一个重要原因。"为什么中国在科学理论方面虽然比较落后，但却能够产生出有机的自然观？这种自然观虽然在不同的学派那里有不同形式的解释，但它和现代科学经过机械唯物论统治三个世纪之后所被迫采纳的自然观非常相似。"看来，李约瑟很欣赏我们有机的自然观，有机的自然观是道的虚无普遍性、无限兼容性及生生不息的体性的本质性规定，不论是老庄还是孔孟在自然观上都是有机的，而绝非机械的，李约瑟对此不解，这说明他不理解中国生命哲学与科学的实质。西方科学的形下性和中国科学的形上性是人类理性的整体形式，二者的相辅相成共同构成了人类理性思维的具体内容。传统形上之道的思维方式对形下之器的拒斥态度是不足取的，西方的科学精神是需要我们认真学习的。但孩子和脏水不能一同泼掉，我们的形而上之生命科学也有其独特的价值。西方科学在给人类带来福音的同时也给人类带来很多负面的甚至是灾难性的恶果，如环境污染、生态恶化和资源危机等。同时，现代西方科学在理论上也面临着自身难以克服的困境，如测不准原理、波粒二象性、量子力学的统计性规律等。中国传统生命科学有机和谐的自然观及天人合一、身心和谐的整体生命观是不是可以弥补西方科学的不足，是不是可以为西方科学的新突破提供一些借鉴呢？互补性原理的发现者、著名理论物理学家波尔把中国的太极阴阳鱼图作为互补性原理的象征，哈肯强调他创立协同学是受到东方的整体性思维的影响，耗散结构创始人普利高津也高度评价了中国传统文化的整体观对未来科学理论的新突破所有的潜在意义。20 世纪是生命科学的世纪，那么中国传统的生命科学和生命哲学理论能作出哪些应有的贡献呢？这是值得我们深入研究的课题。

儒家修身学说与斯多葛派的"身体观"研究

浙江传媒学院思想与传播研究所　朱锋刚

传统儒家在《大学》中所阐释的三纲领（明明德、新民、止于至善）和八条目（格物、致知、正心、诚意、修身、齐家、治国、平天下）涵盖了其修身实践的基本要义。其中，修身—齐家—治国—平天下的推论模式预设了这样的理论前提，即祛除私欲、成就主体自身的同时也是在治国、平天下。就是说，修身、治国、平天下三者是同构的。历史证明：儒家的王道思想未能在现实中真正实现。因而"平天下"的愿景竟演变为儒学备受诟病的源头。同时，这对于思考儒学的现代性转化至为重要，其中反省儒家的这一理论预设也就显得尤为关键。

虽然，"我们每个人都完全地被许多圈子所包围，有些小点，有些大点，后者以彼此间不同的和不对等的关系围绕着前者。首要的、核心的圈子是一个人好像吸引在一个中心点（他自己的精神）周围。这个圈子内包括身体和源于身体原因的任何事物。因为，这是最小的圈子，几乎触及这个中心本身。第二个圈子则离开中心更远，但包括第一个圈子；这包含父母，兄弟姐妹，妻子和孩子。"① 依此类推，最外围和最大的圈子，包括全部人类和世间所有其他的事物。但只有灵魂健康的人才能够恰当地对待每个群体，缩短我们与每个人的关系和距离。灵魂的健康与否，则取决于教化。在斯多葛学派看来，唯有哲人"觉解"包括身体在内的一切事物的本性，依此为基础实现从心所欲，在尊重接纳他人的同时成就主体自我。人

---

① Hierocles（Stobaeus 4. 671, 7—673, 11）, see in A. A. Long and D. N. Sedley（eds.）, *The Hellenistic Philosophers* Volume 1, 57G.

所遭遇的一切事物皆是其成就主体自我的要素。儒家的"格物"思想与此相契合，更多从工夫论层面强调由"格物"到"平天下"的由内及外的扩充，而对身体的本性并未予以太多的正面分析。身体直接涉及人的生死，在斯多葛派这里，如何正确看待万物的本性成为人的修身实践活动重要环节，尤其是如何正确看待身体至为关键。身体观是考察儒家与斯多葛派修身学说差异的重要视角。

一　自由、死亡与身体

　　儒家修身实践的理想状态是圣人，斯多葛派则是哲人。斯多葛主义认为，对于哲人而言，身体是与己无关紧要的，对身体采取无动于衷（indifferent）的态度。因为哲人充分理解了神的旨意，洞悉人间事务的真谛，教化人们改善灵魂状态，指引人们实现通往自由幸福之路，承担着神所赋予人类的责任和使命。儒家强调"成己成物"，孝悌是其为仁之本。儒家"身体发肤，受之父母，不敢毁伤，孝之始也"的这种身体观与斯多葛派的"与己无关"的态度相去甚远。

　　虽然二者都强调人经过教化实现自身。"大众认为，除了自由人，没有人应该接受教育；对哲人而言，他们认为只有受过教育的人才是自由的。"① 就是说，人们往往将自由视为一种身份的标示，意味着身体不受他人的役使，关注的更多是人支配身体的状况。儒家通过礼来规范、成就人的主体自身、实现从心所欲，斯多葛派则通过辨识万物的本性以实现自由。鉴于身体本性上是成、驻、坏、灭的，无论奴隶还是皇帝，其身体都受制于他者，无法真正主宰。大众所追求的那种身体意义上的绝对自由根本不可能实现。倘若人始终把目光转向关注其等级的高低，那么他们所要面对的永远是制约自身的命运、束缚自由的法律。命运和法律始终是外在于自我、与自我相对立的。命运和法律除具有约束人的功效外，更主要的是实现主体自我的根本性途径。命运、法律的双重功效与"礼"基本接近，但二者基本内涵的差异则是显而易见的。与"礼"相对应，儒家提倡

---

① Epictetus：*Discourses*，2. 1. 4—7（See Christopher Gill（ed.），Ribin Hard（tr.），*The Discourses of Epictetus*（consisting of his Discourses，in four books，the Handbook of Epictetus，and Fragments），Clays Ltd.，St Ives plc，1995）.

弘道、仁；与命运相应，斯多葛派则强调人本性上的自由，并从神那里寻
找理论根据，认为所有人都是宙斯的后裔，是同族，在这个意义上讲，人
人平等，都是自由的。只不过自由并非是人生来俱有的，人须接受、完成
教化才会自由。人若要实现自由，就必须进行修身①。教化本身是通往自
由的必经之路。人需要接受哲学家的指导，检验、区分各种表象，不给任
何未受检验的表象留任何机会，才能够经受得起人生遭受的诸多诱惑和考
验，确保行为的正确性，从而实现自身的欲求，避免自己想要回避的事
情。斯多葛主义继承了柏拉图和亚里士多德的实践传统，认为德性本身是
一个不可分离的统一体，我们不可能只具有它的一个部分，只能是要么拥
有德性，要么不具备德性。人与人之间的差别在于是否拥有德性，而不是
人拥有的德性存在程度差异。因此，人可以被分为两类：一种是有德性
的，一种是没有德性的。"全人类就被分为两类：智慧的和愚蠢的。按照
斯多葛主义的标准，绝大多数人，几乎全人类都属于愚人。在贤者和愚人
的关系问题上，斯多葛学派只承认质的差别，不承认有量的差别。"其实，
这种二分法并不否认人与人之间存在的量的差异。由于德性是正确使用表
象的能力，不是宽泛、抽象的，而是具体的，因此它必须落实到每个人所
做的每件事上。斯多葛主义认为，在特定的具体情景下，人的每个具体行
为正确与否，表现为它是否"适当"。这是唯一的，不存在程度上的差异。
人的一切行为都能够"适当"表现，实现自己所欲求的事情，避免自己所
回避的事情。这对于现实的人来说几乎是一个不可企及的目标。但这并不
意味着几乎全人类都是"愚人"，它只是表明几乎全人类都尚未达到自由
的境界，还需要继续修身训练。这个难题同样适用于儒家。

理性是人"类"本身所固有的，是人之为人的标志，是人所要实现的
至善，并非仅仅是人所选择的一种目标。因此，理性如何才能引导"选
择"致力于人的至善和自由，这就成为一个极其重要的问题。为什么很多
人渴望自由，但他们依然会选择去做与实现自由和至善相违背的事情呢？
斯多葛派认为原因在于大多数人错误理解了至善和自由的特定内涵，从而
致使它们无法实现自由，始终处于不幸之中。生命的本质在于"趋善避
恶"，达到至善，实现人的自由。为什么人还会经常处于对至善和自由的

---

① Pierre Hadot、Martha Nussbaum、杜维明、黄俊杰、杨儒宾、彭国翔等相关著作中皆有论
述。

无知而误入歧途，甚至即使他们知道至善和自由依然会自甘堕落呢？为什么这些现象始终与人相随呢？因为理性虽然是神赋予人的标志，但理性并非是现成的，需要在实践、训练中实现。在人所遭遇的一切表象中，那些与生俱来的表象最难检验、辨别。人不可能彻底否弃它们，否则这将意味着人对自然的否弃和叛离。因为神创造各种自然之物都有一定的目的，但只有人和神才具有终极目的。其他自然事物本性上都是为了服务于神和人。正义也只存在于人与人之间，人与神、人与物之间则不存在。因此，即使这些事物是人与生俱有的，人的生命从这些自然事物开始，但人不能终止于此，因为它们不是人的最终目的。人们往往会选择守护它们，并以它们为最高的目标。因此，人需要理解这些与生俱有之物本身所固有的目的。斯多葛派以先验目的论的形式来完成论证，儒家更多是以考察人的历史性形式来完成论证。

在儒家这里，身体不仅是个体的，而且是历史的。身体的消亡意味着人的死亡。身体规定了人生命的时限。因此，人们通常会把养生看作是生命中最重要的事情，其他一切都应该以此为目的。这种理解显然把人的目的降低到动物的水平，而未审视人之为人的本性。由于肉体规定了生命的时限，因此人会惧怕死亡。在爱比克泰德看来，人之所以惧怕不是因为死亡这个事实，而是由于人对死亡本身的错误判断。万物有生即有灭，死亡意味着灵魂和肉体的分开①。人若要逃避死亡、企求永生，那么他注定会失败。因为，死是一个人无法回避的事情，人"类"的本性已经蕴涵了这一点。死亡不是恶，只是一个自然事实。同样，身体也并非纯粹地是人类灵魂的枷锁和人类获得知识的障碍，它是自然中的一个部分，有其自身的价值。如前所说，人要想实现自由，必须认识"人"的本性是什么，清楚地知道善恶的根源在于人的选择。既然死亡本身只是人必将面对的一个自然事实。死亡只是意味着人要回到它原初来的地方。那么死亡本身也就意味着人不再受身体的束缚，不用再忍受可以约束和压制自己身体的他者。自杀是人实现自由的最后依据。但只有哲人知道在什么情形下自杀行为是适当的。倘若人是永生的，那么他者可以通过控制人的身体来支配人的选

① 爱比克泰德关于死亡的这种描述显然与柏拉图《斐多篇》的看法一致。柏拉图对身体持有完全否定的态度。相较而言，爱比克泰德虽然没有赋予身体过多正面的态度，但他所采取的顺应自然的方式显然有别于把身体看作完全负面的东西。这个差异需要关注。

择。这样的话，人在本性上将不再自由。因此，当身体和灵魂相分离时，人应该顺应自然。斯多葛主义认为人可以在现世生活中获得拯救，而否认来世说和末日审判之类的东西。他们看待自由、死亡和身体的观点是相通的。因此，斯多葛派这种独特的身体观决定了其与儒家学说的差异性。

二 城邦、自然与身体

荀子曾将"气"视为万物共同之物，斯多葛主义则认为"普纽玛"将宇宙万物紧密地联系在一起。神所创造的每一种事物都有其特定的目的，不存在多余之物。人应该服从神的规划，积极参与神对宇宙的管理才能实现顺应自然，与宇宙整体的至善保持一致。因此，自然秩序本身包含人为因素，不存在纯粹的自然秩序。作为宇宙的重要组成部分，人既与作为世界整体的"神"存在共同之处（理性），又与宇宙中其他部分存在共性。因此，人与神、人与物之间都有一种交互作用。苏格拉底在爱比克泰德著作中是理想人格的化身。

爱比克泰德更主要是从身体与自然的关系看待苏格拉底之死这一事实。当死亡降临到苏格拉底身上时，只表示灵魂离开肉体这个自然事实的发生。既然苏格拉底理解神对世界的管理，懂得强者会压制弱者的生存法则，因此当雅典人夺取自己的身体时，他从一个自然事实的角度来看待死亡。他能够从容面对死亡，因为他对身体、生命有正确判断，知道真正的主体自我是什么。整体优于部分。人的理性只有参与到整个宇宙的管理中，才能够实现顺应自然。身体也不例外。爱比克泰德经常用身体与身体的部分作比喻，身体部分必须服从于身体的需要才能实现其应有的职责，比如脚、腿等的功用。人是社会性动物，个人身体借以生存的条件有赖于城邦共同体来维持，因此个人要服从城邦管理、服从城邦律法。这不是苏格拉底想继续维系自己生存条件所顾虑的，而是因为只有在城邦中，他的现实身份和主体自我才能够得到承认。这是苏格拉底面对死亡时没有选择出逃的一个原因。既然如此，那他为什么要轻视雅典城邦的统治者呢？

从表面上来看，斯多葛主义似乎认为哲人本性上与政治生活相冲突，好像他们反对人们参加政治公共生活一样。其实不然。苏格拉底轻视希腊城邦统治者并不是因为他想违背城邦的利益，也不是由于将身体视为枷锁，急迫地想要摆脱掉。而是由于人首先属于神所管辖的世界城邦，其次才是具体的城邦。然而，人往往无法选择他所生存的具体城邦，因此，人需要适应、服从它，才能够满足自身生存的必要条件。人为了为所欲为地做自己想象的事情，从而违犯城邦律法，这是人对自由、神的一种错误理解。城邦是神赋予人生存的具体形式。人们维持城邦的良好运作，这既是实现了城邦为人类提供必要的生存条件的目的，同时也是人在具体生活中顺应自然的一种表现。生命是人履行神所赋予使命的前提条件。但人不能仅仅以满足于肉体存在为限，因为这并非人的最终目的。在整体和谐一致的宇宙中，各个部分之间会由于错误的选择和判断而出现争执。个人和城邦共同体之间也不例外，也会出现这种情况。

既然你已经理解了自然所主导的世界，那么当城邦不再为你提供必要的生存条件时，你就应该顺应自然，怡然自足地选择离开。因为当身体消亡的时候，人的使命已经终结。身体和城邦都是人所无法选择的。城邦通过控制、管理每个人的身体来实现城邦的利益（善），每个人则通过调养身体来延长个体生命。无论是城邦的利益还是个体的生命都不是最高的善。只有宇宙整体的利益才是最高的善。人的身体需要服从于城邦，城邦是自然赋予人类必要的生存条件的载体，因此人要维持生命就必须遵从城邦律法。人通过理性在参与管理宇宙的过程中实现自身，促进宇宙整体的目的。城邦和身体之间存在一个贯通互动的关系。所以统治者往往期望通过由外至内来控制人们，而哲学家则通过领悟神意来督促人们关注最根本的存在，而不以局部利益来戕害整体的善。

因此，斯多葛主义认为哲学家并不反对参与政治生活，甚至从某种意义上讲哲学家所从事的事务才属于真正的政治生活，因为只有他们致力于最高的人类生存共同体的利益。爱比克泰德在《哲学谈话录》中多次提到僭主想要通过控制人的身体期望达到对人自由的限制。这正好说明了包括僭主在内的很多人把身体看作是人存在的全部意义。也正因为人们对身体的这种错误判断，才会导致人们受制、屈从于比自己强大、可以控制身体的人，遭受奴役的痛苦和不幸。哲学恰恰以训练人们如何养成正确判断、区分检验所遭遇的表象为其要务。哲学活动是一种政治活动，更是一种教化活动。哲学是政治活动，是因为哲学关注人类生存最高整体的公共事务；哲学是教化活动，是因为哲学传授的是一门生存艺术，训练人们形成正确判断以改变自己的生存境遇，达致幸福自由。爱比克泰德认为，哲学、教化和政治之间是一致的，不存在所谓政治与哲学的冲突。

我们从爱比克泰德关于如何思考"身体、哲学和政治"的论述中，可以看出，第一，现实的城邦政治并没有绝对的自主性，只有当它合乎神所管理的世界城邦①的整体的善时，才与人的使命完全相符合，具有绝对正面的价值。第二，人的一切道德行为与现实城邦生活是属于两种不同范畴的事情。人的道德行为属于人完全控制范围之内的事情，人的善恶即存在于此；而现实的城邦生活则不属于人实现控制范围之内的事情。人只有真正理解了神所管理的世界城邦，才能够实现在现实城邦中的一切行为都符合宇宙整体的善。当个人行为与现实城邦的利益相冲突时，人要尊重城邦的律法，听从神的召唤。因此，斯多葛主义身体观的核心问题在于"人如何成就主体自身，实现顺应自然的生活"。人通过参与神对宇宙的管理来实现主体的自由；同样，人只有积极参与自己身体所属的城邦共同体的公共生活，才符合自然的律法，而不应该为了个人自由而逃离其所属的城邦共同体。因为自然既然安排身体属于城邦所管辖，那么个人就不应该为了身体利益而背叛城邦。因此，任何个人的身体利益都不应该凌驾于城邦利益之上。这种行为本性上不符合整体高于部分的原理，从某种意义上讲是对自然律法的违背。顺应自然并不意味着人一味地消极处世。宇宙整体在本性上有益于整体中的各个部分，因此，人通过理性参与管理宇宙的行为同样会有益于城邦共同体，有利于改善身体所生存的境遇，从而实现由整体的善到局部的善。身体与灵魂之间并非是截然对立的关系。人的理性通过顺应自然实现人的主体和自由，而身体正是自然的一部分。从这个意义上讲，它们是一致的。因此，斯多葛主义并不像柏拉图那样否弃身体、不关注身体，他们对身体的安顿有着自己的独特理解。身体并不仅仅是一个自然存在之物，同时它还牵涉斯多葛主义对生命问题的深层思考。顺乎自然是人行为的标准，哲学家为人们如何理解顺乎自然指明了方向。人们通过哲学家来了解自己所理解的自然是否正确。总之，爱比克泰德完全是从人如何理解自然、如何实现自由来讨论修身问题的，而并非纯粹地谈论自然状态是什么之类的知识。

斯多葛主义从人的身体这个切近而具体的存在出发，来思考人如何实现自由这种理想境界；也正是通过考察身体这种具体存在，他们思考人如何应对人生遭遇的诸多考验以实现自由。人的理性始终居于主导性地位。

———————

① 世界城邦的说法并非为爱比克泰德所特有，塞涅卡有很多相关论述。

爱比克泰德的顺应自然以及包括对待身体的态度始终是积极的，自然也始终是人的理性参与其中的自然，是人化自然。至于身体与城邦之间如何取得平衡，这并不简单地是一个检验表象的理论认知问题，而是一个具体的现实生存的实践问题，值得我们进一步思考。

三　神律、教化与身体

"对大部分古希腊罗马的哲学家来说，哲学实践就是一种将灵魂从肉体中解脱出来的过程。在这个意义上，精神修炼的确是一种纯粹'精神的'修炼，其中并无身体的位置。"① 其实，这个断语针对柏拉图而言可能更恰当，但对于斯多葛主义，尤其是对于爱比克泰德而言并不完全妥帖。爱比克泰德是从另一个角度来看待身体的。他更看重人之为人的东西，认为身体只不过是由泥土所组成的，并不真正属于自己。神并没有将身体真正赋予人，因为人无法完全控制它。神赋予人的是正确使用表象的能力。人只有把所有的一切都置于关心如何正确使用表象的能力之下，才能真正地实现自由。就是说，"身体"必须被置于这种关心之下才具有完全积极正面的意义。"由于我们生活在尘世，为俗世的身躯所限制，并生活在俗世的同伴中，我们在这些方面怎么可能会不受这些外在之物所阻碍呢？"② 人的身体注定会受到外在之物的阻碍和约束，人的存在也不例外。因此，我们必须面对人如何才能摆脱这种阻碍和约束的问题，从而实现人的自由。人本性上趋善避恶，但只有对象是在我们能力控制范围之内的事情才变得具有善恶。身体等欲求对象严格来讲都无法纳入善恶范畴之列。因此人并非要从身体中脱离出来才能实现自由，而是必须赋予身体一个合适的位置。

人往往以身体健康、财富等来衡量是否有所获益。这一点哲学家也并非熟视无睹。但哲学教化正是要改变人们的这种错误判断，使人们明白："不管发生什么事情，如果它处于选择（choice）范围之外，那么它就与我无关。"③ 这必然导致人们对这些与我无关之事采取无动于衷的态度。然

---

① 杨儒宾、祝平次编著：《儒学的气论与工夫论》，台湾大学出版中心 2005 年版，第 15 页。

② Epictetus：*Discourses* 1. 1. 9.

③ Epictetus：*Discourses* 1. 29. 24.

而，没有正当的理由，人不能遗弃身体。人不能仅仅出于意志软弱或某些原因的托词而选择放弃身体。人在对待生命时，需要听从理性。否则的话，"这将与神的意志相反：因为神需要这样一个世界和在地球上生活的这样的人。如果他发出撤退的信号，像他对苏格拉底所做的那样，我们应该遵守他的信号，正如遵守将军的命令。"① 就是说，人只有出于理性或听从神的信号才能放弃身体，否则的话这是违背理性和神意，是一种恶。由此可见，哲学实践就是要训练如何面对死亡的态度，人需要理性地对待身体。倘若一个人想通过随意地摆脱肉体的束缚来实现人的自由，是一种对生命轻视的态度，也是对自然不满的表现。斯多葛主义的哲学实践反对这种态度。不过哲学态度只有当人付诸实施时才算真正拥有，而非仅仅谈论哲学词句，走出课堂就可以撒手不管的那种玩弄概念的语言游戏。因此，爱比克泰德的哲学训练并不是纯粹的一种精神训练和智力游戏，它强调人必须身体力行。然而，身体在本性上并不真正属于人。既然如此，人应该持有什么样的态度来对待身体呢？他认为："这是一个人应该整日钻研的事情，所以，不应该受到任何不属于他自己东西的影响，无论是朋友、处所、或体育馆，或甚至是他自己的身体，他应该谨记这个律法，并把它时时置于眼前。那什么是神律（divine law）呢？看护好自己的东西，不要染指他人的东西；运用神给予我们的东西，不要欲求没有神给予我们的东西；当任何东西被拿走时，要欣然地放弃它，并且你要为已经使用它的这段时间而心存感恩，不要跟在它后面哭泣。"② 这是人应该时刻谨记的训练内容。

你必须将所有这些都视为不属于我们自己，包括身体的所有器官、孩子、兄弟、朋友、名望、荣誉、公职、财产、书籍、势力等。③ 人应该关注真正的自我，而不应该受包括身体在内的东西所影响，否则人会受制于这些我们无法控制的东西和控制这些东西的人。身体本质上是受束缚的，受比它强大的人所奴役。人为什么还会为身体而徒劳地自寻烦恼呢？时间会告诉人们这种烦恼是毫无意义的。那么，人是否应该把身体置之一旁，弃之不顾呢？当然不是。"如果自然托付你照看一匹马，你会疏忽不管它

① Epictetus: *Discourses* 1. 29. 29.

② Epictetus: *Discourses*, 2. 16. 27—28. 塞涅卡在《论恩惠》一文中也谈及人如何感恩于神的恩惠的问题。

③ Epictetus: *Discourses* 4. 1. 87；4. 4. 33.

吗？现在自然把身体像一匹马那样托付给你照看。"① 人通常会先弄清楚马的脾性以便于照看，为了照看好身体，人同样也应该先了解身体的本性。谨记身体的本性并非仅仅是让人轻视它，而是要人懂得如何才能照看好身体。当自然的力量或比自身更强大的力量夺取或役使身体时，人不应该反抗或发牢骚，而是采取"随它去"的态度，否则对身体会造成更大的伤害。人应该如此对待身体及与身体相关的东西。因此他极力反对一味地追求保全身体，并将身体视为人的行为依据的看法。身体是医生②处理的特有对象，人需要听从医生的适当建议，但医生也必须以遵从身体的生理规律为前提。人应该知足于神赐予自己诸多可供使用的事物，尤其是身体。身体必须受制并服务于真正自我的实现，而不能本末倒置。因此，爱比克泰德强调人首先要了解身体在本性上不属于我们能完全控制的，医生也不例外。人把自由置于身体之上只会导致遭受双重奴役。

爱比克泰德反对那些过分考究装扮的人。他认为，我们的本性（nature）只需要在理性、判断和实践方面加以修饰。至于身体，只要保持清洁，避免冒犯别人即可。"确切地说，'装备你的选择；扔掉你的错误判断。'那么，你将如何对待你卑微的身体？把它留给自然处理吧。神会照顾这样的事情，把它们交给神吧。什么！难道就让人的身体污秽吗？决不，要依据你生来就享有的种类清洁自己，因此男人要当作男人来清洁，女人要当作女人来清洁，小孩要当作小孩来清洁。"③ 动物包括狮子、公鸡、狗等也都有各自的清洁方式，这都是自然赋予不同物种照看自己身体的表现。清洁是一个人所应当做的，其目的只是避免冒犯别人。身体并不是哲学家所关注的最终目的。"照看这些纯粹客观之物，他的微不足道的酒、油或身体都不是哲学家的事情，他照看的是人的主导性能力（ruling faculty）。那么，他应该如何关注客观之物呢？只要他自己不为它们无理性地烦恼就行。"④ 就是说，哲学家没有赋予身体等客观之物正面价值⑤，认为它们只要不烦扰人的心灵宁静即可。爱比克泰德把哲学学校比喻为精神的治疗诊所，哲学家则负责传授人们如何照看人的主导性能力。这有利于

---

① Epictetus：*Discourses* 4. 11. 17.
② 按摩师也以身体为对象。
③ Epictetus：*Discourses* 3. 1. 42—44.
④ Epictetus：*Discourses*，3. 11. 16.
⑤ 这一点不同于儒家的"践形说"。

实现人的自由和心灵宁静。精神修炼如何有益于身体，他虽谈及甚少，但并不否认二者之间的关联性。

哲学家除了实现主体自身外，还肩负着教化他人的重任。因此，单就身体而言，并非每个人都适合成为哲学家。人在想要成为哲学家之前，需要考察一下自己的身体条件，"拿面镜子查看一下你的肩膀，检查一下脊梁和大腿"①，是否足以胜任这项神圣的使命。"我们不应该由于身体的外观而把世人吓得远离哲学，而要像在所有其他方面一样，在身体上快乐无忧地展示我们自己。'你们看吧，我一无所有，也无所需求。没有房子，没有城邦，即使是一种流放生活，没有家，我依然过着一种比那些贵族和富人更幸福无忧的生活；你可以看到即使我瘦弱的身体都没有由于简朴生活而受到损害。'"② 子曰："道不远人，人之为道而远人，不可以为道。"（《中庸》）哲学家需要通过身体展示"道"润泽于人。从哲人弘道的角度来看，爱比克泰德认为身体是修身实践一个必要条件。身体和精神修炼之间密切相关。他的学说非常强调身体力行。这种主张从某种意义上隐含着这层含义：哲学实践不仅仅致力于人精神心灵上的自由无阻，而且人的哲学修炼效果会通过身体得以彰显。否则，哲人纯粹靠先天的身体条件，如何能够承当哲学家所肩负的使命呢？

爱比克泰德反对哲学家为了追求心灵安宁、自由而离形骇俗。因为，这只能让人们畏惧哲人所倡导的学说，远离追求自由之路。显然，这是针对历史上的犬儒主义而言的③。斯多葛主义对犬儒主义的自然学说有所改进和吸收。爱比克泰德笔下所谈的都是理想化的犬儒主义④，而非历史性的。身体条件无论怎样都不会妨碍人精神自由的实现。诚如哲学家们所言：神人之间的亲缘性（kinship）是人能够实现自由、幸福的根源所在，但人必须遵循苏格拉底所选择的道路才能实现。唯有哲学家可以解释神给世人的诸种预言。幸福、自由是每个人追求实现的目标，但并非每个人都

---

① Epictetus：*Discourses*，3. 22. 51.

② Epictetus：*Discourses*，4. 11. 22—23.

③ 关于犬儒主义学说的详细描述可参考杨巨平《古希腊罗马犬儒现象研究》，人民出版社2002年版。

④ 爱比克泰德对苏格拉底、第欧根尼的具体描述未必符合实际。他是在追溯苏格拉底—犬儒主义—斯多葛主义这个实践传统，强调哲学不是单纯的知识，需要通过人的实际行动来予以体现。哲学教化同时是一个改造自身的过程。人只有通过这种改造才能够实现主体性。哲学家则是教化时的一个动力要素。

能够做哲学家。

爱比克泰德认为，哲学家除了实现自身的自由外，还肩负着教化世人的特殊使命。出于教化效果的考虑，应该对哲学家的身体有更多要求，哲学家也需要更多关注身体。"作为一名犬儒主义者，需要适当类型的身体，因为如果一个身体患有肺病、纤瘦无力的人走上前来，他的宣言将不再具有同样的权威性。因为他不仅必须通过精神上的坚定不移向俗人证明：没有他们看重的任何事情，成为一个善而高贵的人是可能的，而且他也必须通过他的身体展示：在露天，一种简单淳朴的生活对他的身体没有任何伤害。"① 由此可知，爱比克泰德充分认识到身体在哲学教化中的作用。哲学家的身体条件当然包含天生的成分，但哲学家通过精神训练充分认识到人和万物的本性，以实现顺应自然的生活。其中，身体属于自然的一部分，那么，哲学家的顺应自然也包括顺应身体的自然。不过，人在顺应自然的过程中，顺应神意包括了顺应宇宙万物各自的本性，其中神和人的本性（自然）为最高目的，其他万物的自然都应该服从最高目的。理性统辖身体，但身体不妨碍理性。二者本性上并非自相矛盾。人的修身实践需要通过身体在各种现实境遇中展开。

由上可见，斯多葛派的修身学说旨趣与儒家极为相似，但其理论论证所呈现的差异性尤为启发我们思考儒家修身学说的理论难题及其现实意义。

---

① Epictetus：*Discourses*，3. 22. 86—87.

立场、方法、路径:现代新儒学
与后现代哲学之比较

吉林大学行政学院　王　光

19 世纪中叶到 21 世纪初，中国的现代化经历了从革命到治理的坎坷历程。智识层面上讲，一方面，在哲学"西化"过程中，中国本土（哲学）思想从未放弃争取存在空间，以现代新儒学为代表的所谓"保守主义思潮"在吸收与批判现代性知识中求得自身的合法性；另一方面，在接受西方现代哲学为我们构建的现代图景的同时又不满足于承受相伴而生的种种弊端。后现代哲学对现代哲学提出了强有力的质疑，我们不能无视这种重要的哲学知识，不得不寻求后现代哲学知识的帮助，尝试解释和解决当下的思想困境。因而，将此二者并置在一起加以思考应当是一项颇具意义的理论工作。

一　"立本"与"放逐":基本立场的持存

中国的现代化建设通常被认为是一种"外压型"或"后发型"的现代化。现代性知识与中国传统知识的碰撞让中国思想者不得不重新反思自身，在对新旧思想的借鉴与扬弃过程中重新树立中国哲学之大本。现代新儒学虽是一个较为庞杂的思想流派，其中不乏内部之间的种种质疑与争论，但新儒者们共同执守着这样一个前提：现代化不等于西化。进言之，西方现代哲学并不能被看作是普适性的"哲学真理"。毫无疑问，中国仍需要自己的哲学体系，无论该体系需要做何种修正。

现代新儒学关注的首要问题即是本体论问题。从梁漱溟到冯友兰等新

儒者在此都作出过独特的思考。需要指出的是,他们似乎都承认:哲学便
是本体论。因此,考察他们关于本体论的思考便可洞见新儒者们的基本立
场或态度。

梁漱溟作为现代新儒家的开山之人,他并不拒斥西方现代哲学传统中
的主客二分式的思维模式。他将除个体之外的整个宇宙看作客体,而作为
主体的自我在个体生命中体认外部世界,体认的根据则是他所谓的“意
欲”。梁漱溟提出以“意欲”为核心的生命本体论:“文化是什么东西呢?
不过是那一民族生活的样法罢了。生活又是什么呢? 生活就是没尽的意欲
(Will)。”① 在梁漱溟那里,整个宇宙便是一个生活,透过意欲的主体认知
与实践活动则成就了文化与生活。由此,梁漱溟在比较东西方文化(前现
代文明与现代文明)的过程中断言:由于意欲作用方向的不同,导致了东
西方文明之间的差异。现代文明是“意欲向前”的文明,具有征服外物的
冲动,西方人追求社会的发展与进步,时至近代,便造就了科学色彩与民
主精神;中国文化是意欲向内“持中、调和”的文化,中国社会便在主体
与客体的调和与融通过程中循环着,这种文化统御下的中国自然就没有科
学与民主的衍生动力。本文无意讨论他做此论断的合理性,只是以此来说
明梁漱溟的生命本体论构成了他文化比较的基本前提和依托。《东西方文
化及其哲学》一书奠定了梁漱溟现代新儒家的鼻祖地位,在他那里,虽然
没有系统性的哲学思辨与体系设计,然而,哲学重在立本的理论倾向则是
不言自明的。

另一位现代新儒学大家冯友兰继承了程朱理学以降的中国式的思辨精
神。他试图沿着古人的道路“自己讲”中国“哲学”。众所周知,冯友兰
提出“理世界”的本体论观念,“理世界”在程、朱那里虽已提出但并未
得到充分的论证,冯运用逻辑分析的方法对此观念加以证明,无疑是原创
性的理论贡献。颇为吊诡的是,冯友兰并不否认客观事物的实在性,但又
坚持认为事物的实在性不由其本身所规定,它取决于形而上的本体世界。
我们只有通过本体世界才能把握事物的根本,除此之外,一切便只是现
象。只有“理世界”中的内在规定性才表征、诠释事物的本质属性。冯
友兰认为,“理”是事物的“极”:“所谓极有两义,一是标准之义……一

---

① 梁漱溟:《梁漱溟全集》(一),山东人民出版社 2005 年版,第 352 页。

是极限之义。每理对于依照之事物，无论就极之任何一义说，皆是其极。"① 总之，在冯友兰那里，一切事物的客观存在只是本体存在的前提，而本体只能在他所构建的形上世界——理世界——中去把握。

当然，现代新儒家关于本体论的讨论不仅限于此二人，熊十力、牟宗三、贺麟等人更是不乏创见。现代新儒学重在立本的理论倾向在他们那里展现得淋漓尽致。从东西哲学的对抗角度而言，这也是他们对西方哲学的冲击作出的最为重要的回应之一。

与现代新儒家"重在立本"不同，后现代哲学的首要任务则是"放逐哲学"。现代西方哲学，从笛卡尔到康德实现了所谓"认识论转向"，主客体二分的思辨逻辑根深蒂固。人一方面通过对外在事物的把握而获得"知识"；另一方面亦在此过程中区分了自身与外物，获得了本体确证。主体（人）对客体（宇宙、自然、物）的感知、认识过程成为西方哲学讨论的主要话题。后现代主义者力求通过消解主客二分的逻辑思维而实现对现代哲学的"放逐"。在罗蒂（Rorty）与福柯（Foucault）的理论中具有突出表现。

西方启蒙运动实现了以理性代替信仰、从上帝启示到个体认知的转变。现代哲学重新成为最为重要的知识呈现在世人的面前。在对世界的认知和把握过程中，现代哲学区分了"现象世界"与"理念世界"。这种区分在柏拉图时代便初露端倪，现代哲学的认识论正是建立在对这两种世界的关系处理之上。虽然西方现代哲学没有拘泥于本体论的讨论，但它仍没有逃脱后现代主义者的批评。在罗蒂看来，客观世界之于主观上的反映不过是一种映射，人的心灵犹如一面"镜子"，它或真或假地反映现象界。人通过镜子获得知识，并以此作为安身立命之基础。问题在于，时至今日，现代哲学仍没有为如何调和主体（心灵之镜）与客体（外部世界）的关系提出有效的解决方案。因此，罗蒂颇具勇气地提出打碎这面镜子，将认识论问题从根本上加以取消。"知识何以可能？"这样的问题在罗蒂看来是"最坏的问题"。知识何以可能是在寻求知识的实现基础，而罗蒂则否认知识需要基础。罗蒂认为，只有在人与人的交互关系中才能断言知识的基础性问题，在人与物的关系中断言知识则是一种

---

① 冯友兰：《新理学》，生活·读书·新知三联书店 2007 年版，第 23 页。

专断性的态度。①

　　与罗蒂相比，福柯对现代哲学认识论的批评更为深刻。福柯曾言道："我们一定不要以为世界展示出的是一幅我们能够辨识的清晰的面容；世界并不依附于我们的思想；没有任何前话语的（prediscursive）保障可以把世界设计成我们认可的样子。我们应当这样思考，话语（discourse）是影响事物的一种暴力，或者，在任何情况下都是我们强加于事物本身上的一种实践。"②

　　福柯用"话语实践"理论讨论主客体二元对立问题。在他眼中，一个人能够获得何种关于世界的认识完全取决于他身所处的话语空间。不同话语系统形塑了不同的认识论情态。反过来说，也正是因为话语实践是一种专断的暴力，因而也无所谓绝对的"理念世界"和绝对的"真理问题"。抛开话语空间问题讨论认识论是一种简单幼稚的想法。与罗蒂不同，福柯并不反感"知识何以可能"这样的问题，而是从更深层次——话语实践层次——洞见获得知识基础的条件性问题。然而，作为后现代主义者，福柯强烈地反对现代哲学的专断，他所有理论努力也都是在消解现代哲学中某些命题（包括本体论与认识论）的专断意味。

　　由此看见，现代新儒学努力塑造新的关于本体论的知识；后现代哲学则努力地消解现代哲学（认识论）的专断性命题。二者的基本立场可见一斑，不难理解，这是由于它们生存状况不同所造成的差异：现代新儒学诞生于中国现代化急剧变革的时代，它的合法性问题亟待解决；后现代哲学则出现在后工业社会的萌芽之中，它是对现代社会、现代哲学的一种反思甚至是反叛。现代新儒学是在回应现代性中锻造自身；后现代哲学则是在对现代性进行新的冲击过程里磨砺自己尖锐的思想体系。

二　"诠释"与"系谱"：研究方法的省察

　　"认识旧中国，建设新中国"、"阐旧邦以辅新命"诸如此类的声音表达了现代新儒家面临的时代任务——传统思想现代化，西方知识本土化。

---

　　①　关于罗蒂如何认识知识基础的问题不在本文讨论之内，详见其著 *Philosophy and the Mirror of Nature* 和 *Objectivity Relativism and Truth* 的相关讨论。

　　②　Michel Foucault, The Order of Discourses, in *Language and Politics*, ed. Michael J. Shapiro (New York University Press, 1984), p. 127.

幸运的是，新儒者们大多接受过西方文化的教育，较为完善的知识结构让他们有足够的宽容心态和知识能力去接纳与理解现代性的思想元素。进而，现代新儒家们面临着一项艰巨的理论工作：用中国式或东方式的语言模式和思维习惯对新概念加以解释。在他们看来，"旧瓶装新酒"更易于中国人的理解和认同。

我们有理由相信这样一种理论判断：儒学的发展史可以被看作是一部儒学诠释学的历史。无论是"我注六经"还是"六经注我"，本质上看都是致力于对经典文本或思想观念的解释。有学者总结中国儒家诠释学经历了三个时代：以经为本的时代、以传记为中心的时代和走向多元的时代。① 当然，所谓中国的诠释学并不能与西方现代哲学诠释学混为一谈。虽然，海德格尔—伽达默尔式的"存有论"诠释学在古代中国是不可想象的，但也并不能根据这一点否认中国哲学具有诠释学的传统。近年来，关于儒学诠释学方法研究成为新的理论热点。成中英等学者极力倡导所谓"本体诠释学"，在晚近的中国台湾学者那里已经颇为成熟，② 他们据此来讨论熊十力、牟宗三、唐君毅等思想家的哲学理论，揭示现代新儒者理论体系的构建方法。

回过头来再以梁漱溟为例，从诠释学的角度观察他对西方哲学某些重要概念的解读方式：他援引佛家唯识学的概念解释西方哲学中感觉（Sensation）、理智和直觉："所谓现量就是感觉"；"比量，'比量智'即是今所谓'理智'"；"直觉——非量"。③ 此外，梁漱溟区分了"理智"与"理性"的差异："必须摒除感情而后其认识乃锐人者，是之谓理智；其不欺好恶而判别自然明切者，是之谓理性。"④ 梁漱溟所做的并非是单纯的名词解释，而是通过这种比附实现思维的转换。他意识到，西方文化以所谓的"理智"为核心，而中国文化在梁看来则是以"直觉"为中心。他有意识地将人们带入中国式的思维习惯当中去理解西方文化（哲学）概念。梁漱溟认为，知识产生于感觉、理智及直觉的相互作用之中，三者作用形态的

① 景海峰：《儒家诠释学的三个时代》，载李明辉主编《儒家经典诠释方法》，华东师范大学出版社 2008 年版，第 85—104 页。

② 关于"本体诠释学"研究方法及其应用问题，赖贤宗是新近比较有代表性的学者，本文由于主题及篇幅所限，不做讨论，详见赖贤宗《儒家诠释学》，北京大学出版社 2010 年版。

③ 梁漱溟：《梁漱溟全集》（一），山东人民出版社 2005 年版，第 398—400 页。

④ 梁漱溟：《梁漱溟全集》（三），山东人民出版社 2005 年版，第 128 页。

不同决定了知识的类型。在此,他尤其突出直觉的作用,并推论出他的直觉理论。① 由此,梁漱溟巧妙地将西方哲学"理性"的概念范畴转换到中国哲学"直觉"范畴上来。梁漱溟的文化(哲学)诠释未见得多么严谨,但他的确开启了现代新儒学的诠释学思路。现代新儒学至今饱受批评的一个问题正是他们对西方哲学概念的解释显得颇为简单武断,甚至有时难以自圆其说。但是,这也从反面证明了现代新儒学的确建立在诠释学的基础之上,无视诠释,也就无所谓"新";放弃诠释,现代新儒学的基本理论任务亦无法完成。

在研究方法问题上,后现代哲学家们更具创建性。福柯从"考古学"到"系谱学"研究方法的转变使后现代哲学理论的解构精神异常强大。"系谱学是一项枯燥,琐细和极需耐性的文献工作。"② 它旨在持续地瓦解人们所认可的社会结构体系。因为,福柯认为,任何既定的社会结构体系在给予人本体认同的同时也限制了人的行为活动空间,它预设了某种潜在的秩序安排。系谱学作为一种研究方法,它拒绝任何前设和假定,认为存在(Being)本身就是一种无序的状态,系谱学的研究既否定也无需任何预设。与诠释学相比,系谱学更关注空间性的、片段性的现象和问题。福柯更愿意将所有理论问题都放置在特定的话语空间中加以思考。福柯言道:"我们远比自己认为的那样更贴近当下。"③ 系谱学拒斥现代哲学所谓终极价值、终极秩序安排等哲学、道德及政治规劝,而强调于细微之处观察权力对我们每个个体生命的作用:"身体是镌刻事件的平面。"④ 正如迈克尔·夏皮罗(Michael J. Shapiro)总结的那样:"系谱学旨在阐明一个关于身体的历史,同时也是一个反映权力运作的历史。"⑤

福柯的系谱学研究方法与其空间理论紧密地联系在一起。在此,他赞

---

① 关于梁漱溟的"直觉理论"详见《东西方文化及其哲学》、《中国文化要义》及《中国——理性之国》等著作。

② Michel Foucault, Nietzsche, Genealogy, History in *Language*, *Counter-Memory*, *Practice*, ed. Donald F. Bouchard and trans. Sherry Simon (Ithaca, N. Y. : Carnell University Press, 1977), p. 139.

③ Michel Foucault, *Politics*, *Philosophy*, *Culture*: *Interviews and Other Writings*, ed. Lawrence D. Kritzman and trans. Alan Sheridan (New York: Routledge, 1988), p. 156.

④ Michel Foucault, Nietzsche, Genealogy, History in *Language*, *Counter-Memory*, *Practice*, ed. Donald F. Bouchard and trans. Sherry Simon (Ithaca, N. Y. : Carnell University Press, 1977), p. 148.

⑤ Michael J. Shapiro, *Reading the Postmodern Polity*: *Political Theory as Textual Practice*, (Minneapolis Oxford: University of Minnesota Press, 1992).

同亨利·列菲伏尔（Henri Lefebvre）关于空间的认识。列菲伏尔认为，空间也是一种"社会产品"（social product），它的产生并不依赖人的主观意志："如果说对空间内涵的认识都是中立的，一样的，看起来都是'纯粹的'，都是理性抽象的典范的话，毫无疑问是因为该空间已经被占有和使用过了，一定已经成为过去事物的集合点。只是在此空间的图景中过去事物的印迹并不总是那么的明显。"① 福柯同样认为现代社会的所有空间都渗透着现代性的"知识—权力"话语。甚至可以这样认为：现代空间本身即是一种现代话语。这种洞见力是诠释学所无法提供的，因为，作为研究方法的诠释学没能跳出现代性哲学话语的藩篱。

比较一下现代新儒学诠释学研究方法与后现代哲学系谱学研究方法，不难得出这样的认识：新儒学的诠释学注重"文本"与"修辞"；福柯的系谱学则重视"话语"与"权力"。从对现代哲学和现代社会的批判性上讲，现代新儒学在研究方法上显然略逊一筹，福柯对现代哲学的挑战性之所以如此强大，也正缘于他的系谱学方法的尖锐性，其他任何现代性的批判理论在福柯看来都不过是对现代性知识与权力的进一步粉饰而非真正意义上的批判。当然，我们无法苛求现代新儒学在研究方法上也具有如此的批判性，正如前文所言，新儒家们的时代理论任务是他们选择诠释学的直接原因，中国哲学的诠释学传统是他们唯一能够运用的理论资源。福柯需要解决的则是揭示现代哲学和现代社会的权力运作实质，系谱学自然也为解决该理论问题应运而生。

三 "超越"与"解构"：审思路径的抉择

现代新儒学在回应现代性冲击时并不满足于被动的接受，作为一种学说或称一种思潮，现代新儒学在反思自身的同时也提出对现代性问题的质疑，新儒家从一开始便认识到现代性或现代化的内在困境——理性/科学至上与对价值追求之间的矛盾。梁漱溟讨论中西方文化时认为，中西文化之间存在的只是差异问题而非孰优孰劣的问题。他乐观地相信，世界未来之文化必然走向中国文化。这种自信源于他对西方工具理性的批判："（西洋哲学）一言以蔽之，就是尚理智：或主功利，便须理智计算，或主知

---

① Henri Lefebvre, Reflections on the Politics of Space, *Antipode* 8（May 1976），p. 31.

识,便须理智经营;或主绝对又是严重的理性。"① 这种工具理性色彩极强的文化必然走向功利主义、科学主义和实证主义,但它们无法解决价值空间丧失的问题,生命本身有丧失价值判准的危险。此外,工具理性还加剧了个人主义的肆虐,人成为功利计算的"手段",失去了人之为人的"目的"。与西方文化相比,在新儒者的眼中,中国文化向来注重追求"价值理性",在借鉴西方文明的同时要将西方科学理性精神吸纳过来,更要以道德人文主义精神对其加以统摄,从而构造出新的"良知本体"。

非唯如此,当工业化社会发展到 21 世纪,所谓"风险社会"不再只是学理上的担心,现代化之剑已经展露出它的双刃性,经济发展与环境恶化并存,物质繁荣与社会不公共舞。当代海外新儒家(如杜维明等学者)认为儒家思想与社群主义存在理论上的契合,这两种理论都针对自由主义/个人主义的泛滥展开批评。即使是现代哲学的主流——自由主义——内部的思想家也不得不对现代性问题作出反省,罗尔斯在批评功利主义的同时试图构建新的社会正义框架,重申"人是目的而非手段"的伦理标准。社群主义者对罗尔斯这样的自由主义左派也不留余地加以批判,与其相比,在现代新儒家那里则鲜见有力的批判性理论建树。如果说老一代新儒家在重塑良知本体的问题上提出过颇具价值的理论思考,那么,在针对全球化问题和社会正义问题上,当代新儒家的批判力便显逊色。然而,在看到现代哲学主导下的西方世界的种种弊端时,晚近的新儒家更有理由相信,中国的现代化建设需要构建所谓"中国模式"。这不仅要求知识精英对现代性或现代化问题具有深刻理解,也要求必须用中国的方式对其作出合理的修正,在批判中寻求超越。

与现代新儒学相似的是,后现代哲学从它诞生之时便将其锋芒直指现代性理论。与前者的不同在于,历史上,新的理论往往是在对旧理论的批判中获得生命,而后现代哲学对现代性理论与其说是一种"批判"不如说是"持续地瓦解"(福柯语),或一种"解构"。

这又回到后现代哲学持有的立场与运用的方法上来,后现代主义者无意否定现代性知识的价值,关键在于要揭示现代性神话的专断性。现代哲学成功地将上帝赶下神坛,中世纪神学话语被理性话语所取代。可是,现代哲学在启蒙和祛魅的造反中又重塑了它自己的"神话"。与神学相比,

---

① 梁漱溟:《梁漱溟全集》(一),山东人民出版社 2005 年版,第 482 页。

现代性知识的专断性更加强烈，因为它掌握了更有力的武器：科学、知识和法律。后现代思想家就是要撕掉以理性为名义的现代哲学的这块"遮羞布"，让它的专断性和自闭性暴露于外。科学、知识和法律的伪善受到福柯的强烈批评：在考察 19 世纪与 20 世纪刑事审判的差异时，福柯列举了1975 年一次巴黎刑事审判。法官反复质问犯罪嫌疑人，"你反省过你的罪行吗？""你居然有 22 项暴力犯罪行为，这为什么？""为什么你屡次进行如此暴力的活动？"[①] 19 世纪的刑事审判只关注犯罪与刑罚的关系问题，而现代司法审判变成了"罩在罪行上的影子，这个影子必须被拉伸，使得最为重要的东西——罪行暴露于外"[②]。法官或陪审员把自身置于同犯罪者平等的位置上，试图通过证据和理性判断让犯罪者承认所犯罪行并甘受惩戒，从而获得审判的正义性。进言之，现代司法在极力彰显现代的正当性。这才是福柯想要揭示的问题。毫无疑问，福柯系谱学的解构逻辑是值得称道的，值得注意的是：注重分析"起源"问题是后现代主义解构思路的一个重要特征。福柯这样解释现代哲学关于所谓同一性问题："在灵魂试图统一自身的地方，在个体虚构出一种同一性的地方，系谱学家开始研究开端或起源的问题——无数个起源的问题。它们所留下的暗淡的颜色，隐约的痕迹丝毫也逃不过历史的眼睛。"[③] 福柯认为，"同一性"排斥掉了其他的"可能"。系谱学必须把曾经被放弃的、今日仍被抑制的那些东西展现出来，关注起源问题能够找到消解"同一性"的根据。系谱学展示出足够的"耐性"去解构一切专断性话语。

综上所述，现代新儒学发展至今，可以被看作是一种现代哲学，它没有跳出从"质疑"到"批判"的理论发展模式，甚至，它的批判精神与批判力量仍十分柔弱。后现代哲学则从根本上颠覆了人们对"否定"的理解，哲学在此不再是"厮杀的战场"，它应该展现出更加多元的可能。后现代主义者展现给我们的不再是充满贬斥的霸道形象，不再是传教士或游说者，他们更像是一群游侠，持续不断地给予现代社会和现代人以警示。

---

① Michel Foucault, About the Concept of the Dangerous Individual in Nineteenth Century Psychiatry, *International Journal of Law and Psychiatry* 1 (1978), pp. 1—18.

② Ibid., p. 2.

③ Michel Foucault, Nietzsche, Genealogy, History, in *Language, Counter-Memory, Practice*, ed. Donald Bouchard (Ithaca, N. Y. : Cornell University Press, 1977), p. 145.

书　　评

重思马克思主义立场的当代可能性

——张盾教授新著《马克思的六个经典问题》评介

田冠浩

在 20 世纪的最初 50 年里，马克思关于"人类解放"的论题曾经是最充满希望的政治目标。然而出乎所有马克思主义者意料的是，无产阶级革命的决定性胜利并没有如期而至。此后 60 年里人类最重要的政治经验恰恰在于，现代资本主义通过自身内部的调整，度过了所有危机，变得较以往更"人性化"，并且最终将其统治范围扩展到全世界。"告别革命"、"告别无产阶级"、"历史终结"的口号日渐成为西方学界的主流意识。尽管现代社会的现实远非令人满意，但"革命"已不再激动人心，民众的视野日益收缩到对自身舒适和安全的关注上，在这样一个时代谈论马克思主义的立场多少有点"不合时宜"。张盾的新著《马克思的六个经典问题》（中国社会科学出版社 2009 年 10 月出版）可能就是这样一部"不合时宜"的作品。该书试图在当代社会、政治理论场域中重启马克思的经典命题，恢复马克思哲学批判、干预现实的能力，以此表明一种明确、理性而又有着深厚根据的马克思主义信念和立场的可能性。有感于作者的用心，写出如下引介文字，希望能和读书界分享。

首先，一种明确、坚定的信念只能源于深沉、凝重的问题意识。该书试图表明马克思的全部学说共同构成了一门独立完整的哲学，它们一致分享了马克思哲学变革规划中的总问题，即对现代资本主义支配权的反抗。正是基于这一完全不同于西方学院哲学的问题意识，马克思毅然摒弃了哲学家们历来声称的哲学与真理的内在联系，而强烈指认哲学与政治的本质关系，从而把哲学从资产阶级意识形态霸权所要求的学院化写作形式中解放出来，恢复了哲学干预现实的能力。在此基础上，该书宣称马克思在《资本论》中实践了一种全新的哲学观，即变"哲学"为关于资本主义生产方式的"科学"，使之参与意识形态领域的斗争，并且通过作用于全部社会实践之上，加速资产阶级霸权的终结。与近年来学界兴起的"学术凸显，政治淡出"的治学取向不同，该书迫使我们意识到注重"学术性"必须自觉地避免把"马哲"做成学院化的概念哲学，否则必然背离马克思的原初问题，放弃对资本主义现实的批判，使"马哲"研究退化为知识分子的高级智力游戏。

其次，一种严肃、理性的立场必然要求具有广博、深邃的思想根据。在这方面，该书通过与当代学术场域中众多思想家（包括韦伯、西美尔、舍勒、松巴特、沃勒斯坦在内）的批评性对话，指出当代社会理论在反思现代性和资本主义的过程中，事实上都分享了马克思的历史感和问题意识，因此可以看作是马克思哲学的当代回响。不同的只是前者专注于现代人的文化—生活体验类型和特殊精神气质，后者则更加强调社会的经济—政治制度安排。相比之下，马克思的观点无疑具有更大的深刻性和有效性，因为正是资本主义的制度安排最大限度地发展了人性中脆弱、腐败的方面，从而造成了现代人生存方式的异化和精神领域的危机。

但是真正使该书对马克思的解读卓有新意且令人信服的，当属作者在德国古典哲学方面所下的苦功。按照该书的提示，康德哲学的深刻之处就在于他的认识论革命有力地支持了主体性这一现代原则。但是康德的工作并不彻底，原因在于自我与物自身的二元划分使生活世界与精神本身的分裂绝对化，物自体原理迫使哲学和伦理学不得不放弃与外部现实的真实联系，转入纯粹形式化的内省领域。康德哲学失败的地方也是黑格尔发起"革命"的地方。黑格尔提出必须把"实体"理解为社团、民族、国家一类的历史"主体"，才能使精神摆脱空洞性，收获内容的真理。如此一来，知识的先验演绎就被改造成了描述人在否定性的历史活动中进行自我揭示的"精神现象学"，从而也把哲学家沉思的心绪引向了劳动和斗争的真实经验。从作者的论述中不难看出，正是黑格尔对哲学的"历史学"和"人类学"改造强有力地支持了理性了解和塑造现实的权利，从而为哲学在马克思那里转变为一种摆脱了"形式主义"的无谓思辨、专注于经济—政治制度安排的实质伦理学和引导无产阶级革命运动的政治意识形态作出了预告。

再次，该书采取了一种明确的淡出"先验问题"，关注政治哲学和社会理论的治思倾向。这一点非常值得关注，因为作者曾经长期从事分析哲学和现象学的研究，对"先验哲学"有独到的理解，所以在这里淡出"先验问题"就绝不是置"先验问题"于不顾，而是更深刻地去思考那些在先验框架下被设定了的政治想象。正是这一新的治学取向，使该书得以有力地回击西方学院思想家对马克思提出的挑战。我愿将该书在这方面的工作归结为张盾为历史唯物主义辩护的"三大批判"：

批判之一，反对鲍德里亚对于马克思"生产"、"需要"等基础概念的破坏性解读和由此引出的历史唯物主义受制于资产阶级意识形态的学院化推论。强烈指认马克思对于经济学术语的使用立足于一种全新的实践要求——对资本主义现实的反叛。以此表明后现代对马克思的指责实际上是基于一种形而上学的狭隘观念，即无视理论与实践之间的生动关系。

批判之二，反驳当代实证社会学研究否定"无产阶级"存在的新论点。提出马克思主张的"阶级意识"对于革命的"无产阶级"的形成来说是一个建构性的中介范畴。受制于实证教条的社会科学目光过于短浅，以致无法理解马克思对于新阶级和新制度的政治想象力，其最终结果只能是断送科学和政治的前途。在实证风气主导社会科学各领域的大背景下，作者重启马克思关于阶级、民主等论题的政治想象的决心引人深思。

批判之三，反击福山把西方自由民主制度宣传为"历史终结"的意识形态霸权。福山把历史理论追溯到了黑格尔的"承认激情"理论乃至更早的基督教，以此规避霍布斯和洛克对现代性的粗俗奠基，赋予了自由民主制一个高尚而有说服力的解释。但是该书却提出黑格尔的"历史终结"只是一个纯粹哲学问题，福山将其引申为政治意识形态观点，以此喻示马克思主义理论与实践的终结，这是对黑格尔和马克思的严重误读。在作者看来，通过科学地分析西方资本主义的历史限度，同时又以一种革命的历史目的论的方式，坚持对作为历史最高目标的人类解放的希望和信仰，马克思早已以一种最深刻的方式回击了一切关于"历史终结"的独断论，并且表明历史一直还只是人类的史前史，只有超越现代资本主义，人类才真正开始创造"自己的历史"。

张盾教授的学术工作有着深沉的现实关怀，但是作为一个学者，他的理论目光却被牢牢地锁定在"隐藏"于现实深处的思想史线索之中。这可能使那些希望在该书中找到作者对现实的直接态度和观点的读者感到失望，但是对于那些希望更深入地考察现代社会方案发展的脉络，进而追寻一种具有健全理性精神的政治规划的思想努力来说，该书却可能成为一个很好的指向标。